I0822124

PENSÉE ET ÊTRE-SOI

Leçons sur la subjectivité

PROBLÈMES ET CONTROVERSES

Directeur : Jean-François COURTINE

Dieter HENRICH

PENSÉE ET ÊTRE-SOI

Leçons sur la subjectivité

traduit par

Martina ROESNER

Ouvrage publié avec le concours du Goethe-Institut Inter Nationes dans le cadre du programme franco-allemand de coopération avec la Maison des sciences de l'homme

PARIS
LIBRAIRIE PHILOSOPHIQUE J. VRIN
6, Place de la Sorbonne V[e]

2008

Dieter HENRICH, *Denken und Selbstsein. Vorlesungen über Subjektivität*

ISSN 0249-7875
ISBN 978-2-7116-1999-3

www.vrin.fr

AVANT-PROPOS DU TRADUCTEUR

Considérée souvent comme la forme la plus universelle de la connaissance, la pensée philosophique est paradoxalement susceptible de suivre des trames d'évolution parfois très différentes dans des aires culturelles et linguistiques voisines. Le développement de la philosophie française et allemande après la Deuxième Guerre mondiale en est un exemple saillant, et le présent ouvrage de Dieter Henrich ne saurait être compris qu'en le situant par rapport aux principaux courants et tendances qui ont dominé le débat philosophique en Allemagne pendant les six dernières décennies.

La quasi-disparition de la phénoménologie comme courant philosophique « actif » du paysage intellectuel allemand constitue sans doute l'événement le plus marquant de cette période. Après la mort de Husserl en 1938 et le transfert de ses manuscrits aux Archives nouvellement fondées de Leuven en Belgique, le fil de la tradition phénoménologique allemande était rompu de façon définitive, étant donné que Martin Heidegger et Eugen Fink, les deux figures les plus illustres parmi les anciens élèves et collaborateurs du maître de Gottingen et de Fribourg, avaient déjà depuis longtemps abandonné le projet proprement husserlien d'une phénoménologie transcendantale au profit d'autres approches plus libres qui, sans nullement renier l'héritage phénoménologique, ne se considéraient plus liées ni par les contraintes méthodologiques ni par les préoccupations thématiques centrales du travail de Husserl. Ainsi on peut observer que, pendant les années 1950-1970, leurs travaux prennent pour fil conducteur une « métaphysique » de la phénoménalité du monde à l'intérieur duquel les hommes ou les « mortels » occupent une place décentralisée et dépotentiée par rapport au statut du sujet phénoménologique transcendantal.

Le problème de l'intersubjectivité, rattaché au statut phénoménologique tout à fait particulier du corps humain comme « corps-de-chair »

(*Leibkörper*), n'avait en revanche trouvé pratiquement aucun écho chez les derniers grands représentants allemands du courant phénoménologique. C'est la phénoménologie française qui, à partir de Merleau-Ponty et de Levinas, allait s'approprier cet héritage et le développer, de façon plus ou moins autonome, dans le sens d'un dépassement de l'apparente primauté du Moi par une « altérité » toujours plus originaire à laquelle on n'accède plus à travers la visée d'une constitution théorique, mais seulement à l'intérieur d'un cadre pratique ou éthique.

Pendant cette même période, la philosophie allemande s'était développée dans une tout autre direction qui l'éloignait de plus en plus de l'héritage phénoménologique commun des deux pays. Suite à la « destruction » par Heidegger de la métaphysique de la subjectivité au sens classique, les philosophes allemands déclinent alors cet abandon de la philosophie transcendantale d'autrefois sous des formes multiples, qui sont autant de variations sur le thème de la médiation nécessaire de toute forme de « subjectivité » par des instances ou des structures supra-individuelles, comme le langage ou la société. Là encore, les différences sont considérables car la gamme d'approches possibles varie de l'herméneutique gadamérienne, basée sur la conviction de la dimension nécessairement historique et linguistiquement médiatisée de toute constitution de sens, à la philosophie analytique anglo-saxonne, qui élimine toute dimension interprétative et historique du langage en général et de la conceptualité philosophique en particulier au profit d'un idéal de signification univoque et anhistorique.

Le courant philosophique peut-être le plus influent de l'Allemagne d'après-guerre est pourtant l'« École de Francfort », fondée par Adorno et Horkheimer. Cette approche est basée sur la conviction que, en dépit de ce qu'avaient affirmé pratiquement toutes les « philosophies premières », métaphysiques ou transcendantales, depuis l'Antiquité jusqu'à Husserl et Heidegger inclus, la pensée « théorique » ne se déroule jamais dans un espace abstrait, sans aucun contact avec le contexte historique et politique de la société dans laquelle vit le philosophe. Au lieu de se concentrer sur la recherche des « premiers principes » ou des « fondements ultimes » de toutes choses, la philosophie aurait plutôt la tâche de déceler les présupposés sociaux, économiques et politiques qui l'avaient induite à concevoir la réalité tout entière selon ce schéma de domination par un principe univoque. En d'autres termes : la philosophie serait appelée à cerner et à défaire elle-même les présupposés idéologiques qui se cachent derrière les thèmes fondamentaux en apparence les plus vénérables et les gestes méthodiques en apparence les plus évidents de sa propre tradition.

Cette critique radicale de toute approche fondationnelle « forte », qualifiée d'idéologique, ne se veut pourtant pas relativiste au sens négatif du terme. Le renoncement, de la part des philosophes, à toute prétention de posséder des connaissances théoriques « ultimes » ne s'accompagne pas d'une abolition pure et simple des fondements éthiques et pratiques de la société. Simplement, la formulation de ces principes pratiques, au lieu de relever de l'autorité plus ou moins « ésotérique » des philosophes professionnels, est désormais censée se dérouler dans un processus de dialogue et de communication entre tous les individus de la société. C'est sur cette base que Habermas développe sa « théorie de l'agir communicationnel », qui entend défendre la subjectivité humaine contre tout réductionnisme naturaliste ou matérialiste, sans pour autant recourir aux schémas traditionnels de type métaphysique ou transcendantal. Il s'agit donc bien de défendre la spécificité de l'existence humaine face à la toute-puissance d'une interprétation scientiste ou positiviste, mais – et c'est là la différence capitale par rapport à la tradition phénoménologique française – cette subjectivité post-métaphysique n'est pas développée à partir d'une altérité individuelle présente « en chair et en os »; elle se meut depuis toujours dans l'espace plus ou moins universalisant de la communication verbale et du dialogue entre des locuteurs se considérant idéalement comme égaux.

Tous ces courants philosophiques contemporains s'accordent sur un point capital, à savoir l'impossibilité prétendument définitive d'un retour à une philosophie de la subjectivité au sens classique. Dans un tel contexte, la pensée de Dieter Henrich fait donc figure d'exception, étant donné qu'elle représente l'une des très rares tentatives de revenir sur le « dogme » post-heideggérien de la fin de la philosophie du sujet et de la philosophie transcendantale, tout en tenant compte de la légitimité des critiques que la philosophie des XIXe et XXe siècles avait formulées à cet égard.

Le parcours académique de Dieter Henrich débute en 1946, année dans laquelle il commence ses études universitaires à Marbourg, Francfort-sur-le-Main et Heidelberg. Après avoir obtenu, en 1950, son doctorat en philosophie à l'Université de Heidelberg sous la direction de Gadamer, il y prépare une thèse d'habilitation, soutenue en 1955-1956 et intitulée *Selbstbewußtsein und Sittlichkeit* (« Conscience de soi et éthicité »). La coïncidence des dates n'est pas dénuée d'une certaine dimension symbolique : pendant la même année académique où Heidegger prononce à Fribourg son grand cours sur *Le principe de raison*, dans lequel il critique les conséquences pratiques désastreuses entraînées par la réduction complète de toute réalité à la subjectivité pensante et « ratiocinante », Henrich affirme qu'il n'est pas seulement possible mais nécessaire de prendre la conscience de soi pour point de départ de toute réflexion d'ordre éthique. Cette conviction du caractère nécessaire et indépassable d'une « conscience de soi » constituera dorénavant le *leitmotif* de sa pensée, qui le distinguera de la plupart des autres philosophes contemporains.

Après être devenu professeur ordinaire à la *Freie Universität* de Berlin en 1960, Henrich obtient, cinq ans plus tard, une chaire de philosophie à l'Université de Heidelberg. En 1966-1967, il enseigne comme professeur invité à Yale ainsi qu'aux Universités de Michigan et de Columbia. Cette période marque le début d'un échange très intense avec la philosophie anglo-saxonne, échange qui se poursuivra, pendant les années 1970-1990, lors de ses séjours répétés aux États-Unis en qualité de professeur invité. Après avoir également enseigné, en 1979, à l'Université de Tokyo, Henrich devient professeur ordinaire à l'Université de Munich où il enseignera de 1981 jusqu'à sa retraite en 1994. Membre et président des associations philosophiques les plus prestigieuses de plusieurs pays, il est également lauréat de nombreux prix académiques et littéraires, qui témoignent du rayonnement extraordinaire de sa pensée à l'intérieur aussi bien qu'à l'extérieur des frontières de l'Allemagne.

Malgré son intérêt marqué pour la philosophie de Kant et de l'idéalisme allemand, Henrich n'aborde pas ces auteurs avec l'attitude d'un simple historiographe ou philologue, mais bien avec la conviction qu'il s'agit d'un modèle philosophique incontournable et irremplaçable du point de vue systématique. Il serait cependant erroné de penser que son approche vise à une répétition anachronique de l'ancienne tradition idéaliste. Au contraire, Henrich est tellement conscient de l'impossibilité d'un simple retour à ce paradigme que sa pensée se rapproche, à cet égard, de l'intuition fondamentale de Heidegger. Ainsi il soutient avec Kant – et contre les prétentions d'une philosophie du Moi fichtéenne – la finitude insurmontable de la subjectivité, qui ne peut alors plus se concevoir comme auto-position d'une instance autarcique et complètement transparente à elle-même. Henrich fait donc sien le motif d'un nécessaire « affaiblissement » de l'ancienne conception de la subjectivité, mais contrairement à Heidegger et à la plupart des courants phénoménologiques contemporains, il n'en conclut pas à la nécessaire abolition de la philosophie de la subjectivité. Au contraire, il insiste sur l'idée que cette finitude et cette « faiblesse » du sujet sont inscrites dans la structure du Moi elle-même, et qu'elles s'y manifestent préalablement à tout rapport à autre chose ou à autrui.

Cela implique évidemment une redéfinition du statut de la « conscience de soi ». Contrairement à l'idéalisme classique, Henrich ne la considère plus comme un « principe » ou une instance stable, investie d'une quelconque plénitude métaphysique. Tout en constituant un « événement primordial » indépassable, cette conscience de soi a le caractère d'une « familiarité » préthéorique et préréflexive dans laquelle on se trouve « toujours déjà » et qui constitue le milieu invisible de tout acte conscient au sens étroit. C'est dans un deuxième temps seulement que cette familiarité du Moi avec soi-même peut faire l'objet d'une objectivation et d'une théorisation explicite, tout en sachant que sa « primauté » indépassable ne pourra jamais acquérir l'auto-transparence plénière et la « dignité principielle » d'un Moi absolu.

C'est donc en quelque sorte un idéalisme, ou plutôt un transcendantalisme « minimaliste » que celui que développe Henrich. On pourrait même aller jusqu'à affirmer que ce type d'approche représente une radicalisation ultérieure de la finitude du sujet par rapport à celle proclamée par les théories phénoménologiques de l'intersubjectivité, dans la mesure où la « faiblesse » du sujet est censée affecter déjà le cœur même de son propre rapport à soi, avant et indépendamment de tout rapport à un *alter ego*. Mais il s'agit bien d'une *subjectivité* finie, dont le rôle ne peut être tenu par aucune autre instance ou institution. Tout en en diminuant au maximum la teneur spéculative, Henrich n'est pas prêt à se départir de cette subjectivité minimalisée elle-même. Elle reste, non pas le principe, mais l'expérience fondamentale en deçà de laquelle aucune philosophie ne saurait remonter.

Les liens étroits de Henrich avec l'Université de Berlin – une ville encore divisée à l'époque de son enseignement – expliquent sa sensibilité particulière à des questions d'ordre politique. À côté de ses ouvrages magistraux consacrés à Kant, Fichte, Hegel, Schelling et Hölderlin, on trouve donc d'autres publications dont la thématique reflète les événements de l'histoire allemande récente, et notamment les bouleversements idéologiques et sociaux qui ont suivi la chute du mur de Berlin et la réunification de l'Allemagne. Les crises et les changements profonds que la société allemande avait connus suite à l'effondrement de l'ancien bloc des pays de l'Est avaient fait naître le besoin d'une réorientation non seulement sur le plan politique, mais aussi et plus encore sur le plan éthique et philosophique. Cette tendance était encore renforcée par le fait que les développements récents de la biotechnologie avaient fait surgir des interrogations éthiques très fondamentales qui, jusque là, ne s'étaient jamais posées. Face à cette situation nouvelle, déjà Habermas avait reconnu la nécessité d'un renouvellement du débat sur les fondements éthiques de la société d'un point de vue non scientiste. Cependant, malgré son intention déclarée de défendre l'identité personnelle humaine contre toute aliénation naturaliste, il s'était toujours refusé d'accepter l'idée de la primauté d'une dimension essentiellement prédiscursive de la subjectivité, quel que soit par ailleurs son statut.

C'est dans le contexte de ce débat critique avec Habermas que s'inscrit le présent livre, qui est né d'une série de leçons données à Weimar. Que le lecteur francophone ne s'étonne donc pas d'y retrouver des allusions à la situation politique et sociale typique de l'Allemagne. Qu'il ne s'étonne pas non plus de l'espace relativement circonscrit qui est réservé au dialogue avec la phénoménologie française contemporaine. La pertinence du propos philosophique de Henrich ne s'en trouve nullement diminuée, au contraire : comprendre, grâce à ce livre, ce qui caractérise l'actuel débat philosophique en Allemagne pourrait même être un exercice phénoménologique de premier ordre pour le lecteur francophone, dans la mesure précisément où il est invité à percevoir et à comprendre cette autre école de pensée dans son altérité irréductible.

Paris, octobre 2008
Martina ROESNER

DIETER HENRICH

PENSÉE ET ÊTRE-SOI

Leçons sur la subjectivité

Pour Angelika

Davantage que de simples êtres vivants, les hommes sont appelés à mener leur vie en fonction de la connaissance qu'ils ont d'eux-mêmes; c'est pourquoi ils possèdent une conscience de soi élémentaire et immédiate à l'égard de tout ce qui les constitue en tant qu'hommes. Cela ne veut pas dire pour autant que cette conscience soit indifférenciée. Sa constitution complexe s'articule de façon spontanée, sous forme de pensées spécifiques. À travers d'autres pensées, qui sont tout aussi peu le fruit d'une simple invention, l'homme se met en rapport avec la totalité d'un monde et est amené à réfléchir sur son être-soi. La tâche de la philosophie consiste à poursuivre ces pensées en les explicitant d'abord et en les prenant ensuite pour point de départ d'un éclaircissement plus synthétique et plus développé de la vie humaine. C'est cette tâche que le titre des cinq leçons suivantes est censé exprimer.

Ces leçons ont été élaborées en 2003, à l'occasion d'une invitation du *Kolleg Friedrich Nietzsche* de la fondation *Weimarer Klassik*. Les deux premières leçons ont été prononcées en hiver 2003 à Weimar, une version abrégée de la troisième, en décembre 2004. Une partie seulement de la cinquième leçon a été communiquée en avril 2005, alors que le texte entier a fait l'objet d'un séminaire parallèle. La quatrième leçon faisait déjà partie de l'esquisse initiale de cette série de conférences, mais elle n'a été rédigée qu'après coup, en 2006. Je tiens à remercier vivement le *Kolleg*, son directeur et la fondation pour leur hospitalité et les discussions passionnantes qui ont jalonné mon séjour.

Après leur élaboration en vue d'une publication, les textes plus tardifs prennent de plus en plus la forme de traités, notamment à cause de la densité de leur argumentation et de leur complexité thématique. Néanmoins, le style de leçon est maintenu dans la mesure où il ne s'agit pas tant de construire soigneusement des argumentations de façon à les rendre

10 inattaquables de tous les points de vue que | plutôt de mettre à l'épreuve la force probante d'une pensée fondamentale dans l'ouverture de certains domaines de problèmes et la démarche d'un certain type d'argumentation. Du point de vue extérieur, la forme d'une leçon conçue dans un but systématique se traduit aussi par le fait que les textes commencent toujours par un résumé de ce qui précédait, qu'on a renoncé à ajouter des notes en bas de page et que les théories philosophiques majeures ne sont mentionnées qu'en passant.

Les premières leçons développent les idées fondamentales concernant la subjectivité, les trois suivantes les approfondissent s'attachant chacune à un point focal thématique. C'est aussi pour cette raison et non seulement à cause de leurs différents degrés de proximité par rapport au cours tel qu'il a été prononcé à Weimar qu'elles sont subdivisées en deux grands groupes dont les intitulés respectifs, "exposition" et "développements", font allusion au langage de l'analyse formelle musicale et n'ont rien à voir avec la description d'un projet de recherche en vue d'une demande de bourse ou d'autres subventions.

Ces leçons sont censées montrer comment des questions fondamentales de la philosophie peuvent être développées à partir d'une pensée qui s'appuie sur les idées qui naissent au sein même du processus de la subjectivité. Ainsi elles illustrent la perspective, à partir de la subjectivité, sur des problèmes redevenus d'actualité de nos jours, à savoir la fondation de l'éthique, une compréhension de la liberté et une théorie de l'intersubjectivité dont on a souvent dit qu'elle devrait au contraire précéder la théorie de la subjectivité. Chacune de ces leçons développe à elle seule une perspective à partir de la fondation de la théorie du sujet, sans la mettre systématiquement en rapport avec les thèmes des autres leçons. Chacune d'entre elles n'envisage donc qu'une certaine dimension de la compréhension de soi de l'homme. Néanmoins, ces leçons ont pour objectif de rendre justice à la complexité interne de cette autocompréhension et donc
11 de faire en sorte que la vie humaine soit protégée contre des | diagnostics à court terme, bâtis sur des théories unilatérales.

La relation entre l'analyse de la subjectivité et certaines idées ultimes qui, selon les critères habituels, doivent être qualifiées de métaphysiques, n'est qu'esquissée dans ses grandes lignes dans la dernière leçon, sans faire l'objet d'un développement détaillé.

La postface donne des informations supplémentaires sur l'intention et les limites du projet de ce cours.

Dieter HENRICH
Mai 2007

EXPOSITION

|CHAPITRE PREMIER 15

LA SUBJECTIVITÉ ET LA QUESTION DE LA TOTALITÉ

1. LE CONCEPT DE SUJET : CRITIQUE ET PERSPECTIVES

Cette série de conférences, à laquelle j'ai été gracieusement invité à contribuer par mes leçons, est censée développer une perspective sur "l'avenir de l'humain". C'est le *Kolleg Friedrich Nietzsche* qui organise ce cycle de leçons pour la fondation *Weimarer Klassik*. Le nom même de Nietzsche, ainsi que l'évocation de la philosophie allemande classique, donnent à cette tâche un profil précis. C'est grâce à Nietzsche que la question de l'avenir de l'homme a acquis ce caractère brûlant qui devait continuer à la caractériser pendant tout le siècle suivant. Cela dit, Nietzsche lui-même aurait sans doute tenu à démarquer nettement son propre discours de toute question portant sur l'avenir de l'"humain".

Hegel avait proclamé que l'*humanus* allait devenir le saint de l'art à venir. Cet art, désormais devenu incapable de faire entrer dans ses créations ce qui détermine la réalité dans son ensemble, devait dorénavant tirer ses sujets de "tout ce qui peut surgir du cœur humain" afin d'annoncer "ce qui traverse, de quelque façon que ce soit, les profondeurs et les altitudes de la conscience" (Hegel, *Esthétique*, vol. III, p. 272). Si l'art n'est plus à même de donner une forme visible à la pensée de ce qui est et qui comprend tout, il n'en est que plus libre de s'épanouir et se déployer dans toute la richesse inépuisable de l'humain.

Il est évident que Nietzsche aurait considéré un tel concept de la réalisation de l'humain comme appartenant non pas à l'avenir mais au passé de l'homme, à ce passé précisément sous le poids duquel la question d'un | possible avenir de l'homme lui était devenue problématique. Dans 16
l'arbitraire du jeu dans lequel, comme le dit Hegel lui-même, l'homme joue

avec sa propre subjectivité, l'être humain se trouve en réalité dominé par des puissances qui lui sont étrangères autant que par sa propre faiblesse. Il n'aura donc d'avenir qu'à condition d'accéder à une familiarité avec lui-même grâce à une connaissance du tout dont il vient et auquel il appartient en réalité. La tâche de l'esprit libre consiste à frayer le chemin à une telle connaissance et à la possibilité d'une telle expérience.

Pour ce faire, il lui faudra surtout identifier et démasquer les illusions qui dominent l'homme devenu étranger à lui-même, illusions dont la plus importante consiste à lui faire croire que, malgré le passage ludique à travers les hauts et les bas de sa vie, il resterait toujours le même sujet autodéterminé dont la subjectivité, selon Hegel, aurait été le seul thème de l'Humain moderne.

La critique nietzschéenne du concept de sujet a donné une impulsion énorme à l'histoire des théories du XXe siècle, d'abord par la critique du sujet de la vie bourgeoise, qui n'est pas son propre souverain, mais seulement le produit d'une situation de vie corrompue. Dans la seconde moitié du siècle, la critique nietzschéenne du concept de sujet, médiatisée par le projet heideggérien d'une destruction généalogique de l'histoire de la métaphysique, a donné origine à un vaste mouvement philosophique dont l'impulsion nietzschéenne est particulièrement visible dans sa mise au centre de la critique du temps, des diagnostics des déformations de la vie, ainsi que dans la mise en lumière des dépendances conditionnantes cachées de structures apparemment autofondatrices. Le geste même d'une pensée qui mesure la force de la connaissance à l'aune de sa capacité de démasquer avec lucidité les illusions et les faux-semblants s'inscrit dans le sillage de Nietzsche bien davantage que dans celui de Heidegger. Cependant, la silhouette de ce penseur modèle est restée à jamais inégalée dans sa verti-
17 calité | vertigineuse. Car il y a une différence de fond entre quelqu'un que sa propre détresse et solitude amènent à vouloir comprendre les raisons de cette souffrance à travers une interprétation démasquante de son propre milieu de vie et quelqu'un qui ne fait que poursuivre ces démasquages dans un environnement qui connaît et favorise déjà le geste de la destruction comme genre littéraire.

Si la fondation *Weimarer Klassik* place ces séries de leçons sous le signe de la question sur "l'avenir de l'humain", cela me semble exprimer trois aspects : premièrement, la prise de conscience de la menace qui surplombe cet avenir; deuxièmement, la conscience de l'importance des tendances de la pensée contemporaine à bâtir cet avenir sur un tournant radical accompagné d'une révision fondamentale de l'autocompréhension de l'homme et troisièmement, le doute qui malgré tout subsiste concernant la possibilité d'ouvrir un tel avenir à travers le rejet destructeur de tous les préalables d'un dialogue sur l'essence de l'humain, qui renouent avec les concepts fondamentaux de la pensée traditionnelle.

Les thèmes des cinq leçons que j'ai annoncées sont formulés de façon à faire comprendre que la plupart des concepts fondamentaux qui y figurent seront employés sans faire aussitôt l'objet d'un soupçon fondamental. Mes propos ne s'appuieront pas sur le principe d'un soupçon généralisé à l'égard de tout ce qui a été développé dans les courants principaux de la tradition philosophique moderne. Je ne partage pas l'avis selon lequel ils devraient être révolutionnés ou auraient déjà été rendus obsolètes par un nouveau paradigme de pensée. En revanche, je pense réellement qu'il faut reconquérir jusqu'à leurs fondations afin de les reformuler de façon à ne pas heurter la conscience des hommes de notre temps, qui ont vécu bien des crises et qui en prévoient autant d'autres à | venir. C'est pourquoi je me vois **18**
placé devant la tâche qui se résume à la question sous-jacente au programme de toute cette série de leçons. On ne saurait développer à nouveau frais des thèmes issus de la grande tradition philosophique sans se confronter sans cesse à la critique qui, depuis plus d'un siècle, ne cesse de remettre en question ses présupposés et son potentiel explicatif. Mon objectif consiste effectivement à jeter une nouvelle lumière sur des sujets qui ont marqué la philosophie moderne depuis son origine, mais cette même lumière devrait nous permettre ensuite d'analyser et de comprendre les raisons qui ont mené à l'insurrection contre toutes ces constructions conceptuelles et finalement à leur destruction. Ni le geste destructeur ni son simple refus, à eux seuls, ne seront à même de nous offrir la base d'une connaissance à laquelle on ne demandera pas de bâtir directement notre avenir, mais qui doit être suffisamment solide pour résister à tout ce que l'avenir nous réserve.

La démarche argumentative de la philosophie classique moderne est axée sur l'idée que l'homme est le sujet de ses pensées et de ses actions. À ma manière, j'adopterai la même approche. Il faut donc au préalable examiner et contrer un argument dont on peut dire qu'il a marqué comme nul autre toute la critique récente du discours philosophique sur le sujet. Heidegger était arrivé à la conclusion qu'un sujet posé comme principe de la philosophie ne peut être conçu que comme sujet absolu, à savoir comme fondement autonome et souverain de toutes ses positions. D'où, entre autres, la critique qu'un tel sujet serait nécessairement incapable d'accéder à sa propre finitude ainsi qu'à l'origine historique de son mode de compréhension.

Les héritiers français de Heidegger ont poursuivi cette argumentation dans une autre direction. Le sujet moderne aurait été défini par sa présence à

19 soi. Cette | prémisse, disait-on, empêcherait la philosophie du sujet de reconnaître toutes les puissances anonymes qui constituent subrepticement la réalisation et le mode de compréhension des sujets : les institutions, le désir, la sexualité, le déploiement anonyme d'un événement de sens, dans lequel rien ne peut être amené à la présence plénière.

Dans cette argumentation, la critique par Heidegger de l'auto-institution du sujet est accompagnée d'une référence au philosophe français Descartes. Celui-ci avait montré, contre le doute universel, qu'il y a un point de certitude immunisé contre toute forme de doute. Dans l'acte même de douter celui qui s'y trouve ne saurait d'aucune façon mettre en question que c'est lui-même qui est assailli par le doute. Certes, nous pouvons douter du sérieux de notre propre doute, mais alors il est à nouveau impossible de douter que c'est nous qui nous trouvons dans cette incertitude.

La certitude avec laquelle je me connais comme celui qui est soumis à une fluctuation d'opinions de toutes sortes est elle-même véritablement au-dessus de tout doute possible. Il serait vain de vouloir argumenter contre cette vérité de base. En revanche, il faut bien s'interroger comment cette certitude elle-même doit être comprise et quelle est la place qu'elle occupe dans le contexte global de la compréhension. Devant cette question, la critique du sujet est à son tour subrepticement déclenchée par une autre thèse philosophique considérée comme allant de soi. Elle ne fait pas partie de l'héritage cartésien mais provient, chez les Français, de Husserl et plus encore, de Jean-Paul Sartre : la certitude ne peut qu'être le fruit de l'évidence qui ne peut revenir qu'à un objet quasi intuitivement présent, amené à la présence plénière. Il s'ensuit du même coup que la certitude de soi doit être fondée sur un être-présent-à-soi adéquat. Dans la mesure où le
20 sujet se définit par une telle certitude de soi, il doit exclure tout | ce qui est incompatible avec son être-présent-à-soi. Cette affirmation apparemment anodine a immédiatement pour conséquence qu'une telle interprétation du sujet moderne exclut toute forme de détermination par des réalités qui lui sont soustraites et qui, du fait de ne pas pouvoir entrer dans le champ de sa présentification pure, limitent son autotransparence. Or, un tel sujet doit être démasqué à son tour comme étant une pure fiction.

Le lien entre la certitude et la présence adéquate et évidente aboutit directement à un dilemme théorique. La thèse selon laquelle la formation de sujets est en partie le fruit de déterminations obscures et de puissances anonymes n'est recevable qu'à condition de contester la certitude cartésienne avec laquelle ces sujets ont conscience de leur propre existence. Mais dans la mesure où cette certitude s'avère inséparable du sens du sujet, on peut être tenté de détruire, à titre expérimental, le sens même du sujet et d'épurer le langage philosophique de tout discours sur le sujet. Ce faisant, on est obligé d'aller à l'encontre d'une vérité fondamentale incontestable qui est d'ailleurs inséparable de la vie que nous menons dans et à partir de la connaissance de nous-mêmes.

Or, on peut invoquer une multitude de raisons pour poser des limites à l'autarcie et à l'autotransparence de l'homme. On ne saurait pas non plus comprendre l'être humain à partir de sa seule identité subjective. Mais toutes ces raisons ne puisent pas leur force dans une identification entre certitude et présence à soi, dont on pourrait penser qu'elle rendrait la critique radicale du sujet indispensable. La certitude peut très bien s'accompagner d'un recouvrement de ce qui fait l'objet de cette certitude. Qu'il suffise de songer à des exemples tout à fait courants et banaux : il peut m'arriver quelque chose qui absorbe toute mon attention et dont je me sens menacé précisément | à cause de son caractère impénétrable et incalculable. 21
Ce qui est capital, c'est de comprendre que ce qui rend une *pensée* incontournable ne résulte pas de la présentation de quelque chose de donné et disponible. Mais cela vaut aussi pour des pensées dans lesquelles quelque chose est saisi comme réellement existant et notamment pour des pensées portant sur des réels tels qu'ils n'ont de réalité que dans la pensée et dans des pensées portant sur soi-même. Bien évidemment, de telles pensées ne sauraient être comprises comme de "simples" pensées auxquelles s'opposerait en outre, comme on dit, tout ce qui est réel. De toute évidence, les pensées dans lesquelles nous nous saisissons nous-mêmes ne sont pas de ce genre. Car nous ne serions pas nous-mêmes si nous ne vivions pas dans des pensées dont nous savons qu'elles portent sur nous-mêmes. De ce point de vue, ces pensées doivent toujours déjà contenir la réalité de ce sur quoi elles portent. Mais si tel est le cas, on peut aller jusqu'à dire que c'est grâce à des pensées que nous sommes ce que nous sommes.

Certes, une phrase comme celle-ci n'est acceptable qu'à condition de ne pas restreindre la pensée à l'effort visant à trouver des solutions à des problèmes ou à une activité intelligente quelconque qu'on peut commencer et terminer à son gré. Le monde lui-même dans lequel nous nous trouvons dès que nous sommes conscients ne devient accessible que dans des pensées. Une fois qu'on a compris cela, on ne peut qu'accepter que le même principe s'applique également à la relation que nous entretenons avec nous-mêmes. Néanmoins, la certitude de nous-mêmes qui nous accompagne toute notre vie durant ne nous confère pas une puissance autonome absolue, ni ne nous amène à la transparence et à la clarté plénières de tout ce qui détermine notre existence. À condition de séparer la certitude immanente à

notre propre pensée de la présence et de la transparence à soi, la certitude de
22 soi et l'incertitude | à l'égard de ce que nous sommes véritablement ne s'excluent plus mutuellement. C'est plutôt leur lien intrinsèque qui constitue l'expérience originaire de notre vie. Les leçons suivantes reviendront à plusieurs reprises sur ce point qui constitue la base de toute leur démarche argumentative.

D'ailleurs, de telles leçons ne sauraient donner qu'une vue d'ensemble. Comme le dit la Fondation, elles sont censées développer une *perspective*. Par conséquent, toutes les argumentations seront, non pas des preuves complètes mais de simples esquisses qui devront faire l'économie d'une réflexion détaillée sur le pour et le contre, sur laquelle se fonde en dernière analyse la fiabilité d'une argumentation philosophique. En revanche, la philosophie est toujours tenue de viser le tout dans un sens bien précis. Plus elle reste éloignée des thèmes qui suscitent le questionnement philosophique dans chaque homme, moins elle sera à la hauteur des attentes que la vie humaine elle-même formule à son égard, fût-ce le plus souvent de façon inarticulée. Elle doit bien assumer la responsabilité professionnelle pour la perspective qu'elle propose. Cependant, plus une perspective sera vaste, moins elle pourra être confirmée selon le schéma des systèmes formels. La philosophie se meut près des frontières des formes de connaissances à l'intérieures desquelles on peut atteindre des résultats définitifs et donc universellement valables, mais par là même partiels. Elle sera donc d'autant plus tenue de confirmer ses propres perspectives comme telles. Un possible chemin consiste à rendre cette perspective plausible en la variant selon ses différentes applications.

23 | 2. Complications autour de la conscience de soi

Cette *première* leçon est consacrée à la relation entre la subjectivité et la question de la totalité. Nous tâcherons de montrer comment la protention vers un tout découle de différentes manières de la constitution fondamentale d'un être qui possède une connaissance de soi-même. Nous montrerons ensuite que cette protention prend une forme définitive lorsque ce tout est conçu de façon à inclure également celui qui y tend, précisément par rapport à cet aspect de lui-même qui se soustrait en même temps à sa propre emprise. C'est pourquoi la question concernant la relation à un tout définitif se pose à partir du moment où la vie qui se réalise dans la connaissance d'elle-même devient problématique pour elle-même. Cela veut dire aussi que la compréhension de la relation entre la constitution du sujet et la question d'un tout définitif doit partir de l'idée que la certitude de soi dans la pensée n'implique nullement l'autoprésentation de celui qui possède une telle connaissance de lui-même. Il faut montrer, au contraire, que ces deux aspects sont rigoureusement incompatibles l'un avec l'autre.

En ce qui concerne toutes les leçons suivantes, il faut encore revenir sur la polysémie du discours sur la subjectivité. Cette expression peut désigner simplement les propriétés en vertu desquelles quelque chose accède au rang de sujet. Dans ce cas, la subjectivité signifie la constitution d'être un sujet. Un autre usage consisterait a qualifier de "subjectifs" toutes les opinions et tous les états auxquels ne correspond aucun fait dans un monde censé exister tout à fait indépendamment des pensées que tous les sujets peuvent en avoir. J'emploierai l'expression "subjectivité" dans un troisième sens qui présuppose et comprend cependant le premier : ce qui est le propre du sujet comme tel (donc sa subjectivité selon la première définition) donne origine à des *processus*. On peut dire qu'il | s'agit exclusive- 24
ment de processus dans lesquels le sujet se déploie pour assumer une forme élargie et à partir desquels il prend dorénavant conscience de lui-même. Le plus fondamental de ces processus est l'extension du savoir de soi-même au cours de notre propre vie. Parmi tous ces processus, ceux-là en particulier retiendront notre attention, qui amènent l'homme en tant que sujet à une compréhension de lui-même et de ce qui est constitutif pour sa vie. La dynamique de cette compréhension inclut sa conscience d'une normativité éthique et la question de sa liberté et, comme on le verra, toutes les deux sont en elles-mêmes à la base d'un mouvement de compréhension. Ce sont là les processus grâce auxquels la philosophie, en tant que discipline, est immédiatement enracinée dans un besoin qui naît de façon spontanée au cœur même de la vie consciente.

La leçon d'aujourd'hui mettra au centre la première signification de la subjectivité du sujet, c'est-à-dire la connaissance élémentaire de soi-même, alors que la deuxième leçon s'attachera aux processus de la subjectivité qui tirent leur origine de la constitution fondamentale de la subjectivité. Un aspect important de ces processus est déjà envisagé dès qu'on réfléchit sur la relation du sujet à un tout. Là où la philosophie thématise le sujet de façon à ne pas le réduire à un thème parmi d'autres surgira du même coup la question du fondement et de la constitution d'une pensée du tout. Or, Heidegger avait pensé que le simple fait de faire de la subjectivité un thème de la philosophie entraînerait immédiatement la tendance à la déclarer autosuffisante et capable de fournir à elle seule un fondement à la réalisation de tout ordre. Rappelons-nous encore une fois le commencement cartésien de la philosophie moderne pour nous faire une idée d'une tout autre façon d'établir un rapport entre les deux thèmes.

25 | Le point de départ de l'acquis de certitude cartésien est la relation à soi dans la pensée, plus précisément, sous le mode particulier du doute. Comme on l'a vu, il est impossible que ce doute que je sais être le mien s'étende également à moi-même en tant que celui qui a ce doute. Je sais donc avec certitude que j'existe réellement. Cet acquis de certitude a un caractère méditatif : je dois me concentrer sur la pensée de mon propre doute, ce qui requiert une orientation de mon attention réflexive sur la relation que j'entretiens avec moi-même dans la connaissance de moi-même. Dans la mesure où cette réflexion se concentre sur la relation avec moi-même sous le mode du doute, elle produit encore autre chose que la certitude de l'existence réelle. La certitude dépend du fait que le doute est effectivement mis en œuvre. Ainsi, la certitude de soi dans l'existence s'accompagne d'une connaissance des *limites* de l'essence de celui qui se tient dans une telle certitude de soi. Cette existence n'a pas la certitude de quelqu'un qui trouve en lui-même son propre fondement et elle est visiblement dépourvue de cette plénitude qui exclurait tout doute. Si elle la possédait, ce mode particulier de sa certitude de soi lui deviendrait du même coup inaccessible.

Sur cette base à laquelle la réflexion sur soi accède, à proprement parler, d'un seul coup, on peut introduire ensuite l'idée de Dieu. En effet, c'est à partir de lui que s'explique l'origine de toute la situation dans laquelle un être qui doit sa réalité à autre chose que lui-même accède à sa réalité propre de cette façon tout à fait unique. Dans son explication de cette relation, Descartes utilise le langage ontologique de la causation, qui distingue les substances finies de la substance infinie pour établir ensuite des relations causales entre elles. Dans ce contexte, Dieu, en tant que substance infinie, pourrait même être considéré comme étant la cause de notre capacité de devenir conscients de nous-mêmes. Cependant, la situation fondamentale
26 de la | réflexion précède l'usage de ce moyen d'explication ontologique. C'est elle qui fait surgir d'un seul coup la certitude de soi concernant notre propre existence et la certitude de notre finitude, de telle sorte que la transcendance vers un fondement s'ensuit de façon immédiate. Dans un mouvement à rebours, ce fondement peut à nouveau être mis en relation immédiate, non seulement avec notre propre existence finie mais en même temps avec ce qui constitue le trait distinctif de la certitude de cette existence.

La figure de pensée d'un tel mouvement de fondation à rebours met la certitude de soi en rapport direct avec la connaissance de notre propre finitude et avec la conscience d'être fondés dans quelque chose qui possède une tout autre constitution que nous. Cette figure n'a pas seulement émergé au début de l'histoire de la philosophie moderne; on peut constater qu'elle a continué à marquer son développement ultérieur sous forme de variations toujours nouvelles. On peut en trouver des traces jusque dans l'œuvre de Nietzsche qui a salué dans le cartésien Spinoza son seul véritable prédécesseur. La critique nietzschéenne a certes visé le concept de sujet et miné le concept métaphysique de Dieu d'un point de vue généalogique. Mais il a varié cette figure de pensée d'une façon qui reste compatible avec sa propre critique même : notre relation à nous-mêmes ne nous ouvre pas un accès adéquat à nous-mêmes. À force de concentrer notre pensée sur ce que nous savons réellement de nous, nous sommes cependant amenés au-delà de nous-mêmes vers un tout qui nous dépasse autant qu'il nous offre la possibilité d'une vie que nous pouvons mener librement dans l'expérience de ce tout. Ainsi, la figure fondamentale dans son ensemble est dépendante du point de départ de sa construction : une certitude de soi qui est inséparablement liée à l'incertitude à l'égard de ce qu'est, au fond, celui qui vit et se tient dans cette certitude.

Cette petite étude cartésienne avait pour but de nous donner une
orientation | sur ce que les leçons suivantes considéreront comme la figure 27
fondamentale de la pensée moderne. Cette figure fondamentale se forme à partir de la relation en vertu de laquelle la subjectivité, caractérisée par sa certitude de soi au même titre que par sa soustraction à soi, se situe par rapport à un tout qu'elle ne peut se représenter que sous la condition de sa propre soustraction à soi.

Maintenant il s'agit d'éclaircir cette relation dans le cadre de réflexions portant sur les questions concrètes de notre propos. Ces réflexions viseront d'abord, comme nous l'avons dit, la première signification de la subjectivité en tant que connaissance de soi, mais toujours par rapport aux multiples relations avec un tout qui surgissent de façon spontanée au cœur de cette subjectivité même.

Si la subjectivité du sujet n'est pas synonyme de son autopuissance et sa présence à soi continue, le motif purement théorique sans doute le plus important, qui avait motivé la critique du sujet au siècle dernier, perdrait sa validité. Cependant, la critique du sujet avait au moins ceci en commun avec la philosophie fondée sur le principe de subjectivité qu'elle aussi croyait obtenir, à travers un éclaircissement de la subjectivité, d'importantes réponses aux questions que la vie elle-même adresse à la philosophie.

Cependant, le siècle qui vient de passer a vu surgir une autre tendance puissante qui va précisément à l'encontre de cette opinion préalable commune. Selon cette mouvance, on peut faire l'économie d'une destruction du sens du sujet dans la mesure où il suffirait de le *trivialiser*, ce qui

élimine les attentes formulées à l'égard de la philosophie du sujet au même titre que les motifs qui avaient suscité la tentative vaine de concevoir un soupçon généralisé à l'égard de tout discours sur l'homme. On ne saurait nier la force stratégique de cette tendance car il est vrai que la philosophie qui s'orientait sur le concept de sujet considérait la subjectivité comme un
28 fait fondamental singulier. C'est pourquoi elle | exige une élucidation propre, tout en promettant une réponse valable à la fois pour la théorie et pour la vie. La critique du sujet n'a pas renoncé à cette attente comme telle, elle n'a fait que la transférer sur le dépassement de toute orientation sur le sujet. La trivialisation du sens du sujet est censée tordre le cou aux deux attentes en même temps.

Expliquer les traits constitutifs d'un sujet à partir d'un fait trivial ne signifie pas *eo ipso* que l'explication comme telle doive également être qualifiée de triviale. Elle pourrait même faire preuve d'un raffinement philosophique considérable. D'ailleurs, la philosophie a depuis toujours dû trouver son chemin dans un va-et-vient conflictuel entre une déconstruction d'illusions d'un côté et la défense d'une indispensable profondeur et subtilité de sens de l'autre. Prendre le concept de sujet pour point d'orientation essentiel d'une théorie et d'une interprétation de la vie, cela exige de tenir compte à la fois des arguments visant à trivialiser ce sens du sujet et de l'argumentation de la critique du sujet.

Les tentatives de trivialisation sont particulièrement intéressantes là où elles s'appuient sur la méthode de la réflexion sur la signification d'expressions linguistiques, qui a largement prouvé son utilité comme moyen d'éclaircissement philosophique. La tentative la plus simple de ce type (qui s'inspire de Hans Reichenbach) part de l'idée que l'expression indexicale "je" constitue déjà une explication exhaustive de la position de la subjectivité dans la pensée. La signification de ce mot consiste à renvoyer au locuteur qui, à chaque fois, en fait usage. Celui qui utilise cette expression indexicale conformément à sa signification se trouve par là même dans une relation avec soi-même.

Or, il ne suffit pas que ce mot soit de fait utilisé en conformité avec les
29 règles. Un automate, | qui n'est pas à même de formuler une pensée sur ce qui se prononce en lui, en serait tout aussi capable. Si l'on veut vraiment parler d'un locuteur qui, comme on le dit, "maîtrise" sa langue, il faut lui attribuer la compréhension de ce qu'il exprime et l'intention de se faire comprendre par ceux à qui il s'adresse. Ce qui veut dire que l'usage du mot "je" ne fait que témoigner de la position du sujet, sans la constituer. De toute évidence, elle est plutôt toujours déjà présupposée dans l'usage de "je".

L'approche de Peter Strawson prend un tout autre point de départ. Il considère la signification de l'indicateur "je" dans le contexte du système des autres expressions indexicales comme "tu" et "lui", dont le "je" fait lui aussi partie. Toutes ces expressions présupposent que celui qui les utilise soit capable de s'identifier lui-même comme un singulier, c'est-à-dire comme celui qui est signifié par ces expressions. Cependant, cette identification n'est pas effectivement mise en œuvre dans l'usage des expressions, mais seulement impliquée comme étant toujours possible. Strawson en tire la conclusion que le simple usage de "je" présuppose déjà un monde constitué d'une certaine façon : dans ce monde, il y a des personnes, c'est-à-dire des choses singulières qui se laissent identifier par leurs corps, tout en étant originairement capables d'utiliser le langage de manière intelligente.

Comme vous le voyez, cette tentative mène déjà à l'une des approches visant à établir une implication mutuelle entre le sens du sujet et la totalité d'un monde. Néanmoins, elle est incapable d'élucider le sens de la subjectivité. Il suffit de se demander comment il faut comprendre le fait que quelqu'un se serve de ce système conceptuel global qui implique le tout d'un monde. De toute évidence, il ne suffit pas qu'il dispose, outre un concept de monde quelconque, aussi du concept de personne. Encore faudrait-il qu'il sache l'appliquer à lui-même, et pour ce faire, il doit d'emblée avoir compris ce que veut dire se connaître et se | comprendre soi- **30**
même comme quelque chose. Ainsi, Strawson devrait donc essayer de reconstruire l'apprentissage du système de concepts parallèlement à l'apprentissage de la capacité de l'auto-application, ce qu'il ne fait pas. C'est seulement dans l'auto-application du concept de personne qu'une personne pourrait se manifester dans sa qualité de sujet.

Or, il n'est pas légitime de dériver cette auto-application de l'apprentissage de l'usage du mot "je" qu'on apprendrait, entre autres, en même temps que l'usage de la signification de "personne". Car, comme on vient de le voir, l'usage de "je", loin de construire la connaissance de soi, la présuppose déjà. Ce qui explique d'ailleurs le fait que les enfants apprennent si tard à utiliser correctement le "je". En l'utilisant, l'enfant n'accède pas à une relation avec soi-même, il manifeste aux *autres* qu'il se trouve dans cette relation et qu'il est dorénavant capable de parler à partir de sa relation à soi. L'usage de "je" présuppose donc une relation indirecte et réfléchie avec sa propre connaissance de soi. Ce qui explique bien, d'une part, pourquoi des langues qui disposent d'un indexical pour la première personne sont particulièrement aptes à exprimer le désir d'autonomie et de valeur de soi. Mais cela ne devrait induire personne à dériver la subjectivité comme telle de ce côté actif de l'usage effectif du “je” et la connaissance de soi impliquée dans cet usage, d'une volonté de domination.

La connaissance de soi ne saurait être apprise et elle ne devient certainement pas réelle grâce à l'apprentissage de tel ou tel mot. En accédant à cette connaissance de soi, l'enfant réalise en même temps son être-personne. Cela signifie, en contrepartie, que le sens de la personne ne peut se définir qu'en incluant la relation à soi connaissante.

Or, cette relation à soi connaissante possède une constitution
31 | complexe. Avoir en outre une connaissance de cette constitution n'est ni l'affaire de l'enfant ni celle des personnes en général. Néanmoins, ils réalisent leur vie *dans* la complexité de cette connaissance, de telle sorte qu'ils peuvent bien se sentir aliénés face à une conception philosophique qui implique un démenti de ce dans lequel ils ne cessent de se reconnaître toujours à nouveau.

Le noyau de cette complexité, auquel s'ajoutent de nombreuses facettes ultérieures, résulte de ce que, dans la connaissance de soi, on ne peut pas séparer ce dont on sait quelque chose de la connaissance du fait d'être soi-même l'objet de ce savoir. Cette connaissance ne s'explique pas davantage par une combinaison de deux facteurs – ce dont je sais et le fait que ce savoir porte sur moi-même – qui nous permettrait de dire ensuite que la connaissance de soi ne se produit que lorsque le deuxième facteur s'est ajouté au premier. Je peux savoir quelque chose qui, de fait, appartient à moi, sans me rendre compte qu'il s'agit de moi-même, comme par exemple mon reflet dans un miroir. Mais dans la connaissance de soi, ce qu'on sait et la façon dont on le sait sont inséparablement liés. Et pourtant, on ne saurait dire non plus qu'il n'y ait aucune différence entre les deux.

De plus, ce que je suis ne peut pas se réduire à ce qui constitue la connaissance de moi-même. Si j'ai une connaissance de moi, je sais davantage de moi-même que le simple fait que j'ai une connaissance de moi. Cela résulte déjà de ce que la connaissance de soi n'est pas un état de choses général, comme par exemple tout le contenu du savoir sur le savoir ou le concept inclusif du savoir de l'humanité tout entière. On peut distinguer aisément la connaissance de soi d'un tel sens du savoir, c'est-à-dire d'un savoir qu'on doit appeler anonyme dans la mesure où il n'appartient à personne de façon exclusive. Ma connaissance de moi-même n'est pas fondée sur l'apprentissage d'un quelconque savoir ano-
32 nyme, mais je me tiens seul et de façon | originaire dans une relation à moi connaissante. C'est pourquoi un sujet se comprend toujours comme *un* parmi un nombre indéterminé d'autres, indépendamment du fait qu'il soit entré dans une relation réelle avec d'autres sujets. Dans son être-pour-soi, il

est tout seul avec lui-même, même s'il n'a pu grandir et accéder à cette connaissance de soi que dans une symbiose avec les autres. Mais au-delà de l'expérience de cet être-avec, la constitution de sa propre connaissance de soi lui apprend qu'il n'est pas seul ni unique. Et comme tel, il doit se distinguer des autres, non seulement par son être-pour-soi, mais aussi par d'autres qualités.

Parmi ces traits distinctifs, il y en a qui relèvent eux-mêmes du vaste domaine du savoir, par exemple le contexte de ses propres expériences et réflexions qui appartiennent au tout d'une vie menée de façon consciente. Mais le sujet est tel qu'il sait que les autres peuvent se trouver dans une relation avec lui et que sa propre pensée de soi-même est toujours accompagnée de la pensée d'une relation avec les autres. Toutefois, les autres ne sont pas à même d'entrer dans son propre être-pour-soi, sinon ils se tiendraient précisément dans l'être-pour-moi de l'autre, au point de se confondre avec lui. Ainsi, ils seraient devenus identiques à celui auquel ils voulaient trouver accès en tant qu'autre. Afin de pouvoir exister l'un pour l'autre, les sujets sont tenus de traduire chacun, de façon immédiate, leur être-pour-moi à chaque fois propre dans un milieu dans lequel il devient accessible à un autre sujet comme un autre être-pour-soi, sans se transformer pour autant dans l'être-pour-Moi de celui-ci. C'est, entre autres, la raison pour laquelle des sujets se réalisent aussi à travers la corporéité et dans la communication linguistique. J'y reviendrai dans l'une des leçons suivantes.

Mais tout cela et tous les autres aspects liés à l'être-sujet de façon essentielle ne sauraient jamais, à eux seuls, justifier l'importance du discours sur le sujet. Car un sujet qui ne sait rien de soi-même ne peut | en 33
aucune façon être considéré comme tel. Quelle que soit la qualité qu'on veut attribuer à un sujet, elle doit toujours impliquer cette connaissance de soi. Car un sujet ne se trouve pas seulement dans une relation à soi grâce à la connaissance qu'il a de soi-même. C'est plutôt cette relation même qui *constitue* ce qu'il est en tant que sujet. Nous avons vu que cet être-pour-soi entraîne d'autres caractéristiques du sujet qui, d'une certaine façon, peuvent être comprises à partir de celui-ci. En font partie le corps et le langage sans lesquels les différents sujets ne pourraient pas exister l'un pour l'autre, mais aussi d'autres conditions liées, de toute évidence, à la formation d'une connaissance de soi ininterrompue, dont une multitude d'aspects qui se laissent thématiser sous le titre problématique de "conscience". Sans connaissance de soi, toutes ces autres caractéristiques n'auraient aucun rapport avec la subjectivité. Or, une connaissance de soi se réalise nécessairement dans la pensée et une relation à soi connaissante

ne s'établit que dans une pensée dont le rapport adéquat à la chose ne fait, en l'occurrence, aucun doute. Ce qui nous amène à nouveau à la conclusion que ce qui nous constitue en tant que sujets trouve précisément sa réalité dans le fait qu'une certaine pensée est maintenue et continuée pendant toute une vie – avec nécessité et abstraction faite de tout ce dont la réalisation requiert un effort de la pensée.

Pour l'instant, nous voulons simplement retenir ce fait remarquable, qui confère à Descartes une actualité nouvelle et peut-être surprenante, pour nous concentrer sur un autre aspect qui est lié au sens du sujet dans la mesure où la seule certitude accessible aux sujets concerne leur existence.

On pourrait penser que le fait même de décrire la subjectivité comme pensée fondamentale suffirait à jeter les fondements stables que la philo-
34 sophie moderne du | sujet avait revendiqués pour elle-même. Le sens du sujet, disait-on, renferme le fondement qui exclut d'emblée toute question ultérieure, grâce à l'auto-explication du sens du sujet. Mais ce qui est décisif, c'est de comprendre que c'est le contraire qui est le cas. Nous avons démontré que la connaissance de soi constitue un fait fondamental qui permet d'éclaircir bien des implications concernant le sens du sujet. Toutefois, on n'arrive à ce fait que dans une méditation réfléchissante et non pas en la développant d'un point de départ extérieur, en l'expliquant par ses composantes et ses conditions de constitution ou en répétant le processus de sa formation.

De plus, ce fait est en lui-même complexe, et d'une complexité telle qu'on ne saurait trouver aucun point de départ qui permette à son tour de rendre raison de cette complexité même, que ce soit à partir d'elle-même ou à partir d'autre chose. Dès qu'on quitte le niveau du simple constat de cette complexité pour celui de sa dérivation, cette tentative se trouve tout de suite enfermée dans un cercle. Nous avons déjà expliqué à plusieurs reprises comment naissent ces cercles. La relation à soi connaissante constitue bien un fait ultime de la compréhension de soi, mais elle n'est pas pour autant un fait indifférencié, ce qui explique la tendance à vouloir la construire ou reconstruire sur la base des éléments qu'on peut distinguer en elle. Mais elle se soustrait à une telle analyse qui ne pourrait se faire qu'en isolant mutuellement les éléments constitutifs de ce fait fondamental. Or, on ne peut parler des composantes qu'elle renferme qu'en présupposant toujours déjà ce fait complexe dans sa totalité. Cette résistance à l'analyse n'est donc que l'autre versant du fait qu'il s'agit d'un fait fondamental dont il faut reconnaître en même temps qu'il n'est pas simple.

35 | Il en découle une deuxième conclusion qui occupera un rôle clé dans les leçons suivantes. La pensée qui prend pour point de départ le fait fonda-

mental de la position du sujet doit toujours s'orienter dans *deux directions inverses* : d'une part, elle doit s'interroger sur les implications du sens du sujet par rapport à des pensées ayant d'autres contenus. Nous reviendrons bientôt sur l'implication d'une protention vers un sens d'ordre multiple. Dans cette relation à un ordre, le sens du sujet s'avère lié à ce qui est le propre de la *connaissance* des choses réelles. Autant il faut partir du sens du sujet, autant il est évident que celui-ci ne peut pas être compris selon le même type de connaissance que celle qui émane de lui. Sa fondamentalité et plus encore, sa résistance interne contre l'analyse de sa complexité immanente s'y opposent définitivement.

Mais le sujet est bien un tel complexe et tout ce qui lui appartient, comme par exemple son corps, l'inscrit dans un complexe plus vaste encore qui est constitué d'une autre manière. Si la subjectivité est liée à la pensée et à la connaissance, le sujet sera toujours aussi *le point de départ* de pensées portant *sur* le sujet, et cela d'autant plus que le sujet n'existe nulle part ailleurs que dans ses pensées et qu'il n'est donc pas présent à soi-même comme un état de choses qu'il trouverait devant soi et qu'il s'agirait de décrire et d'expliquer. Que le sujet soit certain de soi-même ne lui apprend rien sur son essence. Mais c'est précisément pour cette raison que, en tant que sujet connaissant et motivé par un intérêt vital, il s'interrogera sur l'origine dont il provient lui-même comme ce dont il est conscient à tout moment dans la certitude de soi ponctuelle. La connaissance qui se déploie dans l'horizon d'un monde devenu accessible et les | pensées visant la 36
provenance du sujet et de tous ses mondes procèdent donc en sens inverse et sont organisées de façon totalement différente. Mais elles sont inséparables les unes des autres dans la constitution de la subjectivité à la fois certaine de et soustraite à elle-même.

Cette question sur notre propre origine jamais disponible à la connaissance pourrait être qualifiée de nécessité de la pensée. On pourrait ajouter, en guise de mise en garde, que l'impossibilité d'arriver à une connaissance de soi définitive nous oblige de traiter cette question avec une certaine réserve. Si la question réfléchissante sur l'origine de notre propre subjectivité et de la subjectivité en général devient si urgente, ce n'est pas seulement et peut-être même pas en premier lieu grâce à la cohérence et à l'universalité du questionnement réfléchissant, en d'autres termes : grâce à un intérêt théorique. Cette urgence naît au sein même de la subjectivité, plus précisément, elle est impliquée par le fait que les hommes en tant que sujets sont appelés à *mener* une vie, c'est-à-dire *leur* vie. Le fait de mener sa vie fait nécessairement surgir la question de l'interprétation qui permette à la vie de se comprendre elle-même dans sa réalisation et son orientation. Ce qui tout à l'heure ne semblait être qu'une question théorique éventuellement dépourvue d'objet acquiert ainsi une urgence incontournable qui constituera le point de départ de notre prochaine leçon.

3. Images du monde et compréhension de soi

Dans cette leçon, il nous faut examiner les protentions vers un tout, qui accompagnent la relation à soi connaissante ou qui sont motivées par elle, sans pour autant être obligés de laisser de côté la question à travers laquelle le sujet se tourne vers son propre fondement. Nous tâcherons plutôt de
37 comprendre pourquoi le sujet | ne peut pas se comprendre soi-même à partir des structures ordonnées auxquelles sa connaissance du monde lui donne accès. À partir de ce point de vue, on pourra jeter les bases du déploiement d'une pensée qui prend la question du fondement de la subjectivité pour point d'orientation permanent. La connaissance avérée portant sur le monde et une pensée qui transcende les limites de tout ce qui est donné à l'intérieur d'un monde proviennent d'une seule et même origine, c'est-à-dire la subjectivité. Par rapport à la subjectivité, il est donc impossible de tenir à l'écart l'un de ces aspects au profit de l'autre.

Nous avons une connaissance de nous-mêmes, et cette connaissance a de nombreuses implications. Grâce à elle, nous ne sommes pas seulement présents à nous-mêmes de façon non-intuitive ou quasi intuitive. Dans la plupart des cas, l'homme ne peut que constater comme un fait ce qui constitue son existence et ses traits essentiels – qu'il suffise de songer à son sexe ou à sa langue maternelle. Si, d'un côté, l'homme devient, en vertu même de son être-pour-soi, un sujet singulier avec une position précise dans le monde, de l'autre côté, cet être-pour-soi transcende néanmoins toute concrétion pourtant constitutive de sa singularité. C'est pourquoi il peut s'imaginer d'être quelqu'un de complètement différent de celui qu'il est de fait, tout en sachant que chaque réalisation de cette pensée n'est qu'un rêve.

Mais la possibilité même de ces pensées présuppose que l'homme, dans son être-pour-soi, se transcende lui-même en direction d'un monde. Dès qu'il a la pensée de soi-même, il a aussi toujours déjà des pensées de son être-différent, des pensées donc qui portent sur quelque chose ou quelqu'un d'autre que lui-même. Dans la mesure où la pensée de lui-même dépasse sa propre existence concrète singulière, elle implique en même temps la pensée de *tout* singulier en général, que ce singulier soit un sujet ou quelque chose de réel qui se distingue du subjectif. En vertu de son être-pour-soi et

des pensées que cette pensée inclut comme son corrélat, | l'homme pense 38
implicitement un tout en général, un "monde".

Il peut s'imaginer ce monde occupé et "peuplé" de singuliers de différentes manières. De même qu'il ne peut que constater la plupart de ce qui constitue son propre être, de même il est tenu de constater la forme et le contenu réels du monde. Dans la mesure où il doit s'efforcer d'acquérir, d'articuler et d'amplifier cette connaissance, le sujet est en même temps sujet de connaissance. De même que ce qui constitue cette connaissance n'est pas totalement arbitraire, de même la forme de la totalité du monde dans lequel quelque chose est connu ne saurait être quelque chose d'arbitraire et de complètement variable. Ce qui est réel à l'intérieur d'un monde doit, en tant que singulier ou relation de singuliers, se laisser mettre en relation avec le singulier que je suis moi-même. Il ne peut donc qu'appartenir à un tout dans lequel je me suis positionné moi-même.

Un monde ainsi défini se distingue visiblement de notre monde environnant et ne coïncide pas avec le monde qui nous est familier et dans lequel nous pouvons être chez nous. Mais il est le premier tout réellement englobant auquel nous nous rapportons à tout moment en tant que sujets, plus précisément, en tant que sujets capables de connaissance. C'est le monde *naturel* dans la mesure où il nous est déjà accessible en même temps que notre connaissance de nous-mêmes. Même la conscience quotidienne qui se tient à l'écart de tout effort de connaissance et se contente de ce qui est immédiatement donné implique toujours la pensée de ce monde un dans sa totalité et sa grandeur.

Cela peut s'expliquer aussi en s'appuyant sur l'un des premiers résultats communément acceptés de la philosophie analytique : celui qui dit de quelque chose qu'il existe ne lui attribue pas une propriété particulière, à savoir celle de l'existence. Son affirmation signifie plutôt que ce quelque chose se laisse trouver parmi *tous* et que tant qu'il existe, on pourra aussi le retrouver parmi *tous*. De ce point de vue, la | pensée d'un tel univers tout- 39
englobant des singuliers est constitutive pour la signification d'"existence". Cela ne donne évidemment pas encore de réponse à la question de savoir comment notre propre existence et l'existence de ce monde doivent être comprises. Toute explication du sens de l'existence de quelque chose présuppose déjà, semble-t-il, ces deux aspects.

Or, le concept naturel de monde n'est pas le seul à entrer en jeu avec le sujet en tant que sujet connaissant. La connaissance que nous acquérons de ce monde consiste à identifier des singuliers et à les expliquer dans leurs relations mutuelles. C'est du progrès de cette activité de connaissance que surgit la tendance à aller au-delà de ce monde naturel. Nous nous connaissons nous-mêmes comme des singuliers articulés de façons multiples qui, grâce à leur existence corporelle, deviennent accessibles à d'autres singuliers. De la même façon, tout ce qui est réel dans le monde naturel est présupposé comme un tel singulier aux articulations multiples, qu'il s'agisse d'une “chose”, d'un corps animé ou d'une personne, en d'autres termes : d'un vivant possédant une connaissance de soi-même. Afin d'acquérir une connaissance de ce qui est ainsi présupposé, il faut mettre en question ces complexes en les analysant et en les réduisant à quelque chose de plus simple. Ces éléments plus simples se laissent identifier avec plus de précision et ce n'est que par rapport à eux qu'on peut trouver des règles valables partout de façon universelle. Ainsi, par exemple, le propriétés matérielles des corps doivent être reconduites au système périodique des éléments pour qu'on puisse parler d'objets dont les conditions et les réactions sont les mêmes partout dans le monde, qui devient de ce fait un “univers”.

C'est ainsi que se forme l'image *scientifique* du monde. C'est le monde des mêmes singuliers qui appartiennent à notre monde naturel et cependant il est complètement différent. Sa constitution n'est pas seulement différente, elle est plutôt *incompatible* avec la constitution du monde | naturel. Il revient au travail philosophique d'éclaircir la relation entre les deux, même si les hommes de notre temps, sans difficulté apparente mais aussi sans se soucier de l'incompatibilité de leurs deux mondes, entrent en relation à ces deux sphères, par exemple quand ils appuient sur un interrupteur ou décrochent le téléphone.

40

Le point qui marque le plus clairement la différence entre les deux mondes consiste en la disparition de l'être-pour-soi de sujets du monde scientifique. Un tel monde serait impensable si le projet global de la connaissance ne trouvait son point de départ dans des sujets. Mais à l'intérieur des constructions conceptuelles permettant une identification exacte d'objets et leur description selon des lois universelles, il n'y a de place que pour des états de choses et des lois matériels. Des concepts de sujets ne peuvent pas en faire partie, c'est pourquoi à l'intérieur de ces constructions conceptuelles, il n'y a pas de compréhension possible de la connaissance et encore moins de la forme fondamentale de la subjectivité qu'est la connaissance de soi.

Il est évident que cette situation soulève la question de savoir lequel de ces deux mondes doit être considéré comme véritablement réel. Certains philosophes déclarent que le monde scientifique est une construction humaine qui ne peut pas être détachée du monde naturel. D'autres en revanche déclarent que l'image du monde de la physique est la seule valable et s'attendent peut-être même à ce que les hommes parviendront un jour à communiquer entre eux et à se comprendre eux-mêmes exclusivement dans le cadre de l'image du monde scientifique.

Nous ne pouvons pas approfondir ici ce débat. Je voudrais plutôt mettre en relief un résultat commun qui découle de la caractérisation des deux mondes : dans le monde scientifique, la subjectivité et avec elle, tous les faits fondamentaux ayant trait à la connaissance, ne sont pas susceptibles d'être thématisés. Mais à cet égard, le monde naturel ne peut se | vanter 41
d'aucune prérogative. Il est vrai que le concept de personne, donc le concept de certains singuliers dans le monde naturel, s'appuie sur la relation du sujet à soi-même. Bien que la subjectivité soit à l'origine du projet de connaissance, le concept de personne ne fait *que* présupposer la subjectivité. Une orientation sur le sens du monde naturel ne nous permet pas davantage d'arriver à une connaissance sous forme d'explication allant au-delà de ce que la pensée de soi du sujet contient déjà. En outre, le sens du monde naturel possède une forme fondamentale qui est à son tour seulement présupposée en lui sans pouvoir être compris à partir de lui : il faut présupposer l'ordre d'un tout (par exemple du spatio-temporel) à l'intérieur duquel on peut identifier des singuliers pour les mettre en relation les uns avec les autres en tant que différents. Mais ce contexte ordonné, à son tour, ne saurait être pensé sans présupposer une multitude indéfinie de singuliers. Kant a pu en conclure qu'un tel monde ne peut être fondé que dans la subjectivité. Si l'on assume, en revanche, qu'il est réel en lui-même, il devient, en tant que monde, tout aussi incompréhensible que la subjectivité des personnes qui se trouvent en lui. Dans le couple ordre-singulier, chacun des deux présuppose déjà l'autre et c'est cette dépendance mutuelle circulaire qui s'oppose à la compréhensibilité de ces deux notions.

Aux motifs qui ont abouti à la formation de l'image scientifique du monde, on pourrait donc en ajouter un autre : l'image du monde de la physique pourrait être interprétée comme la tentative de suspendre la dualité immédiate entre ordre et singularité, que l'image du monde naturelle comme image d'un monde existant pour soi avait rendue incompréhensible. Dans le monde scientifique, le temps et l'espace ne sont plus des principes d'ordre précédant les lois | selon lesquelles se produisent des états 42
de choses matériels. Néanmoins, on pourrait sans doute démontrer qu'on ne peut pas aller jusqu'à une assimilation totale entre l'ordre et la singularité. Mentionnons simplement, sans pouvoir l'approfondir, la perspective qui résulte de la tâche de compréhension aussi ardue que fascinante impliquée par le fait que l'image scientifique du monde, poursuivie jusqu'à ses propres limites, voit surgir en elle-même des problèmes qui relèvent des questions auxquelles est exposée la théorie de la subjectivité. Malgré cela,

le point de départ même à partir duquel se développe l'image scientifique du monde s'oppose par principe à ce que la subjectivité puisse jamais y être réintégrée.

Après avoir thématisé des protentions qui, à partir de la subjectivité, vont vers un tout composés de singuliers, nous sommes à nouveau amenés à un résultat auquel nous étions déjà parvenus auparavant à travers un autre chemin : à moins d'inhiber ou d'amputer la réalisation de la pensée humaine qui prend son départ dans sa propre subjectivité, sa protention vers un tout sera toujours double : d'une part, elle se dirigera vers le tout d'un monde qu'il faudra toujours penser comme donné et d'autre part, elle se dirigera vers un tout qui ne devient accessible *que* dans la pensée. La réalisation de la première protention implique la tendance à situer la subjectivité elle-même hors de la totalité du monde, au point de la faire disparaître. Pour la deuxième protention, en revanche, qui procède dans la direction *inverse*, la compréhension de soi du sujet de la subjectivité reste toujours le point de mire, c'est-à-dire dans la pensée d'un tout conçu de façon à inclure cette subjectivité et dans lequel elle peut trouver son fondement. Cette deuxième protention a donné l'origine à ce qui, dans la tradition philosophique, a pris la forme de métaphysique et de pensée spéculative. Les grandes religions du monde elles aussi ne deviennent compréhensibles que par rapport à cette deuxième protention.

43 | De tout cela résulte une conclusion importante pour la philosophie dans son ensemble. La tendance à l'élargissement et à l'approfondissement de la connaissance du monde et une pensée qui transcende, voire qui se détourne du monde sont donc inséparables et naissent au même titre de la subjectivité de l'homme ! L'homme en tant que sujet est soumis à une contrainte et se trouve dans une angoisse qu'il ne peut peut-être même pas interpréter s'il lui manque la possibilité de recourir à l'une de ces formes de protention réfléchissante. Mais il s'ensuit également que les deux directions inverses dans lesquelles la protention réfléchissante peut se diriger sont ultimement et définitivement inséparables *l'une de l'autre*. La pensée qui transcende et remonte vers le fondement a pour thème la subjectivité dans sa totalité qui inclut donc aussi son existence capable d'accéder au monde dans lequel elle se trouve située. C'est pourquoi la pensée qui transcende le monde ne peut pas, elle non plus, ne pas tenir compte en permanence du monde naturel et scientifique.

L'unité de ces deux directions inverses explique pourquoi la subjectivité, en vertu même de sa constitution, se déploie dans un domaine universel qui comprend la pensée dévoilante, le questionnement et aussi l'erreur. La puissance de ce domaine ne peut être dépassée par aucun autre, ce qui explique l'importance fondamentale de la position de l'homme en tant que sujet dans la formation de toutes les formes de culture et de vie.

Avec tout cela, nous n'avons pas encore répondu à la question de savoir si et de quelle façon ces deux modes de pensée essentiels à la subjectivité peuvent réellement être reconduits à une forme de compréhension intégrante. En d'autres termes, il s'agit de la question de savoir si et de quelle façon la subjectivité peut, par rapport à ces deux dimensions, parvenir à une compréhension de soi stable en elle-même. La situation
| théorique fondamentale que nous avons élaborée fournit également le 44
cadre dans lequel s'inscrivent nos recherches suivantes sur la dynamique de l'autocompréhension au sein de la vie humaine et sur sa dramatique intrinsèque.

4. UNE SCIENCE DU TOUT ?

Cette dynamique se réalise en effet sous le poids d'une alternative qu'on peut formuler directement à partir de l'examen de la forme fondamentale simple de la connaissance de soi : nous avons vu que c'est à partir de cette forme fondamentale qu'on peut comprendre le développement de pistes de réflexion divergentes. La forme fondamentale de la connaissance de soi est donc le fondement unifiant de cette dualité et de cette divergence en directions inverses. De ce point de vue, nos recherches se sont déployées à partir d'un point de concentration susceptible de satisfaire également un besoin d'éclaircissement purement théorique. Cela pourrait se faire en montrant pourquoi la subjectivité ne peut déployer sa vie sans que ces deux orientations inverses la mettent en face d'un problème irrésoluble. Tel serait le cas s'il lui était impossible de trouver dans le va-et-vient conflictuel des protentions inverses un point de repos quelconque susceptible d'être mis à l'épreuve et vérifié par rapport à cette protention en elle-même dédoublée. Cela donnerait origine à une analyse de l'existence humaine qui s'approche du diagnostic prononcé par Albert Camus concernant l'absurdité de la vie : la vie se réalise dans des conflits qu'elle n'est pas à même de résoudre mais dont elle ne peut pas non plus se libérer. Les religions, au même titre que la philosophie qui entend rester fidèle à la démarche de Platon, ne sont que des tentatives d'échapper à une aporétique irrésoluble, en se trompant soi-même sur la conséquence tragique de la vie qu'elle entraîne. La seule alternative paraît alors
| consister à atteindre une perspective qui réunit les lignes d'orientation 45
inverses de la pensée dans une autocompréhension du processus de vie, de telle sorte que la vie qui se tient dans une telle autocompréhension n'a pas

besoin de se démentir elle-même. Mais toute alternative de ce type ne peut s'atteindre qu'une fois qu'on a compris l'origine et l'importance des deux orientations inverses des protentions de la pensée.

Les leçons suivantes se mouvront dans le champ de ces alternatives. Conscientes du fait que les conflits de la vie naissent de sa racine même, elles chercheront à explorer les chemins qui nous permettront d'arriver malgré tout à une autocompréhension synthétique. Dans cette entreprise, nous nous appuierons autant sur les motifs de la théorie du sujet développés et débattus à l'Université de Iéna il y a deux siècles que sur les motifs qui ont amené Nietzsche à interpréter son siècle comme l'époque du nihilisme naissant.

Quelques-uns des auditeurs aimeraient peut-être que je concrétise d'ores et déjà ce programme. Je peux peut-être répondre à cette attente de façon indirecte, en renouant avec le souvenir de ma dernière conférence prononcée à Weimar. J'y ai parlé pour la dernière fois en été 1989, lors du colloque de la Société Goethe – à l'époque encore sous des portraits géants de Honecker et de Willi Stoph. La philosophie et la doctrine de vie soutenues par le parti d'Etat, à savoir le “matérialisme dialectique”, étaient alors déjà en plein déclin mais fermement maintenues avec une validité exclusive. Peu de temps après, cette doctrine appuyée par le pouvoir a disparu presque sans bruit des presses d'imprimerie et des amphithéâtres universitaires. Cela a de quoi nous laisser perplexes et de nous faire soupçonner qu'il s'agit d'un refoulement qui est exactement le contraire d'un dépassement fondé sur de bonnes raisons.

C'est pourquoi ici, à Weimar, je pose la question avec une emphase particulière : la démarche démonstrative que j'ai développée en prenant pour principe la subjectivité implique-t-elle que personne ne peut plus
46 honnêtement et | pour des raisons respectables se déclarer partisan du matérialisme philosophique et aussi dialectique ?

J'y réponds par non ! Cette réponse présuppose pourtant quelques conditions valables pour tout matérialisme. Le matérialisme du Parti se voulait une connaissance scientifique, la matière étant définie comme la somme des états de choses matériels dont traite la physique moderne. De ce point de vue, le matérialisme était lié à la vision scientifique du monde qui, comme je l'ai expliqué, est née d'une précision du type de référence et d'explication de l'image du monde naturelle.

Or, nous avons vu que cette image du monde ne peut qu'exclure de son domaine la subjectivité, ainsi que toutes les données épistémiques. Le matérialisme qui se définissait comme dialectique n'était pas insensible à cette intuition. La contrainte à se formuler comme dialectique résulte précisément du fait que la matière se voyait attribuer la possibilité d'une évolution de propriétés qu'on avait d'abord été obligé d'exclure de la théorie de base de la physique. Afin de devenir théorie universelle, la théorie de base avait donc besoin d'un complément.

Cependant, on présentait ce type de supplément et d'échelonnement dialectique comme étant à son tour un résultat scientifique au même sens auquel la physique est établie comme science. Déjà depuis longtemps, la tentative de rendre cet argument convaincant soulevait des difficultés sans fin pour ceux dont la tâche officielle consistait à expliquer le matérialisme dialectique. Ces difficultés sont inévitables dans la mesure où ils naissent de l'approche même de cette tentative d'explication. Aujourd'hui, nous pouvons les comparer avec les difficultés que rencontrent nos neurologues dès qu'on leur demande de valider leur postulat selon lequel leur nouvelle imagerie médicale les rendrait à même de réaliser des examens permettant de trancher la question de la subjectivité et même de la liberté.

| Il faut bien admettre que la base matérielle de la vie humaine est un fait 47
incontournable et les résultats de la physique jouissent d'une évidence impressionnante et d'une applicabilité universelle. Nous avons montré en outre que, tout en admettant que la subjectivité est un fait fondamental évident, la tentative de remonter en deçà d'elle aboutit à des cercles et à une obscurité totale. Il n'est pas contraire à la raison d'en conclure, à titre personnel, que le subjectif *doit* reposer sur quelque chose qu'on ne peut pas distinguer, en dernière analyse, de ce qui constitue la matière. Mais cette conséquence implique un pas au-delà du domaine de la recherche scientifique portant sur des processus matériels. On ne fournit aucune épreuve, on projette et accepte une conception dont on devrait savoir qu'elle ne peut pas acquérir le statut d'une explication prouvable.

Ce que je viens de dire peut jeter une lumière sur ce qui se produit dans un tel dépassement : avec cette conclusion, on passe de la perspective de l'image scientifique du monde à celle d'une pensée dépassant la subjectivité, qui réunit un concept de monde avec une pensée du fondement de la subjectivité. Par conséquent, un tel matérialisme ne constitue pas un élargissement de la science, mais en dernière analyse son complément en vue d'une auto-interprétation. Il ne peut être déclaré ni comme un résultat scientifique ni comme le résultat d'une dialectique grâce à laquelle la science elle-même pourrait, en fin de compte, devenir tout-englobante. Si en outre on essaie, à travers la pression politique, de faire accepter et reconnaître ce matérialisme comme une connaissance scientifique du monde, on n'a pas seulement méconnu son origine mais aussi du même coup compromis sa propre position.

Dans les pays où cela a été une pratique courante, la disparition tacite de la position matérialiste peut paraître tout à fait logique. Cette position disparue n'est pourtant nullement réfutée en tant que position qu'on peut
48 assumer librement, à condition d'être conscient | de son statut et de ses alternatives. Simplement, celui qui l'adopte et la défend à nouveau doit avoir compris qu'il faudra la reformuler de fond en comble.

Ce que nous venons de dire nous permettra cependant de comprendre encore un autre aspect : une philosophie visant à examiner les pensées qui, nées au cœur de la subjectivité de l'homme, poursuivent la question du tout dans des directions inverses, ne peut exister que là où la pensée peut s'épanouir et se communiquer librement. La pression et la contrainte sont à l'œuvre dans beaucoup de circonstances politiques et sociales différentes, y compris celles qui caractérisent la vie dans l'Allemagne unifiée. Mais là où les hommes ne sont plus libres de s'y soustraire paisiblement, elles empêchent la vie consciente qui, dans cette pensée, s'efforce de se comprendre elle-même, et ce, au moment même où elle résiste à cette pression. Une compréhension libre de faux-semblants et de stratégies d'adaptation ne peut naître qu'à partir de la dynamique de notre propre vie et donc en liberté.

Le matérialisme dialectique a péché en ce qu'il prétendait posséder des connaissances et des preuves scientifiques irréfutables. Et toujours à nouveau on voit des scientifiques, comme de nos jours quelques neurologues, qui s'érigent en philosophes affirmant la même chose. Chaque être humain a sans doute souhaité un jour, d'une façon ou d'une autre, être aidé, voire simplement délivré de l'effort nécessaire à l'autocompréhension de sa vie grâce à de telles épreuves, même modifiées. Mais on comprend également qu'une philosophie qui prétendrait fournir de telles épreuves aurait du même coup perdu son enracinement dans la vie consciente. Or la philosophie n'a pas seulement tiré son origine de cette racine, elle n'a jamais cessé d'y puiser la force de se reformuler à nouveau.

| CHAPITRE II 49

PERSONNE ET SUJET DANS LA DYNAMIQUE DE LA VIE

1. FONDEMENT ET MONDE

Dans la leçon précédente, nous avons expliqué ce que nous entendrons par la suite par “subjectivité”. Nous sommes partis de la connaissance de soi qui constitue la caractéristique centrale d’un sujet, quelles que soient par ailleurs ses déterminations ultérieures. Nous avons montré les difficultés qu’on rencontre lorsqu’on essaie de comprendre une telle connaissance de soi pourtant indubitable. Ensuite nous avons distingué, par rapport à ce sujet, trois idées d’un tout : le monde dans lequel se déroule la vie quotidienne et le monde de la science physique fondamentale reposent sur des configurations fondamentales incompatibles entre elles mais qui peuvent toutes les deux s’expliquer à partir de la constitution du sujet ayant la capacité d’accéder à ces mondes. Une tout autre forme d’un tout devient thématique lorsque le sujet se considère comme intégré dans un contexte à partir duquel il peut se comprendre soi-même comme fondé. Les directions que la compréhension des mondes naturel et scientifique peut prendre poursuivent un chemin de compréhension inverse à celui qui s’interroge sur un tout susceptible d’intégrer le sujet comme tel. L’inversion des directions laisse déjà entrevoir dans quelle profondeur s’enracine la difficulté ultérieure d’harmoniser l’autocompréhension de l’homme et sa compréhension du monde.

L’explication de cette tension qui naît du sujet comme tel présuppose – contrairement au thème du monde et de la pluralité des mondes – le
commencement spécifiquement moderne de l’activité | philosophante. 50
Mais le développement ultérieur de la modernité est également caractérisé par la critique du rôle que la pensée avait attribué au sujet au début de l’ère

moderne. C'est pourquoi il nous a fallu expliquer comment ce point de départ dans le sujet peut être développé de façon à ne pas seulement rendre superflue la critique du sujet, qui a également été celle de Nietzsche, mais aussi à rendre compréhensible et justifiable le rôle qu'elle joue dans l'autocompréhension de la subjectivité dans son ensemble.

Pour ce faire, nous avons critiqué certains présupposés inappropriés dans la description de la subjectivité, qui ont été au cœur de la critique du sujet : la conscience de soi est bien accompagnée d'une certitude. Il ne peut y avoir de doute que la connaissance que je possède dans la connaissance de soi est une connaissance de *moi* (quoi que cela signifie plus précisément). De la même façon, cette connaissance *elle-même* n'est soumise à aucun doute.

Pourtant, il faut bien distinguer ce type de certitude d'une autre thèse complètement différente selon laquelle ce que je suis pourrait se rencontrer au sein même de ma connaissance de moi sous forme d'évidence adéquate et que par conséquent, ce qui est présent à moi dans ma connaissance de soi serait suffisant pour éclaircir de façon définitive ce que je suis en tant que sujet. Il faut dire plutôt que cette certitude contient en même temps la raison pour laquelle le sujet, en vertu même de sa connaissance de soi, se devient problématique au point d'être assailli de doutes qui le concernent soi-même.

Dans la mesure où ces questions résultent de la constitution énigmatique de la connaissance de soi, elles ne naissent que dans un cadre théorique. Elles trouvent cependant leur corrélat dans le questionnement inquiet de l'homme sur lui-même, dont l'urgence est motivée par la vie de tous les jours. Ce qui s'articule dans ce questionnement, c'est l'incertitude sur le lieu et l'origine de la vie qui est à chaque fois la nôtre. Ce questionnement provient de la connaissance de soi et la concerne toujours implici-
51 tement dans la mesure où | cette vie est entièrement caractérisée par la nécessité d'être menée à partir de la connaissance de soi. Le fait que la connaissance de soi ne porte sur aucun objet extérieur à cette connaissance ne la rend pas plus simple et facile à comprendre mais au contraire, plus complexe et opaque.

Cette forme de connaissance ne se laisse pas expliquer à partir des éléments du complexe qu'elle s'avère être dès qu'on dirige son attention sur elle afin de la comprendre. Car toute tentative d'explication qui part d'un élément quelconque présuppose toujours déjà la compréhension du tout qu'il s'agit d'expliquer. On ne peut isoler aucun élément de ce complexe pour expliquer tous les autres, comme, par exemple, l'attention active explique le fait que l'objet de l'attention ressort distinctement.

L'attention *à soi* présuppose en effet déjà toute la connaissance de soi qui, comme telle, est opaque. Etant donné qu'il s'agit d'une connaissance, la cohésion de ses éléments ne peut pas non plus s'expliquer sur le mode de l'inséparabilité des éléments qui constituent une figure perceptive. Une recherche approfondie montrera clairement que l'analyse philosophique de la constitution de la connaissance de soi ne peut être une explication illuminante que pour celui qui a déjà compris ce dont il est question. Toute analyse n'est donc qu'approximative; elle procède en présupposant un état de choses qu'elle ne peut pas dissoudre, ni reconstruire à partir de ses éléments. C'est pourquoi on pourrait dire aussi qu'elle est l'explication de ce qui est proprement incompréhensible, c'est-à-dire en tant que tel, donc en incluant cette incompréhensibilité qui le caractérise. Si cet éclaircissement prétendait être une explication, il se mouvrait nécessairement dans un cercle.

Au même titre que la certitude immanente à la connaissance de soi, cette indissolubilité elle-même est un indicateur du fait que la constitution du
"se-connaître-soi-même", qui est caractéristique | pour la détermination 52
d'un "sujet", est vraiment quelque chose de primordial et de fondamental qui peut fournir un point de départ pour la philosophie. Une telle instance fondamentale n'est pas nécessairement simple, ni quelque chose de transparent qui s'expliquerait lui-même. Ainsi, la recherche philosophique confirme la conscience quotidienne de l'homme selon laquelle il ne doit ni à lui-même ni à quelque chose dans sa connaissance le fait qu'il se tient dans cette connaissance et qu'il peut ou doit mener sa vie à partir d'elle. Sans y avoir contribué, nous ne parvenons pas seulement à la vie en général, mais à ce qui distingue la vie humaine de toutes les autres formes de vie, c'est-à-dire à la situation fondamentale d'avoir la connaissance de nous-mêmes – une situation qu'on peut considérer comme la chose la plus naturelle du monde ou au contraire, selon notre situation personnelle, comme une bénédiction ou une malédiction. Cela implique des questions que tout le monde connaît : qu'en est-il de la vie que nous devons mener, envisagée à la lumière de son origine ? Nous savons, bien entendu, que nous avons été engendrés par nos parents, qu'un cerveau normalement développé est la condition nécessaire pour que nous puissions nous trouver dans une vie consciente. Néanmoins, tout cela n'explique strictement rien. Chaque explication convaincante devra bien tenir compte de ces faits, mais ceux-ci ne sauraient constituer cette explication. Ils ne fournissent aucune réponse à la question de savoir ce qui constitue notre vie. D'ailleurs, les hommes se réservent toujours la possibilité d'une telle réponse, avec plus ou moins d'inquiétude ou secrètement, même si ce secret est au cœur de la

réalisation quotidienne de la vie, qui simplement n'est pas à même d'apporter une réponse définitive susceptible de rivaliser avec les explications fournies par les sciences. Plus les scientifiques, par exemple les spécialistes en neurosciences qui s'occupent de cette question, font preuve de grandeur, plus ils sont prêts à admettre que leur explication sur la base de l'image physique du monde devrait être considérée comme une *tentative*,
53 c'est-à-dire comme une tentative | visant à établir jusqu'où peut aller une explication sous de telles prémisses – une tentative donc qui se sait placée devant des alternatives, pourvu que celles-ci soient suffisamment objectives et différenciées et non pas élaborées avec légèreté. Mais ces scientifiques eux aussi restent muets face à la question de savoir comment il faudrait mener une vie, à supposer que leur explication soit universellement acceptée – tout aussi muets que l'homme qui, dans sa vie quotidienne, tente d'expliquer à la fois la compréhension et l'inquiétude qui dominent sa propre vie tout entière.

La leçon précédente avait également traité de la genèse de l'image scientifique du monde à partir de sa double origine que sont la subjectivité et l'orientation primaire dans le monde, qu'on peut appeler aussi l'image du monde quotidienne ou naturelle. La connaissance de soi élève le sujet au-dessus de *tout* contenu particulier de sa connaissance. Il devient ainsi capable de penser un *tout* qui comprend tout ce dont il a une quelconque connaissance et de mettre en relation toutes choses à l'intérieur de ce tout. Le sujet n'est véritablement réel que dans une connaissance – dans sa connaissance de soi. C'est pour cette raison précisément qu'il se trouve toujours aussi dans une protention vers un tout de choses distinctes les unes des autres et dont il peut également avoir une connaissance. C'est dans ce contexte que la formule courante de la corrélation sujet-objet, qui resterait assez obscure sans de telles réflexions, trouve son fondement explicatif.

De ce point de vue, on peut comprendre aussi que la constitution fondamentale d'un monde auquel un sujet peut accéder et dans lequel il est capable de s'orienter ne saurait être arbitraire : nous avons expliqué que le tout du monde doit être pensé comme l'ensemble tout-englobant de singuliers qui se trouvent en relation les uns avec les autres grâce à une connexion d'ordres qu'il faut présupposer pour les constituer en tant que singuliers. L'espace est l'un de ces présupposés d'ordre pour le monde qui s'ouvre à nous de façon originaire.

54 | En outre, nous avons expliqué que ce monde primaire, avec son implication mutuelle de singuliers complexes d'une part et l'ordre d'autre part, suscite la tentative d'obtenir une image du monde plus transparente en reconduisant les singuliers et les ordres les uns aux autres et ensuite à

quelque chose de plus fondamental. Cette tentative part de l'image du monde primaire pour en faire surgir l'image scientifique.

Concernant la position du sujet à l'égard de la constitution fondamentale du monde, dont la structure naît pourtant avec sa propre constitution, nous en sommes arrivés à la conséquence suivante : dans le monde primaire, le sujet doit se positionner, donc s'y attribuer une place. *En tant que* sujet, il y est pourtant encore moins compréhensible que tous les autres singuliers réellement existants dans l'ordre du monde. Dans le monde scientifique, le sujet n'a, par la suite, plus de place du tout. Cela n'exclut pas la possibilité de *penser* la connaissance en général et la connaissance de soi en particulier comme le résultat de processus matériels. On peut parvenir à la conclusion qu'il ne *peut* pas en être autrement et essayer d'appuyer cette thèse aussi fortement que possible. Mais la preuve qu'il doit en être ainsi est par principe impossible. L'acceptation de ce fait ne justifie ni la paresse intellectuelle ni l'indifférence à l'égard des résultats scientifiques, ni encore moins un blanc-seing pour des pseudo sotériologies irresponsables. Mais elle est une source d'inquiétude sur le chemin de l'autocompréhension et une raison supplémentaire de faire encore plus preuve de prudence.

La conclusion de la leçon précédente a mis en rapport ce résultat avec celui de sa première partie. Le sujet, disions-nous, se présuppose un fondement puisque sa propre constitution ne lui donne aucun éclaircissement sur soi-même. C'est ainsi qu'il se dépasse soi-même dans deux directions
inverses. Il ne peut pas accéder à son *fondement* dans une attitude | orientée 55
sur la connaissance objective du monde. Il se perd soi-même dans le *monde* qui s'ouvre à sa connaissance, à mesure qu'il poursuit avec cohérence ce qui résulte de la radicalisation croissante de sa prétention à une connaissance précise et fiable.

On entrevoit déjà que dans cette situation fondamentale, les deux formes de protention inverses doivent être mises en relation l'une avec l'autre. De toute façon, il faut reconnaître que la pensée concernant un fondement du sujet ne peut pas rester étrangère à une pensée portant sur le tout, donc sur un monde qui soit compatible avec cette pensée. Et inversement, la disparition du sujet dans le passage du monde primaire au monde scientifique soulève la question de savoir comment un monde doit être conçu dans lequel le sujet ne soit ni simplement présupposé ni complètement privé de lieu.

Nous n'avons pas encore souligné cette conclusion comme le résultat de la première leçon. À cet égard, nous pouvons encore ajouter une autre réponse par rapport à la tâche qui incombe également à cette série de leçons, c'est-à-dire en quel sens les explications que nous nous apprêtons à donner concernent des problèmes philosophiques dans la perspective spécifique qui est celle de la conscience *moderne*.

1. Nous avons vu qu'on peut maintenir une démarche de fondation sur la base du principe moderne de "subjectivité" et *en même temps* non seulement reprendre mais aussi poursuivre et approfondir la critique moderne de l'autosuffisance de cette subjectivité.

2. La philosophie prémoderne avait tendance à identifier le point de départ de la philosophie à la dimension qui donne accès à un fondement universel, à quelque chose d'originaire et tout-englobant. Au début de la philosophie moderne et jusqu'à la première *Doctrine de la science* de
56 Fichte, cette identification du point de départ de la fondation avec | le dernier principe explicatif universel – on peut dire aussi : l'identification du Premier à l'Un – était encore un principe primordial.

L'abandon d'un tel fondamentalisme peut être considéré comme caractéristique de la modernité plus avancée. La perspective que nous développons ici peut alors être qualifiée, d'un point de vue méthodologique, de fondation non fondamentaliste.

3. On peut dire que l'approche philosophique moderne est basée sur deux convictions fondamentales concernant l'autocompréhension de l'homme : premièrement, que cette autocompréhension doit se faire sous la condition d'une incertitude principielle et deuxièmement, qu'une autoexplication n'est convaincante que dans la mesure où elle permet aussi de rendre compte du fait que la vie humaine se réalise au milieu d'ambivalences, d'antinomies et de tendances contrastées. La situation de l'homme en tant que sujet avait été définie par sa double protention vers son fondement et vers un tout dans lequel il ne s'est pas déjà toujours et nécessairement perdu. La perspective philosophique qui résulte de l'analyse de la subjectivité entend donc correspondre à ces critères grâce à son approche fondamentale.

Elle ne nous oblige pas à déclarer que le projet d'une compréhension de soi de l'homme se trouve impliquée d'emblée dans un complexe problématique sans issue. Mais elle explique pourquoi l'homme lui-même fait l'expérience que la perspective sur une telle possibilité ne lui apparaît pas totalement étrangère et pourquoi il la perçoit même, au plus profond de son expérience de soi, comme familière. Cette perspective nous permet de comprendre dans quelle mesure l'homme peut désespérer de tout appui ultime et nous comprenons de la même façon dans quelle mesure il est capable de croire et de suivre une doctrine du salut. Les deux choses peuvent se produire sans aucune renonciation sur le plan de l'identité

humaine, pourvu seulement que la première attitude ne soit pas motivée par
un manque de courage et la deuxième, par simple crainte, mais que toutes
les deux soient plutôt | le résultat réfléchi qui constitue la somme de toute 57
une vie consciente à chaque fois personnelle.

Un tel résultat explique en même temps pourquoi l'homme, dans son autocompréhension, n'a aucune chance de parvenir à une certitude comparable à celle qui se trouve au cœur de sa connaissance de soi. Car son autocompréhension prend précisément pour point de départ les questions énigmatiques qui surgissent de la subjectivité elle-même. Aucune compréhension de soi, pas même celle dans laquelle cette subjectivité ne se libère pas tant *d'*elle-même que plutôt *pour* elle-même, ne saurait nier que cette subjectivité ne s'explique pas simplement à partir d'elle-même. Dans l'histoire de l'humanité, les religions, mais aussi les poètes, ont probablement envisagé ce fait d'un point de vue plus complet que celui de la théorie philosophique sous la plupart de ses différentes formes historiques. La religion et la poésie ont pourtant le privilège d'être immédiatement aux prises avec les expériences fondamentales de la vie humaine. La philosophie, par contre, doit s'efforcer de développer un enchaînement de raisons qui permettent d'en faire autant, tout en résistant à de nombreuses autres interrogations. La philosophie seule se trouve face à une double exigence : celle de la vérité et de la forme explicative d'un côté et celle de la fiabilité dans la justification et de la cohérence et complétude dans la construction de la connaissance de l'autre.

D'où il s'ensuit que la philosophie doit avoir beaucoup de mal à
accepter sa propre conclusion selon laquelle elle ne peut jamais, en tant que
théorie, placer la compréhension de soi de l'homme sous le signe d'un
présupposé dont le caractère obligatoire découlerait d'une preuve explicite
de sa vérité. Dans la mesure où elle est parvenue à reconnaître ce fait, son
obligation de justification la placera du même coup devant une tâche
ultérieure : elle devra montrer que la délimitation entre la connaissance et
l'élucidation de la vie n'est pas seulement | incontournable, ce qui en ferait 58
une renonciation inévitable qui n'a pas été rendue intelligible comme telle ;
elle cherchera plutôt à montrer en outre qu'elle est tributaire d'une constitution globale de la raison, qui est plus complexe et néanmoins plus compréhensible qu'une explication de la connaissance prenant pour modèle la force persuasive de programmes de preuves déductives linéaires.

2. L'IDENTITÉ ANTICIPÉE

La subjectivité n'est pas un fait statique. Ce que nous avons développé jusqu'ici prouve déjà qu'il faut lui reconnaître une dynamique, dans la mesure où elle est le point de départ du questionnement et de séquences de projets du monde. Néanmoins, nous avons toujours considéré la connaissance de soi seulement comme un état qui fonde la double protention vers le fondement soustrait et vers le tout d'un monde. Mais cela est une abstraction isolante qui se concentre sur un trait fondamental de la connaissance de soi. Sitôt qu'on comprend pourquoi la connaissance de soi est fondatrice d'une protention vers le tout d'un monde, on doit dire aussi que cette protention inclut des activités visant à ouvrir un monde. Le tout du monde est ouvert à toutes sortes de contenus mondains *possibles*. Ainsi, le monde ne se présente pas au sujet comme un paquet de perceptions gigantesque quelconque. Ce qui est réel dans le tout de la forme du monde n'est pas déjà dévoilé “à ses yeux”, pour ainsi dire, mais doit être successivement dégagé par lui-même. C'est pourquoi le sens du monde fondé dans le sujet se réfère à la possibilité de la *connaissance* qui à son tour est motivée par des activités. Des connaissances doivent être produites, stabilisées et accumulées. Elle ne se réalisent pas seulement à partir du sujet, mais procèdent par
59 degrés et c'est ainsi que le sujet, dont la connaissance de soi | ne s'explique sur la base d'aucune de ses activités, est en même temps le sujet actif de sa connaissance du monde.

L'exercice de toutes ces activités présuppose que le sujet lui-même persiste en elles. En tant que sujet, il se tient dans une connaissance de soi. Lors du passage d'une phase de sa connaissance, qui lui ouvre un monde, à la suivante, il doit transférer sa connaissance de soi de la phase qui précède à celle qui succède; il doit pour ainsi dire s'emmener soi-même sur le chemin de connaissance à travers le monde. Ce qui signifie qu'il doit se savoir comme étant le seul et même sujet dans les deux phases.

C'est là le sens le plus élémentaire auquel il faut parler, par rapport à la subjectivité, d'une identité du sujet. La connaissance de cette identité à travers les phases de son accès au monde fait toujours déjà partie de la connaissance du sujet, même si l'on peut considérer la connaissance de soi comme un simple *état* de connaissance. Le sujet ne reçoit pas seulement son identité, il prévoit nécessairement aussi son autocontinuation grâce à laquelle seulement il est un sujet.

Cette anticipation, ainsi que son implication dans le sens de la connaissance, explique d'ailleurs pourquoi la thèse selon laquelle le sujet serait l'origine active de sa connaissance de soi a pu trouver tant d'adeptes. Mais la continuation de la connaissance de soi à travers les phases de la

connaissance et à travers tous les états qu'un sujet doit s'attribuer exprime elle aussi un trait fondamental de la connaissance de soi, à savoir qu'elle ne s'explique pas à partir d'elle-même et qu'elle est encore moins disponible à elle-même. Tout en étant inséparablement liée à l'exercice d'activités, la genèse de l'identité du sujet ne se laisse pas dériver d'une seule activité ciblée que celui-ci serait à même d'accomplir. Elle est un *événement* de
continuation qui se réalise à travers les activités | mêmes sans lesquelles 60
cette continuation ne pourrait pas se produire et dont la plus importante est le souvenir.

Autant l'homme est incapable de s'instituer lui-même dans sa vie consciente, autant ce n'est pas par son seul mérite que l'identité qui est réellement au cœur du sens de la subjectivité se maintienne à travers toutes ses phases. Cela implique un élargissement du sens auquel notre connaissance de nous présuppose un fondement. Ce fondement ne se laisse pas définir comme une effectuation qui se ferait de façon ponctuelle, en donnant ainsi origine à un processus de réalisation qui par la suite n'aurait plus qu'à s'autogénérer. Ce fondement, en tant que fondement de possibilisation, doit être conçu dans la même continuité dans laquelle le sujet se constitue soi-même à travers ses activités, et ce, indépendamment du fait que ce fondement soit par ailleurs déterminé comme une activité du cerveau ou comme un processus intelligible de l'esprit.

La seule alternative consisterait à imaginer un auto-engendrement de la vie consciente – une idée qui a déjà été réfutée à plusieurs reprises. S'il en était ainsi, l'idée même de la fin ou de l'extinction d'un tel sujet serait tout à fait inconcevable. Dans un rêve que j'ai fait il y a longtemps, j'ai compris qu'une théorie du sujet qui se tromperait sur ce point, à condition de vouloir rester cohérente et en même temps prévoyante, devrait s'articuler ouvertement comme la négation de la possibilité de la mort.

Que le sens du sujet implique néanmoins une anticipation de son identité propre devient compréhensible si l'on examine encore une fois le mot "je", qui constitue l'articulation linguistique de la position du sujet. Comme on le sait, il est étroitement lié aux expressions indexicales "ici" et "maintenant", dont la signification dépend d'ailleurs de l'usage de "moi". Si quelqu'un dit que quelque chose se produit "ici", cela signifie qu'il se produit là où "je" me trouve, c'est-à-dire celui-là même qui utilise l'expres-
sion "ici". D'autre part, l'usage | linguistique de "je" n'est informatif qu'à 61
condition qu'on sache où se trouve celui qui parle. Néanmoins, il y a une asymétrie évidente entre les deux expressions indexicales : le "maintenant" qui dépend de l'usage de "je" change en permanence ; le "ici", qui dépend de la même façon de "je", peut au moins être à chaque fois différent.

L'usage de "je" implique cependant qu'il se réfère à un sujet qui demeure *le même* dans chacun de ces changements. Toute articulation d'une position de sujet est donc inséparable de la revendication d'une identité du sujet.

Ici, il n'est peut-être pas inutile de rappeler que déjà pendant l'examen de la connaissance de soi du point de vue statique, nous avons mis l'accent sur le fait que cette connaissance ne doit pas être comprise comme une connaissance de soi anonyme mais au contraire, comme un être-pour-*moi*. Je ne nie pas que cela entraîne des problèmes très compliqués. L'usage de l'expression "moi", à moins de se faire sous réserve, présuppose le "je" de la première personne du singulier. Or l'usage de ce "je" a certainement aussi pour fonction de mettre en relief celui qui parle parmi la multitude de membres d'une communauté linguistique. Si l'on n'envisage que cet aspect, il faudrait conclure que la singularisation du sujet ne s'explique que par rapport à la communauté linguistique, alors que notre propos visait à montrer que la dimension d'une relation à une multitude d'autres sujets s'explique au contraire par le fait que le sujet, dans sa connaissance de soi, se comprend comme un singulier pouvant se concevoir et se comprendre réellement dans une relation avec les autres. Cela nous place devant la tâche d'expliquer les présupposés qui font que dans ma conscience de moi, je puisse me comprendre comme un sujet singulier de façon originaire, c'est-à-dire sans l'intermédiaire de l'expérience de contraste avec d'autres personnes.

62 | Dans ces leçons, nous ne pourrons pas développer toutes les complications du problème et toutes les controverses auxquelles s'expose une élucidation de la subjectivité, ni discuter toutes les positions à partir desquelles on peut, d'une manière ou d'une autre, tenter de tenir compte de ces complications. Mais nous avons déjà vu que par rapport à la subjectivité, le postulat de la communauté linguistique comme donnée ultime s'avère extrêmement réducteur.

Mais pour l'heure, nous avons l'occasion de faire ressortir les conséquences lourdes de cette autre position qui se refuse à l'explication de la subjectivité sur la base de la théorie linguistique, tout en prenant son point de départ d'un sujet anonyme conçu comme non singularisé. Cette position ne peut pas faire à moins de tracer une ligne de partage nette entre ce qui censé appartenir au sujet dans son être-pour-soi anonyme et tous les autres faits et processus que nous devons attribuer à la subjectivité. La personne, sa position dans le monde, son corps et tout ce qui rend possible la communication entre personnes basculent complètement du côté du monde de l'expérience. Face à toute cette réalité avec toutes ses inclusions personnelles se dresse le sujet "pur" de façon statique en tant que donneur de forme statique. Alors on ne peut même plus attribuer à ce sujet une autre identité que celle qui vaut aussi pour tout autre état de choses objectif formel, par exemple pour les nombres, à savoir le fait que des expressions désignant cet état de choses (par exemple les expressions "deux" et "zwei" ou "le successeur de un" et "la moitié de quatre") peuvent se substituer mutuellement dans toutes les propositions *salva veritate*, c'est-à-dire sans que la valeur de vérité ne change.

Nous avons déjà tracé un chemin qui nous permet d'éviter les deux extrêmes : la réduction et la trivialisation de la subjectivité par la théorie du langage aussi bien que la séparation de son centre, c'est-à-dire la connaissance de soi, de tous les processus concrets de la vie fondée dans la subjectivité. Cet avantage nous autorisera à laisser de côté par la suite les
autres problèmes | théoriques qui résultent de la consolidation de ce chemin **63**
– comme partout dans la théorie de la subjectivité. Grâce à toutes ces réflexions, nous sommes d'ailleurs déjà en train de fonder et de développer le thème de cette leçon, à savoir la dynamique multiple immanente à la subjectivité.

3. LES DIMENSIONS DE LA DYNAMIQUE

Le titre de la leçon ayant établi une distinction entre le sujet et la personne, il s'agit maintenant de l'expliquer. De façon provisoire, nous pouvons le faire en nous servant d'une formule pratique : le sujet comme singulier est le corrélat du monde dans son ensemble ; la personne est, en tant que sujet, en même temps un singulier à l'intérieur de ce monde. Celui seul qui était parti du sujet dans son unicité anonyme pourra et devra dire que le sujet et la personne sont aussi différents que la forme logique et la chose singulière. On devra dire au contraire que toute personne *est* un sujet dans la mesure où elle se tient dans une connaissance de soi. D'autre part, nous avons cherché à comprendre que les sujets qui se définissent à travers leur être-pour-*moi* se réalisent comme personnes.

Mais il serait trop facile d'expliquer la relation entre sujet et personne en disant que la subjectivité doit être comprise comme une qualité des personnes. Cela se comprend aisément, du fait que tout ce qui constitue une certaine personne dans la perspective qu'elle assume elle-même à l'égard d'elle-même en tant que sujet se présente comme un fait qui aurait tout aussi bien pu être autrement. Nous connaissons tous notre nom, mais nous pouvons facilement nous imaginer d'en porter un autre. Ce qui vaut pour ce cas si simple vaut aussi pour tout le reste. Nous pouvons imaginer toutes les conditions de notre vie autrement qu'elles ne le sont en réalité. Des contes

64 | de fées et des romans scientifiques, mais aussi la doctrine de la métempsychose sont basés sur le fait que nous pouvons toujours considérer notre vie comme une donnée contingente pour nous-mêmes. Pour un philosophe américain, la proposition “je suis Thomas Nagel” était l’occasion d’une stupeur dont on peut montrer qu’aucune analyse du langage ne saurait la faire disparaître. Qu’une personne puisse, grâce à sa connaissance de soi, assumer une telle distance à l’égard d’elle-même exprime bien que nous sommes *à la fois* des sujets et des personnes. De toute évidence, cela implique une autre question épineuse à laquelle on ne peut pas répondre, avec Helmuth Plessner, que l’homme est simplement l’être vivant qui se trouve dans une position excentrique à l’égard de soi-même et du monde. Cette formule ne fait que cacher sous des métaphores spatiales la difficulté incomparable que soulève la constitution de l’être-soi.

Ce qui caractérise une personne peut être thématisé comme le milieu entre ce qui constitue, d’un côté, le sujet de la connaissance, qui se tient dans la connaissance de soi, et de l’autre, son existence comme corps animé dans le monde. Or nous avons montré déjà dans la dernière leçon qu’un sujet qui se comprend soi-même en tant que singulier ne peut entrer en relation et entretenir une relation avec d’autres sujets qu’à condition de posséder, en tant que sujet, un corps quelconque, étant donné qu’aucun sujet ne peut trouver accès à un autre de façon directe. Cela signifierait en effet qu’il devrait lui-même co-réaliser l’être-pour-moi de l’autre sujet, ce qui aboutirait à une fusion qui le ferait disparaître en tant qu’autre sujet qui se trouve dans une relation avec son autre. L’incarnation est donc une propriété essentielle des sujets et non pas un processus auquel ils seraient
65 soumis | seulement de fait. Cela ne signifie pourtant pas que le corps doit avoir exactement les mêmes qualités que nous connaissons de notre propre existence corporelle. Il n’est pas purement et simplement contradictoire de s’imaginer l’utopie d’un changement de notre propre corps.

Le corps en tant que système organique positionne le sujet à un endroit précis et dans une trajectoire précise à l’intérieur des ordres du monde que sont l’espace et le temps. À lui seul, il est pourtant incapable de jouer le rôle d’un médiateur qui rend une subjectivité accessible à d’autres sujets. Pour cela, il faut que le sujet, comme on dit, le gouverne de part en part en tant que *corps-de-chair*. Cela implique que la subjectivité comme telle est à même de se retrouver dans un processus appartenant au corps. De la même façon, le corps-de-chair doit indiquer la subjectivité qui ne fait ainsi que *s’exprimer* en lui. Cela peut se faire sur le mode d’un simple *processus* d’expression. Mais comme on l’a vu, le sujet est déjà en lui-même la source d’activités qui ouvrent un monde et qu’il faut distinguer de simples actions.

Cela laisse attendre que le sujet, dans son incarnation, mettra également en œuvre de telles activités à travers lesquelles son être-pour-soi devient accessible à un autre être-pour-soi *en tant qu'* autre. Nous avons déjà vu que le *langage* au sens large remplit une de ces fonctions essentielles pour la subjectivité. Dans la quatrième leçon, nous reviendrons sur ce complexe thématique.

Pour l'heure, nous ne pouvons que donner une autre explication du sens minimal du discours sur la personne, y compris ses actions : sont personnes tous les singuliers qui se tiennent dans une connaissance de soi de telle sorte que, liés à la position et à la trajectoire de leur corps-de-chair à l'intérieur du monde, ils interviennent en même temps activement dans ce monde en s'y faisant comprendre. Le mode de cette intervention est en outre caractérisé par le fait que celle-ci se développe et se déploie en relation avec l'identité qui est la leur en tant que sujets. | Cette formule semble bien compliquée, **66**
étant donné qu'elle est censée déterminer un sens minimal. Il n'est pas nécessaire d'approfondir d'autres aspects qu'elle mentionne ou implique. L'un d'entre eux – soit dit en guise d'anticipation – est la question de la genèse de la conscience morale par rapport à la subjectivité et la personnalité. Nous y reviendrons dans la troisième leçon.

Pour l'instant, il suffit de nous en tenir à cette compréhension très générale de ce qui constitue une personne car il s'agit maintenant de tirer d'autres conclusions de la relation entre subjectivité et personnalité par rapport à la situation de l'homme.

Tout d'abord, il convient d'évoquer des scrupules que la distinction entre le sujet, la personne et le corps-de-chair de l'homme pourrait provoquer. Les trois ne sont pas des individus possédant une existence autonome pour eux-mêmes. On a longuement débattu la question de savoir comment les personnes peuvent être individuées et comment on peut s'assurer de leur identité. Le résultat en était qu'on ne peut pas faire à moins de présupposer comme critère de cette identité à la fois une quelconque continuité de l'existence matérielle dans l'incarnation et une continuité dans le vécu de la personne. Le fait que l'identification par la perspective extérieure ait besoin d'un double critère montre déjà qu'il est difficile d'expliquer l'unité que forme la personne avec son corps-de-chair. Pendant bien des siècles, des philosophes se sont efforcés d'y répondre avant de décider à la fin qu'il était préférable de contourner cette question autant que possible. Par rapport à la relation entre le sujet et la personne, la problématique n'est pas tellement différente. On ne peut pas comprendre la personne indépendamment de sa connaissance de soi et donc de sa subjectivité. Et pourtant, en ne faisant qu'attribuer à la constitution de la personne l'être-

pour-soi qui définit la subjectivité, on commettrait un acte de violence qui
67 ne ferait | qu'aplatir une situation problématique. Ce faisant, on laisserait de côté le fait que le sujet s'établit, avec un sens d'identité qui n'appartient qu'à lui et comme centre d'organisation d'activités, à l'intérieur de la personne tout entière et néanmoins en se distinguant d'elle, comme d'ailleurs aussi de l'ensemble d'un processus mental encore plus englobant. Ni la simple identité du sujet et de la personne ni leur séparation tout aussi simple ne rendent justice à ce dont nous sommes pourtant conscients. Dans une situation analogue, Sigmund Freud avait parlé d'"instances" de la constitution psychique de l'homme – une expression qui thématise l'unité de celle-ci selon le modèle d'une institution. Ce faisant, elle ne fait pourtant que révéler l'embarras dont elle est surgie. À l'évidence, on ne peut comprendre l'unité de la subjectivité avec un appareil conceptuel qui a par ailleurs fait preuve de son utilité dans d'autres domaines. Les tensions qui naissent de l'irréfutabilité et du peu de clarté de la corrélation entre sujet, personne et corps-de-chair ne permettent d'arriver à une orientation stable qu'à condition de comprendre ces tensions à partir de leur racine dans la subjectivité qui rend cette différence elle-même intelligible et nécessaire.

La situation problématique devient encore plus complexe si l'on se demande en quel sens et dans quelle mesure le sujet, la personne et aussi le corps-de-chair sont les acteurs des processus qui se réalisent en eux et entre eux. On a souvent essayé de démasquer comme fictive l'idée d'un initiateur ou déclencheur des processus mentaux pour ne plus parler que de structures et de processus. Mais à notre avis, ce simple saut ne sert qu'à niveler de façon illégitime la complexité du problème. Nous avons eu du mal à nous défendre de l'idée selon laquelle la connaissance de soi s'expliquerait elle-même et qu'un sujet serait lui-même capable d'accéder à cette connais-
68 sance. En expliquant la subjectivité, | il nous a pourtant fallu parler d'activités que nous avons attribuées à un sujet actif dont on avait dit auparavant qu'il provient d'une origine dont il ne peut pas disposer. On ne peut renoncer à la formule selon laquelle nous devons mener notre vie sans en être les seigneurs et les maîtres absolus. Et elle est légitime, même sans élaborer expressément toutes les questions ontologiques et phénoménologiques qui en forment l'arrière-plan et le prolongement.

Par la suite, nous nous croirons autorisés à caractériser l'homme en même temps comme personne incarnée et comme sujet, avant d'expliquer ensuite les relations entre les processus qu'il faut lui attribuer en tant que personne et en tant que sujet. Que ces processus forment un contexte unique ressort de ce qu'on parle d'une seule *vie* que l'homme doit mener. L'importance fondamentale du fait que l'homme mène sa vie dans la connaissance de soi s'exprime en qualifiant cette vie en outre de vie *consciente*.

En parlant de la *dynamique* de cette vie consciente, nous n'entendons pas évoquer des connotations qui ont accompagné cette expression à l'époque de l'apogée de ce qu'on appelait alors une "philosophie de la vie". À cette époque, comme déjà pour Nietzsche, le mot "vie" pouvait être le porteur d'une promesse de salut, notamment la promesse d'une délivrance des assomptions et fictions liées à la notion de sujet. La vie était considérée comme le processus anonyme sans fond qui formait sans cesse des figures pour ensuite les dissoudre, processus auquel on pouvait s'abandonner pour se dépasser soi-même, en disant "oui" à tout ce qu'il fait naître, laisse se décomposer ou nous réserve encore. En soulignant la dynamique d'une vie
ainsi | comprise, on mettrait en relief sa force inépuisable, la multiplicité de 69
ses formations spontanées et l'insistance de l'élan avec lequel elle va sans cesse au-delà de tout ce qui a tendance à se solidifier pour durer dans le temps.

Ce que nous avons dit jusqu'ici sur les traits constitutifs de la vie consciente était étranger à un tel enthousiasme de la vie. Il suffit de nous rappeler que la vie est placée sous le signe d'un problème fondamental qu'elle ne peut ni résoudre à travers une quelconque connaissance objective ni simplement contourner pour autant. Néanmoins, il faut parler de la *vie* consciente de l'homme dans la mesure où ce qui prend son point de départ dans sa connaissance de soi déclenche dans cette connaissance un mouvement qui accompagne et comprend toutes les autres dimensions du processus de sa vie. En outre, il faut parler d'une dynamique de ce processus puisque ces dimensions sont régies par différentes forces qui se modifient dans leur interaction ou contre-action, mais qui doivent néanmoins rester intégrées dans ce va-et-vient au sein de la vie unique que les hommes doivent mener. C'est pourquoi la vie consciente est une traversée rude dont personne ne peut savoir si, à la fin, elle atteindra un but vers lequel nous tendions fût-ce de façon obscure, ou si notre vie se brisera à cause des tensions auxquelles elle est exposée – non par une pression extérieure mais par une nécessité intrinsèque à elle-même.

4. L'INTUITION COMME ÉVÉNEMENT

Il nous faut tout d'abord considérer la dynamique qui tire son origine de la subjectivité comme telle. À ce propos, je peux reprendre des réflexions
que quelques-uns d'entre vous auront déjà | lues dans mon livre *Versuch* 70
über Kunst und Leben (Munich 2001). Comme nous l'avons vu, le

processus de connaissance fondé dans le sujet se dirige vers le monde, au point qu'il essaie de modifier jusqu'à la forme même du monde. À l'inverse, il y a une autre tentative qui vise, non pas à connaître mais à élucider de façon intelligente l'origine de la subjectivité, tout en lui assignant une place dans ce monde auquel elle appartient au même titre que son origine.

Chaque élucidation que la vie consciente reçoit ainsi sur elle-même l'atteindra dans toutes les dimensions de sa réalisation. Cela explique au moins partiellement le fait que la tentative d'élucider notre propre fondement n'est pas seulement motivée par un intérêt théorique dont on pourrait dire qu'il n'a pas beaucoup d'importance pour la vie elle-même. Un intérêt purement théorique, obligé de procéder sous le signe d'une incertitude de principe, pourrait vite s'éteindre face à l'impossibilité d'arriver à cet égard à une connaissance certaine. Ainsi, outre le désir de connaître, c'est encore un tout autre motif qui s'annonce dans la demande d'éclaircissement persistante.

Fort de sa connaissance de soi, l'homme se trouve dans une distance fondamentale à l'égard de lui-même. Elle est le présupposé grâce auquel il est capable et, pour des raisons sur lesquelles nous reviendrons par la suite, aussi obligé de se poser une question dont la meilleure formulation consiste sans doute à se demander "ce qu'il en est" de cette vie et de ses efforts. L'alternative d'une possible réponse nous permet d'expliciter cette question encore davantage : l'effort qui est imposé à l'homme en vertu de la forme fondamentale de sa vie consciente et avec lui, tout effort de sa vie, est-il un simple fait auquel il ne peut pas se soustraire ? ou est-il justifié par
71 une affirmation qui ne s'explique par aucune utilité qui | résulte de l'effort pour sa propre vie et celle des autres qui se trouvent pourtant placés devant la même question ?

Cette formulation a elle aussi besoin d'un éclaircissement ultérieur. Nous avons essayé de définir ce que cette affirmation signifie comme source d'une "valeur" que la vie possède et comme source d'un "sens" qu'elle contiendrait. L'antithèse d'une telle réponse à cette question n'en fait ressortir son profil que d'autant plus clairement : la vie consciente est sans importance, n'est appuyée et justifiée par *rien* et doit être acceptée par celui qui se trouve dans cette vie comme un "tu dois bien" qui lui est imposé et qu'il doit chercher à supporter, de la façon la plus souveraine possible, comme la vérité qui nous libère de toutes les illusions. Nietzsche a intégré ce "rien" dans l'absence de toute affirmation à la définition de ce qui constitue pour lui le "nihilisme". Il croyait pouvoir y échapper à travers l'affirmation et l'orientation sur la dynamique de la vie tout-englobante dans son éternel retour.

L'exemple de Nietzsche révèle ce qui vaut également pour toute réponse à cette question, susceptible d'acquérir un caractère définitif : elle ne peut se donner que dans la mesure où elle ouvre à la compréhension la perspective sur un tout ultime. Car seul un tel tout est à même de fonder un "sens" qui soit au-dessus de toute suspension par un doute encore plus global. Cela signifie que le tout doit être pensé de façon à établir une certaine relation mutuelle entre le rapport au monde, le rapport à l'origine du sujet et sa propre vie. La tendance à une telle protention vers un tout ultime, une synthèse qui résume toutes les dimensions de la subjectivité, s'enracine dans la constitution du sujet comme fondement de l'organisation de la connaissance. Que cette protention ait effectivement eu lieu et qu'elle ait dominé en outre l'histoire de la culture de l'humanité tout entière et avec elle, l'histoire de la philosophie, ne se comprend que par le fait que la question de son affirmation dans un tel tout fait | essentiellement partie de 72
la vie consciente. Elle ne peut pas s'y soustraire mais, tout au plus, chercher à s'en défendre par toutes sortes d'artifices qui en réalité ne font que supprimer cette réalité.

Cela explique pourquoi la première évidence d'une réponse à la demande d'éclaircissement ne se présente pas comme le résultat d'une réflexion et encore moins, d'un effort de compréhension théorique. Elle se présente plutôt comme un événement qui surgit brusquement, voire qui s'abat directement sur celui qui en est concerné. Cet événement momentané ouvre bien la perspective sur l'image d'un tout. Mais la clarté soudaine concerne avant tout l'image de la vie, qui résulte de cette perspective. On saisit dans une clarté ultime la vanité de toute vie ou l'on comprend que toute vie a un sens en se rendant brusquement compte de l'affirmation de sa propre vie. Les deux choses se produisent dans une certaine tonalité affective correspondant à la perspective qui s'ouvre, mais sans excitation, c'est-à-dire dans la fraîcheur d'une sorte de paralysie ou d'une clarté dans laquelle nous sommes orientés et portés vers un avenir ouvert.

De telles intuitions soudaines sont toujours des intuitions qui concernent aussi le sens et la perspective de notre propre vie. L'histoire de la philosophie connaît nombre de ces événements. Un bloc erratique géant près du lac de Sils-Maria rappelle le moment où Nietzsche a saisi en profondeur et avec une clarté cristalline la vérité de la doctrine de l'éternel retour du même. Toutefois, je ne connais aucune recherche susceptible de nous faire mieux comprendre l'importance que de tels événements d'intuition peuvent avoir pour la vie et pour la connaissance. Une telle explication devrait également porter sur de nombreuses autres formes d'intuition soudaine, qui jouent un rôle important dans la genèse de la connaissance et

des convictions de l'homme : de la révélation soudaine de la solution d'un problème sur lequel on a longuement réfléchi aux expériences d'illumination et de vocation constitutives pour l'histoire des religions, en passant par
73 | la conception d'un enchaînement de pensées, qui se fait en quelques fractions de secondes. Une hypothèse qui doit nous paraître vraisemblable pourrait consister à dire qu'au sein même des activités épistémiques de l'homme, chacune de ces expériences révèle que ces activités ne sont pas autofondatrices, et ce, non pas comme une expérience d'hétéronomie mais comme quelque chose qui surgit de leur propre sens d'orientation. La philosophie et la vie consciente s'intéressent toutes les deux au fait que, quelle que soit la perspective ultime de la vie élaborée par la philosophie, cette perspective doit être acquise, au sein de la vie, d'une toute autre manière que celle qui produit successivement un résultat à travers un processus méthodique discursif.

La dynamique fondée dans le sujet ne s'épuise pas dans de tels événements. Les événements d'intuition soudaine ne dissolvent pas la distance à soi que la connaissance de soi implique. Mais la mobilité de la protention toujours plus lointaine, qu'elle implique au même titre, est arrêtée de telle sorte que la vie consciente est figée dans l'évidence devant laquelle elle se trouve. C'est pourquoi de tels moments sont d'une importance inoubliable qui implique à son tour qu'ils ne se répètent jamais, ni ne peuvent encore moins devenir durables. La distance à soi dans la connaissance de soi se reconstitue aussi à l'égard de ces événements. Ce faisant et en formant ainsi un deuxième degré de distance, la relation du sujet à lui-même subit elle aussi une modification.

L'évidence instantanée, qu'elle porte sur la réalité ou l'absence de l'affirmation, ne peut s'articuler et s'affirmer que par opposition à son contraire. Le sujet sait qu'un tel événement d'intuition ne peut avoir la même valeur pour lui qu'une connaissance objective. Il sait en outre que sa propre constitution aurait également inclus la possibilité d'une confirma-
74 tion du contraire, | ne fût-ce que parce qu'auparavant il avait eu au moins un pressentiment de cette possibilité. Il sait également que celle-ci peut s'être vraiment réalisée chez d'autres personnes. Tout cela a pour conséquence que le travail de compréhension ne peut pas trouver son aboutissement dans l'intuition momentanée, simplement, il doit dorénavant s'accomplir à un deuxième niveau de distance à soi.

Cette distance supérieure ne doit pas être mal interprétée comme une distance croissante à l'égard de notre propre vie. Elle est plutôt la condition pour que la vie puisse parvenir à une harmonie avec elle-même dans sa totalité. Sur le chemin vers ce but, l'inquiétude immanente à la dynamique de la vie s'apaise à mesure que la vie, en se percevant comme un tout, se protend d'autant plus en avant, au-delà d'elle-même. Mais il ne faut pas confondre cela avec une tranquillisation qui serait par exemple le résultat d'une indifférence grandissante à l'égard de soi-même.

Les moments d'intuition soudaine ne nous font envisager le fondement du sujet qu'en relation avec sa constitution statique. Or, son effort de compréhension prend aussi sa propre dynamique pour thème. Il s'ensuit que ce deuxième degré de distance ne nous réserve plus aucune intuition qui se donnerait à nouveau de façon instantanée. La dynamique de la vie se dirige maintenant vers une synthèse dont nous avons déjà parlé avant. Celle-ci ne peut être réalisée et consolidée qu'à travers une méditation persistante et progressive. Dans cette méditation, l'homme est mû par la question de savoir comment il peut désormais comprendre le chemin de sa propre vie consciente et le considérer comme intégré dans un tout. Cela ne peut lui réussir qu'à condition qu'une telle compréhension comprenne les options alternatives d'une possible compréhension momentanée de la vie, alternatives qui en surgissent toutes les deux de façon essentielle. Ainsi, le sujet ne peut expérimenter aucune des deux possibilités comme quelque chose qui dorénavant ne le concernerait plus d'aucune façon. Il s'ensuit
aussi que la méditation sur la | totalité de la vie peut bien avoir un résultat 75
dont le contenu est différent de ce qu'on avait compris auparavant grâce à une expérience d'évidence instantanée. Cette expérience demeure également inoubliable, du fait qu'elle constitue un modèle de clarté, de sérieux et de déterminité pour toute perspective qui prétend représenter une obligation ultime pour la vie.

Tout cela a certainement réveillé et fondé l'espoir que nous allons maintenant nous interroger sur les *contenus* susceptibles de fournir le point de départ pour une telle compréhension de soi. Cependant, nous n'avons pas encore suffisamment développé cette problématique pour pouvoir répondre à cette attente. Je vais néanmoins tenter d'esquisser que c'est à ce point précis que la théorie de la subjectivité et la métaphysique sont étroitement entrelacées et deviennent mutuellement indispensables l'une pour l'autre; non comme des disciplines philosophiques dans une espèce d'interdisciplinarité académique mais comme l'articulation théorique et l'élaboration rigoureuse d'un contexte par rapport auquel la philosophie se met en conformité avec la vie consciente afin de fournir à l'autocompréhension de celle-ci un point de repère réfléchi.

Fichte avait exigé de la philosophie d'en finir avec son aliénation du processus réel de la vie, qui avait caractérisé toute une époque, et de retourner son orientation en direction de la forme et de la mobilité de la

subjectivité. Elle ne pourrait cependant s'approcher de la vie consciente qu'à condition de se réorienter aussi du point de vue méthodologique. Le tout à l'intérieur duquel se réalise la dynamique de la subjectivité devrait être conçu dans des pensées tout aussi éloignées des concepts dans lesquels le sujet accède à des mondes d'objets que la forme de la subjectivité elle-même, dont nous savons qu'elle ne peut trouver sa place dans de tels
76 mondes. La tradition métaphysique qui caractérise | l'époque moderne s'est
construite sur la base de tels présupposés. Dans la dernière leçon, j'essaierai de montrer comment, à partir d'une telle conception du tout, l'idée d'une unité précédant tous les mondes peut se concilier avec la singularité des sujets, la dynamique de leur vie et ensuite avec leur liberté, de sorte que la liberté n'entre pas nécessairement en conflit avec le fondement présent au cœur de la conscience de soi et de sa propre existence finie.

Pour l'instant, il faut souligner que jusqu'ici, nous n'avons parlé *que* du processus et de sa dynamique, tels qu'ils sont fondés dans le sujet lui-même. Nous avons vu que ce processus se réalise à travers des conflits, d'où il s'ensuit qu'il tend vers un résumé de la vie dans une distance à soi de deuxième degré. Cela met en relief une dynamique fondamentale de la vie consciente. Une objection simple suffit cependant pour montrer que ce faisant, nous n'avons pas encore saisi toute la dynamique de la vie consciente. La connaissance de soi contient bien une tension dans deux directions inverses, qui se transforme en un processus conflictuel. Néanmoins, cela a pu donner l'impression erronée que la vie se réalise uniquement dans l'effort pour cette autocompréhension qui a pour but de réconcilier les protentions vers un tout propres à la subjectivité avec la constitution de celle-ci. Or, la vie humaine ne peut pas être comprise à partir du seul chemin, aussi épineux soit-il, qui pourrait la conduire vers la sagesse – qu'on réussisse à l'atteindre ou pas.

5. PHILOSOPHIE ET VIE

Se contenter d'un tel résumé reviendrait d'ailleurs à poursuivre simplement sous une forme réductrice l'approche adoptée par l'explication
77 de la subjectivité. On | le voit aisément en juxtaposant deux éléments de
cette explication : 1) Que la connaissance de soi se réalise est un événement qui se produit à partir d'un fondement approprié, mais par ailleurs de façon tout à fait spontanée et sans pouvoir être expliqué à partir d'événements précédents. 2) À la connaissance qu'un singulier a de soi-même doit correspondre son existence incarnée dans laquelle son être-pour-soi comme tel peut trouver une expression. Entre ces deux implications de la

subjectivité s'étend le complexe de tout ce que nous devons comprendre comme *personne* dans la vie consciente. La personne se déploie dans la relation qu'un singulier incarné entretient avec les régions de son monde qu'il est en même temps capable d'influencer. Parallèlement, c'est grâce à elle que la connaissance de soi parvient à une relation à soi plus richement remplie que le profil individuel d'une vie vécue, et ce, dans une image de soi qui coordonne les relations de la personne au monde avec ses propres capacités de se l'approprier. Les rôles multiples que chaque personne doit assumer dans le monde sont eux aussi mis en relation et, dans la mesure du possible, équilibrés dans cette image de soi.

Un tel aperçu du champ problématique qu'une théorie de la personnalité devrait traiter ne sert ici qu'à faire ressortir clairement un fait fondamental : la dynamique dans laquelle se réalise l'épanouissement et l'auto-affirmation d'une personne est encore totalement différente de celle dont relève l'autocompréhension du sujet à lui seul. Il s'ensuit que la relation de l'une à l'autre constituera une source ultérieure de tensions et de conflits dans la vie consciente.

L'être-pour-moi de la subjectivité n'implique que l'incarnation du sujet. Mais la dynamique de la personne se déploie en relation directe avec le rapport au monde médiatisé par le corps-de-chair. Ce qui explique pourquoi le | début de la vie personnelle est inséparable de l'histoire 78
du corps-de-chair en tant que corps. Mais dans la dynamique de la vie, tous les trois : sujet, personne et corps-de-chair, sont liés les uns aux autres, quoique de façon différente, de façon à pouvoir à tout moment interagir mutuellement.

Le corps-de-chair en tant que corps organique soumet la personne, au même titre que le sujet, à sa durée limitée dans le temps, ainsi qu'aux conditions qu'il impose à la capacité d'agir de la personne. Son processus de maturation, les contraintes de sa reproduction, son sexe – avec les contraintes et les joies qui en découlent –, mais aussi ses faiblesses et ses handicaps peuvent occuper et submerger toute la vie consciente de l'homme. La dissolution du corps-de-chair entraîne aussi la disparition de la vie consciente dans son ensemble, bien qu'on ne puisse certainement pas dire que l'épuisement de la personnalité et de la subjectivité dans leur dynamique propre coïncide toujours avec la fin corporelle physique de la vie.

La dynamique de la vie de la personne, en revanche, aspire à trouver dans la compréhension de soi de la subjectivité un appui définitif pour son image de soi. Mais chemin faisant, les priorités à l'intérieur de cette dynamique sont accentuées différemment. L'échec de l'auto-affirmation de la personne dans l'un de ses rôles essentiels dans le monde ne se transforme pas nécessairement en un événement dans le mouvement de la compréhension de soi. Cependant, ce mouvement est toujours arrêté par l'assomption d'événements catastrophiques dans la vie de la personne.

Cela n'exclut pas que, dans de telles situations, nous percevions très clairement la question du sens de notre propre vie, qui fait partie de ce que la dynamique de la subjectivité a déclenché. Comme nous l'avons déjà dit, la consolidation de l'image de soi, dont la personne a besoin dans son agir intérieur et extérieur dépend elle aussi, en dernière analyse, de l'auto-
79 interprétation de sa vie tout entière. Ce qui démontre clairement | que l'urgence qui caractérise la dynamique de la subjectivité de bout en bout est fondée surtout sur la dynamique de la vie personnelle.

Cela nous amène en contrepartie à une conclusion ultérieure concernant la compréhension de soi de la subjectivité : le résumé commémorant dans lequel elle cherche un aboutissement ne peut pas être limité à l'histoire des conflits au sein de son autocompréhension ; il doit comprendre la totalité du chemin que le sujet a parcouru parallèlement en tant que personne incarnée.

C'est ainsi que, à travers quelques indications seulement, nous sommes parvenus une deuxième fois au point de départ d'une élucidation d'une des dimensions de la vie consciente. La tâche de cette leçon ne peut pas consister à s'engager elle-même dans de telles recherches. Mais nous avons désormais la possibilité de tirer une conclusion concernant la relation de la vie consciente à l'autocompréhension de la subjectivité. Elle concerne aussi directement la philosophie qui se sait placée précisément devant cette tâche.

La philosophie reprend une situation problématique qui découle de la constitution fondamentale de la subjectivité. Elle suit les trajectoires de pensées qui sont inscrites en elle de façon prédéterminée, en essayant d'élaborer et de consolider ces trajectoires réflexives dans un contexte vers lequel la subjectivité ne peut que tendre sans être à même de le formuler clairement. Ainsi, elle est autant au service de la vie consciente qu'elle en provient.

Mais cela ne doit pas nous amener à faire des promesses trop ambitieuses par rapport à la perspective d'une telle autocompréhension. La leçon précédente s'était conclue sur un double résultat : il ne peut y avoir de connaissance démontrable de l'origine de la subjectivité et pour cette même raison, il ne peut pas non plus y avoir de certitude prouvable que la
80 réalité de l'homme se | prend et s'épuise dans une aporie entre des protentions contraires vers un tout. Plus loin, je proposerai une conception philosophique du fondement de la subjectivité, qui permet de montrer que le diagnostic par Camus de la situation de l'homme n'est pas une fatalité. À

condition de pousser ses pensées encore plus loin, ce diagnostic perd sa plausibilité apparemment irréfutable. Mais cette protention elle aussi, du fait qu'elle n'est pas démontrable, doit faire ses preuves au sein même de la vie. Il s'agit de la pensée spéculative – "spéculative" non pas au sens d'arbitraire, de risqué et d'irresponsable, mais comme protention conceptuellement disciplinée qui va au-delà des limites de ce qui est évident et démontrable de façon contraignante.

À cette conclusion, qui est ainsi expliquée d'une autre manière, nous pouvons aujourd'hui en ajouter une autre : la philosophie elle non plus ne doit pas susciter l'espoir d'une autocompréhension qui délivrerait les hommes des complications de leur auto-affirmation personnelle et des fardeaux que leur vie leur impose, vie qui, au travers les tâches toujours renouvelées de l'auto-affirmation, ne s'en dirige pas moins vers une fin définitive. Les techniques de l'ascèse et de la méditation continuelle peuvent peut-être nous rendre insensibles à l'égard de ce fardeau de la vie. La contemplation peut aussi approfondir la clarté et l'acuité du regard sur un tout qui comprend la vie. Et néanmoins la philosophie ne donne pas accès à une sagesse au-dessus de ce monde, qui, dans un calme serein, s'accomplirait dans la connaissance d'un Premier qui serait en même temps le tout. Là où la philosophie, comme entre autres à la suite de Nietzsche et de Heidegger, promet avec exaltation ou retenue une telle élévation ou un tel accomplissement, elle n'a fait sienne qu'une forme réduite de la vie consciente, en diminuant ainsi sa propre crédibilité.

Une autocompréhension de la vie prouve sa validité précisément par sa capacité de tenir bon, même face à des abîmes et dans le processus de sa
| propre dissolution, sans jamais se démentir. Ce qui implique pourtant que 81
la vie doit être comprise de façon à ce que ses faiblesses et sa faillibilité ne soient plus perçues comme une raison pour contester le sens qu'elle possède malgré tout. Souvenons-nous que Spinoza et la philosophie idéaliste avaient poursuivi le programme ambitieux de penser le fini comme compris dans l'infini. Il reste encore à expliquer cette compréhension de façon à éviter l'idée d'une quelconque infinitisation du fini, sous quelque forme de méditation et de doctrine de sagesse que ce soit. Mais on peut également arriver à une compréhension qui inclut la vie consciente finie dans toutes ses dimensions, tout en se soustrayant elle-même, et toute la vie avec elle, à cette conséquence nihiliste.

C'est de cette compréhension que les leçons suivantes tâcheront de se rapprocher. En vue de ce but, elles réfléchiront aux trois thèmes qui, dans toute autocompréhension de l'homme, peuvent acquérir une importance qui décide de cette compréhension tout entière. En même temps, ce sont des questions fondamentales d'une théorie philosophique de la subjectivité : l'origine de la conscience morale, les modes et le sens des relations entre les hommes et la réalité de la liberté.

Chacun de ces thèmes à lui seul laisse déjà entrevoir qu'il nécessite d'être examiné à l'intérieur du cadre plus large constitué par une compréhension des traits fondamentaux de la subjectivité. Il est également prévisible que chacun de ces thèmes sera concerné par les tensions qui résultent de la constitution de la subjectivité et chacun d'entre eux renforcera en outre ces tensions à sa manière. À moins de percevoir clairement ce lien en permanence, on ne saurait traiter de façon adéquate les problèmes qui se posent dans ce domaine, ni encore moins arriver à une solution qui restera de toute façon toujours précaire.

| DEUXIÈME PARTIE

DÉVELOPPEMENTS

| CHAPITRE III 85

LE DÉPLOIEMENT DE LA CONSCIENCE MORALE

1. RÉSUMÉ

Ces leçons sur la pensée et l'être-soi sont consacrées à quelques questions fondamentales de la philosophie, qui se posent à la conscience moderne avec une insistance particulière. Jusqu'à ce jour, ces questions n'ont cessé de revêtir un intérêt général, au-delà de la profession des philosophes. Chacune de ses questions sera thématisée dans l'une des leçons suivantes qui restent donc indépendantes les unes des autres. Mais à chaque fois, leur argumentation prendra pour point de départ la relation au titre problématique de "subjectivité" et le résultat des leçons précédentes dont elles reprendront et poursuivront la démarche argumentative. Chacune d'entre elles contribuera donc à élargir et à intensifier la compréhension de la subjectivité au cours de ces leçons.

Quiconque entend le titre "Pensée et être soi" s'attendra immédiatement à ce qu'il réserve une place privilégiée aux problèmes fondamentaux de la discipline philosophique qui, depuis les Grecs, s'appelle "éthique". Les leçons précédentes ont jeté les fondations qui nous permettront d'inclure désormais ces problèmes dans le processus de notre réflexion, à mesure que celui-ci a dépassé son stade initial. De toute évidence, il y a une relation entre la question portant sur l'orientation fondamentale de l'agir des hommes et la détermination de ce qui constitue la vie consciente d'un homme et fait de lui une personne, relation qu'il s'agit maintenant d'examiner.

L'éthique n'a jamais été plus florissante que de nos jours. De nouvelles techniques | permettent d'intervenir à l'origine, pendant le développement 86
et à la fin de la vie. Ces possibilités ont suscité des embarras et des

controverses et ont fait naître un besoin de conseil jusqu'au sein même des hôpitaux et des laboratoires. Par la suite, on a créé de nombreuses commissions et des centres d'études où l'on demande aux philosophes d'aider à trouver des réponses grâce à leur réflexion sur les principes et à leur compétence argumentative. Mais ce dont nous allons traiter aujourd'hui n'aura que des conséquences très indirectes sur les questions limites conflictuelles à l'intérieur de ce qu'on appelle "éthique appliquée". Autant les problèmes auxquels celle-ci se voit confrontée surgissent de la relation entre la technique et la vie, autant ils restent étrangers aux questions fondamentales de la philosophie et à la forme spécifique sous laquelle celles-ci se sont développées dans la conscience moderne.

Cette forme est caractérisée par la concentration sur deux questions fondamentales qui, au fond, constituent un seul et même thème. L'une d'entre elles concerne les critères normatifs du jugement moral qu'on a aujourd'hui pris l'habitude d'appeler "éthique" et les conflits entre ces critères. Plus importante encore est la question sur l'origine de la conscience morale, origine qui seule permet de répondre à la question de savoir comment cette conscience peut être ancrée dans l'image de soi et donc dans la vie des hommes. Les recherches qui se laissent guider par ces questions visent à mieux déterminer la constitution immanente de la conscience morale pour examiner ensuite si l'autocompréhension élargie qui accompagne cette conscience peut s'appuyer sur des argumentations solides. Depuis la nouvelle définition par Platon de la figure du sophiste, le scepticisme à l'égard d'une possible fondation des exigences morales est devenu un thème fondamental de la philosophie. À l'époque moderne, la philosophie est mise en difficulté par une tout autre modification d'un tel scepticisme environnant, à savoir par la doctrine de l'évolution des
87 espèces, | la doctrine des idéologies et le fonctionnalisme sociologique, par la généalogie de la conscience morale, développée par Nietzsche et Freud, et plus récemment, par la révision de l'image traditionnelle de l'homme réclamée par les neurologues.

Il n'est pas nécessaire d'examiner aujourd'hui une par une les sources d'un tel scepticisme, qui entre-temps se sont réunies pour former un fleuve puissant, étant donné qu'il s'agit d'intégrer le problème fondamental de l'éthique dans un enchaînement de pensées sur la subjectivité. Grâce aux réflexions précédentes, nous disposons désormais des moyens qui nous permettent de le faire, dans la mesure où nous avons montré que l'origine d'un soupçon de soi fondamental et donc aussi du scepticisme niant la validité des normes éthiques fait partie de la constitution du sujet même – du sujet précisément qui servira néanmoins de base pour toute compréhension de l'origine de la conscience morale. À cause de ce lien intrinsèque entre la fondation et l'auto-illusion dans le domaine de la subjectivité, toute certitude de soi à laquelle l'homme peut arriver dans sa vie doit se distinguer essentiellement d'un savoir acquis à travers une démonstration. Elle ne cessera d'envisager les sources du doute de soi, qui jaillissent au sein d'elle-même, non pas pour les boucher mais pour les comprendre et pour réfuter ce qui en résulte. Les prestations de la rationalité humaine, qui incluent également les questions que la vie doit se poser à l'égard d'elle-même, ne sauraient se comprendre dans une clé d'interprétation moins complexe.

Nous sommes obligés de résumer les réflexions précédentes sur le sujet, sur les questions qu'il suscite concernant le tout et sur la dynamique de la vie consciente elle aussi fondée en lui, avant de pouvoir procéder à leur élargissement.

| Les sujets sont des singuliers qui sont obligés de mener leur vie 88
à la lumière de la connaissance qu'ils ont d'eux-mêmes. Nous avons commencé par examiner cette connaissance de soi, on pourrait dire aussi : leur "conscience de soi". Sur cette base, nous avons dégagé trois dimensions vers lesquelles celui qui se connaît tend toujours déjà dans sa connaissance de soi : 1) la dimension de l'origine de la conscience de soi, 2) la dimension d'un monde ouvert auquel appartient tout ce dont celui qui possède une connaissance de soi a par ailleurs une connaissance et 3) la dimension dans laquelle le sujet en tant que personne possède à son tour une existence concrète dans ce monde.

1) Pour celui qui a la capacité élémentaire de connaître, la connaissance de soi semble être la chose la plus simple et la moins problématique. À bien y réfléchir, on comprend pourtant assez vite que c'est le contraire qui est vrai. Il faut bien partir de la connaissance de soi, qui constitue le noyau d'un sujet. Mais cela signifie précisément que nous ne pouvons ni élucider sa genèse ni non plus arriver à une compréhension parfaite de sa constitution. En aucun cas elle ne peut être interprétée comme une connaissance qui se tournerait vers elle-même, au contraire : toute connaissance doit être considérée comme nécessairement dépendante de la connaissance de soi. Cela implique déjà que les sujets se tiennent dans la certitude d'eux-mêmes sans être à même de se conférer leur propre être-sujet, en d'autres termes : qu'ils ne sont pas à même de s'autoconstituer. Il faut donc leur associer un fondement dont ils surgissent et à partir duquel ils existent de façon ininterrompue dans leur connaissance de soi – mais un fondement dont nous ne pouvons rien connaître à l'intérieur de la sphère de connaissance propre aux sujets et qui émane d'eux. Dans la mesure où les sujets ont toujours une

connaissance de cette relation, ils pensent au-delà d'eux-mêmes, en direction de leur origine.

2) Le projet d'un tout d'un monde s'organise dans un sens exactement
89 opposé à ce chemin à rebours : tout ce dont un sujet | peut avoir une connaissance est d'emblée conçu comme faisant partie d'un tel monde. À l'intérieur de celui-ci, tout se trouve en relation avec tout le reste dans une unité qui correspond à l'unité propre à toutes ces pensées dans un seul et même sujet. En outre, le sujet tend toujours vers une compréhension toujours plus précise de cette unité relationnelle tout-englobante de tout le réel. C'est la raison pour laquelle la forme constitutive primaire de ce monde, qu'on peut donc appeler "naturelle", finit par être remplacée par la théorie physique. Celle-ci a en effet été développée pour mieux expliquer les états de choses du monde primaire, tout en étant incompatible avec la forme du monde primaire.

3) Le sujet doit se comprendre comme un singulier parmi d'autres singuliers. La seule possibilité de se mettre en relation avec d'autres sujets passe par sa propre existence à l'intérieur de la conception primaire du monde. D'où il s'ensuit qu'il doit être lié à un corps qui est le sien et qu'il doit s'exprimer dans ce corps qui, de ce fait, s'appelle aussi son corps-de-chair. À travers le langage et à l'intérieur d'une culture, les sujets finis acquièrent la possibilité d'entrer dans un dialogue mutuel sur tout ce qui les concerne en tant que sujets. Nous y reviendrons plus longuement dans la prochaine leçon.

Mais la subjectivité comme telle, y compris ce processus d'expression, ne peut pas se comprendre à partir de l'ordre du monde primaire "naturel". Les sujets ont même tout à fait disparu de l'image scientifique du monde et de son sens d'ordre à la fois modifié et aiguisé.

Les sujets qui aspirent à se comprendre dans leur connaissance de soi se trouvent donc devant un double problème : ils doivent réfléchir à leur origine sans pouvoir la saisir dans quelque connaissance objectivante que ce soit. Ils doivent en outre associer cette origine au tout d'un monde
90 quelconque sans être capables de concevoir l'unité | de ce monde selon l'un des sens d'ordre qui valent pour le monde qui leur est accessible et connaissable. En réfléchissant sur eux-mêmes, les sujets doivent donc s'appuyer sur une pensée extrapolante et en même temps synthétisante : ils ne peuvent saisir leur fondement qu'en modifiant la pensée du monde qui leur est accessible d'une autre façon encore que dans le processus de précision des moyens de connaissance d'objets. Cette double nécessité explique pourquoi l'homme ne peut pas cesser de garder ouverte la dimension d'une pensée qui se détache de l'organisation intelligente de son ouverture au

monde, tout en devant se mettre en relation avec celle-ci. Dans la mesure où cette pensée est soumise à la discipline de la physique, nous ne pouvons lui donner que le nom de la discipline qui s'appelle “métaphysique”. Ce nom sonne difficile et peu familier à nos oreilles, du fait que pendant presque deux millénaires, il était lié à l'attente d'une connaissance caractérisée par une évidence et une fiabilité suprêmes. Si l'on détermine l'origine et le statut d'une telle pensée de façon à éviter cette exigence, cela ne signifie pas qu'elle perde sa nécessité propre, ni que sa réalisation concrète relève de l'arbitraire.

Telle est la situation fondamentale que toute réflexion visant à une autocompréhension doit prendre pour point de départ. Il suffit de l'envisager pour se convaincre qu'elle porte en elle de différentes manières une *dynamique* qui finit par saisir le sujet. Le sujet doit se donner accès à un monde de façon successive. Le passage à un nouveau stade de cet accès exige de lui de poursuivre les stades précédents et d'anticiper les suivants, qu'il comprend tous comme ses propres stades. Ainsi se forme dans le sujet une identité diachronique : il doit en permanence se tenir et se comprendre soi-même comme identique. Dans un tout autre sens, il doit former et maintenir un ensemble cohérent pour lui-même parmi les sujets avec
lesquels il entre en relation | et à l'intérieur du monde dans lequel il inter- 91
vient grâce à sa capacité d'agir. Il faut distinguer ces formations d'unité dans la connaissance et dans l'agir de la dynamique qui le saisit à cause de l'incertitude concernant son propre sens et celui du caractère mouvementé de sa vie.

La deuxième leçon avait caractérisé de façon plus approfondie la dynamique à laquelle obéit ce processus d'un questionnement à rebours vers notre propre origine. Elle se réalise dans la prise de conscience de l'opposition extrême entre deux réponses possibles à la question sur le sens de notre propre vie, eu égard à la relation au fondement dont elle procède et à l'intérieur du tout auquel appartient le fondement lui-même. Pour une réflexion sur soi rationnelle, cette vie pourrait n'être rien d'autre qu'un fait contingent quelconque et donc un destin qui lui est inévitablement imposé. Mais elle pourrait tout aussi bien se réaliser sous le signe d'une justification qui lui vient de ce qui est, en dernière analyse, réel. Dans ce cas, le fondement de la subjectivité et ce vers quoi elle s'oriente devraient être liés par quelque chose qui dépasse la simple relation de fait entre le conditionner et l'être conditionné. Ce qui implique à son tour que ce qui est en dernière analyse réel devrait être commensurable avec ce vers quoi la subjectivité elle-même s'oriente. Cette formule peut servir à en interpréter une autre qui, depuis le XVIIIe siècle, est entrée dans le langage courant et qui paraît désormais pâlie et usée sans être pour autant devenue superflue et remplaçable : notre vie a un autre “sens” que celui qu’elle est à même de se donner. Pour des sujets qui savent ne pas être eux-mêmes le fondement de leur subjectivité, un sens auto-conféré n’aurait sans doute pas une signification vitale suffisamment grande pour résister à l’activité dissolutrice du doute de soi.

92 Nombre de grands penseurs ont reçu une réponse à cette question | dans des moments d’une expérience inoubliable. Il faut bien avouer que pour la plupart des hommes, la recherche d’une compréhension de soi ultime ne fait pas partie des points de gravité de leur vie. Cela n’empêche pas qu’ils soient en principe tout aussi sensibles au doute de soi qui motive une telle recherche, dans la mesure où ils sont des sujets qui connaissent, pour cette raison, le soupçon à l’égard de soi-même. La réalisation concrète et avec elle, l’identité de leur vie s’organise apparemment uniquement à travers leur être-avec et leur agir. Mais ce qui concerne des sujets en tant que tels peut devenir virulent en eux, sous une forme impressionnante et peut-être de façon tout à fait inattendue, dans toutes les crises profondes de la formation de leur identité. Sinon, on aurait autant de mal à comprendre l’importance historique des religions qu’à interpréter la souffrance souterraine face à une culture qui a perdu la capacité d’articuler de tels problèmes vitaux.

Trois processus sont donc entrelacés dans la dynamique de la subjectivité : 1) Tout ce qui est réel dans le monde doit être compris dans l’horizon d’un tout qui s’articule de manière différente, mais de telle sorte que le sujet se maintient comme identique dans chaque pensée nouvelle qui se rapporte à ce monde. 2) En tant que personne, le sujet lui-même est localisé dans ce monde. Il y intervient en tant qu’acteur et doit trouver un équilibre d’identités entre les différentes façons de se réaliser dans son être-avec et dans son agir. 3) Sachant qu’il ne peut ni se fonder soi-même ni se comprendre à partir du monde, le sujet est sur le chemin d’une compréhension de son fondement à la lumière duquel il pourra comprendre son monde et sa vie dans son ensemble. Chacun de ces processus possède une complexité qui n’appartient qu’à lui seul et chacun d’entre eux exerce une influence sur ou se trouve en interaction avec les autres.

L’approche de la recherche qui a abouti à ces distinctions devrait faire comprendre qu’il ne peut y avoir d’anthropologie qui expliquerait
93 l’essence d’une vie humaine | dans la même attitude que celle qu’il faut assumer lorsqu’il s’agit de décrire des phénomènes quelconques. Sinon, on risquerait de perdre le contact avec ce qui concerne et inquiète les hommes et l’accès à ce qui fait de leur vie une vie humaine. La recherche devient

philosophique dès que ses affirmations sur ce qui constitue l'essence de l'homme naissent dans le contexte de l'élaboration des questions qui se posent à l'homme à partir de et par rapport à sa propre vie, tout en nous plaçant immédiatement devant des questions très générales et fondamentales. À l'origine des questions qui travaillent l'homme, il ne faut cependant pas s'attendre à une réponse sur le mode ou seulement selon le modèle d'une science régionale. C'est pourquoi le traitement rigoureux de ces mêmes questions ne devrait pas être placé sous le signe d'un nom de discipline qui suggère qu'il s'agirait d'une science régionale, tenue de se déployer strictement à l'intérieur des limites des explications du monde immanentes. Sur un tel champ incertain et plein de risque, il est d'autant plus important de se laisser guider par la réflexion rationnelle et responsable.

2. Norme fondamentale et formation d'identité

Jusqu'ici, ce résumé n'a pas encore mentionné la conscience morale. On peut donc se demander si nous n'avons pas accordé trop de place à la récapitulation de ce que nous avons déjà dit plus haut. Mais afin de conférer à l'éthique le statut d'une discipline qui envisage des questions philosophiques fondamentales, il est nécessaire d'inscrire ses problèmes propres dans un contexte qui la relie à ces questions fondamentales. On s'attend d'abord à ce que l'éthique nous aide à éclaircir et à pondérer des jugements
moraux | selon des principes généraux. Mais pour la philosophie, cet aspect 94
est secondaire par rapport à la tâche de comprendre l'origine de ces jugements et par là même, la position de la dimension morale dans la vie consciente dans son ensemble. De toute façon, à moins de résoudre d'abord la seconde tâche, la première ne parviendra jamais à des résultats sensiblement différents de ceux d'un jugement expérimenté mais non philosophique.

Le philosophe n'a aucune compétence particulière en tant qu'expert en matière de jugement moral. Dans les commissions qui s'occupent de questions limites difficiles à trancher, sa seule contribution consiste en sa capacité à apporter un éclaircissement conceptuel et à examiner la cohérence des argumentations et des explications. C'est pourquoi l'intitulé de ce cours ne parle pas du jugement moral, mais de la conscience morale. La philosophie a pour tâche de localiser cette conscience non seulement par rapport à la totalité des modes de juger mais par rapport à la totalité des modes de compréhension de soi de l'homme. Ce faisant, elle examine l'ajointement de la conscience morale à la totalité de sa connaissance de soi. Cela explique aussi le fait que Platon et Kant, donc les philosophes dont la pensée a exercé la plus grande influence sur la fondation d'une éthique, aient développé ces idées en même temps que leur conception philosophique dans son ensemble, en estimant qu'elles en étaient inséparables.

Cela ne revient pas à nier que les jugements moraux forment une dimension de jugements indépendante, qui possèdent leurs exigences propres et sont accompagnés d'émotions caractéristiques. On n'affirmera pas non plus que la conscience morale puisse être réduite à un autre mode de conscience dont elle serait dérivable. Au contraire : le fait que cette conscience soit indépendante sans toutefois entrer de l'extérieur dans le
95 contexte de la vie qui la comprend | implique un problème dont la solution reste encore à trouver et avec elle, la chance de parvenir à une intuition philosophique d'intérêt fondamental.

Celui qui, dans une situation morale conflictuelle, cherche de toutes ses forces à arriver à la décision juste percevra la vanité de toutes les autres perspectives qui pourraient l'amener à esquiver ou à sous-estimer ce conflit. Tout le monde sera également d'accord sur le fait qu'un caractère intègre mérite une admiration à nulle autre pareille. Déjà de ce point de vue, la dimension morale de la vie a quelque chose d'incommensurable. Mais la réflexion morale ne nous élève pas à une sphère supérieure autosuffisante située au-dessus de tout le processus de la vie consciente. Même face aux exigences morales, l'homme reste le sujet fini qui se comprend dans toutes les dimensions que nous avons différenciées pour les mettre en relation les unes avec les autres. Ainsi, il doit être possible de comprendre la conscience morale et tout ce qui la caractérise comme intégré dans le cadre de cet ordre de relations. Si elle possède en outre une dynamique propre, celle-ci ne pourra pas se comprendre indépendamment de la dynamique qui s'était déjà déployée à l'intérieur de cet ordre de relations plus large. Ainsi seulement on pourra comprendre que la conscience morale n'entre pas dans la conscience de soi du sujet et de la personne comme une autorité élevée au-dessus de tout le reste de la réalité, qui transporterait et transformerait le sujet en une autre forme d'existence. Comme l'ont déjà fait remarquer un grand nombre de critiques subtils de la doctrine morale, une telle transformation s'exposerait au soupçon d'être une hétéronomie déformatrice qui pourrait s'expliquer à son tour par une tendance à l'autodéformation.

Ces réflexions nous fournissent le point de départ pour les réflexions suivantes. Celles-ci ont pour but de déterminer la place de la théorie de la
96 morale, donc de l'éthique, dans le | contexte de la théorie de la subjectivité : d'abord, il nous faut mettre la conscience morale en relation avec les dimensions de la subjectivité afin de déterminer comment ses traits

fondamentaux s'intègrent dans leur contexte. De son indépendance qui, comme telle, appartient précisément à la subjectivité dans son ensemble, découle son importance pour la compréhension de soi qui se réalise dans la vie des sujets. Par la suite, nous pourrons expliquer aussi la dynamique immanente à la conscience morale en même temps que la dynamique de la subjectivité elle-même.

C'est une trivialité que de dire que les sujets se trouvent face à des exigences morales dans la mesure où ils sont des sujets d'*actions* – c'est-à-dire dans la mesure où ils se trouvent dans le monde en tant que *personnes* capables de le modifier en y coopérant avec d'autres personnes ou en intervenant dans leur sphère d'action. Le thème primaire de l'éthique n'est donc ni la connaissance du monde ni l'autocompréhension. Il semble alors logique de limiter le thème de l'éthique au domaine des questions qui se posent au singulier parmi d'autres singuliers, donc à des questions interhumaines. La tendance dominante de l'éthique contemporaine consiste effectivement à chercher la fondation philosophique des normes morales non pas dans la subjectivité mais directement dans l'*inter*subjectivité des personnes.

Mais si toute éthique a pour tâche de comprendre et de fonder le jugement moral qui porte sur des actions et sur des modes de l'être-avec, cela ne signifie pas que la subjectivité des acteurs ne joue plus aucun rôle fondateur et se réduise ainsi à un thème secondaire. Cela résulte déjà du fait qu'à proprement parler, ce n'est pas le comportement qui est soumis au jugement moral. Comme la cinquième leçon l'expliquera plus en détail, l'estime ou la condamnation au sens moral concernent l'*attitude* intérieure des personnes face à leur comportement, attitude qui est à l'origine de leur | comportement. L'attitude est autre chose que le simple jugement sur un 97
comportement qui surgit, tel un événement naturel, dans l'homme en tant qu'être vivant. Ou bien ce comportement ne se laissera pas du tout qualifier d'agir, ou bien il n'aura, comme l'agir des espèces animales supérieures, aucune dimension donnant origine à un jugement éthique. Les animaux, eux aussi, seront sans doute capables de pondérer leurs actions d'une manière ou d'une autre. Mais si nous n'avons aucune raison d'assumer que leur réflexion ait une influence sur la formation de leur attitude, ils ne peuvent qu'être conditionnés, mais non pas formés sur le plan moral.

Les attitudes des personnes se distinguent des schémas d'actions et des états mentaux qui motivent ou accompagnent le comportement selon de tels schémas. Elles sont acquises, mais de telle sorte que les personnes elles-mêmes les développent et peuvent faire un effort pour les développer, de la même façon dont les attitudes, à leur tour, précèdent et fondent déjà le développement d'une façon d'agir. Il y a donc une activité dans laquelle la personne en tant que sujet se rapporte au développement de ses attitudes et ses modes d'agir. En dernière analyse, elle vise son propre agir, mais de manière indirecte et médiate.

La capacité qu'ont les personnes à vouloir acquérir des attitudes vaut pour tous les domaines de leur agir et non seulement dans la mesure où elles sont capables d'un jugement éthique. Mais à cet égard, ce fait assume une importance particulière. Il est vrai que les actions des personnes sont aussi et surtout le domaine d'application des normes morales. Mais ces actions ne font l'objet d'un jugement moral que dans la mesure où elles sont le résultat d'attitudes qui à leur tour ont pour but un mode d'agir conforme à la norme morale. En fin de compte, il n'y a que le motif de l'action, la bonne volonté ou l'intention et non pas l'action, qui puissent être appelés bons sans aucune restriction, c'est-à-dire bons au sens moral. C'est sur ce principe que Kant a fondé toute sa philosophie morale. Et ce jugement est
98 | transféré au jugement sur l'effort intérieur qu'accomplit la personne pour acquérir une telle attitude. Cet effort n'est pas lui-même bon sans aucune restriction car en ce sens, il n'est bon que par son résultat qu'est la bonne volonté formée; en d'autres termes : sa bonté n'est relative à rien d'autre qu'au degré de bonté de celle-ci.

Le thème clé de l'éthique étant ainsi clairement fixé, cela signifie du même coup qu'il doit être considéré en relation directe avec le thème de la "subjectivité", contrairement à ce qui aurait été le cas si nous n'avions pu parler que de notre bonne façon d'agir. Il faut s'interroger maintenant sur la façon dont ce thème doit être mis en rapport avec les dimensions de la subjectivité que nous avons distinguées et comment il peut ainsi être intégré dans le cadre d'une théorie de la subjectivité.

On s'accorde pour reconnaître une validité *générale* au moins au domaine central des normes morales. En principe, elles sont valables pour tous ceux qu'il faut qualifier de personnes, et ce, quelles que soient les circonstances. Toute exception dans ce domaine a besoin d'une justification explicite. Celui qui viole ces normes ne peut faire valoir que des raisons d'excuse mais non pas réclamer une dispense des normes elles-mêmes. Comprendre la raison de la généralité de cette validité possède le même intérêt philosophique que la compréhension de la subjectivité qui est à l'œuvre dans le développement de l'attitude de la bonne volonté.

Grâce à la validité générale de sa norme, la conscience morale a quelque chose en commun avec la protention vers le tout d'un monde, que le sujet réalise en tant que sujet de connaissance. C'est pourquoi il est raisonnable de parler d'un monde moral dont font partie les actions motivées par la

morale. De même que la protention vers un tout ne dépend pas du bon gré des sujets, de même les normes morales sont autre chose que des projets quelconques qu'on peut se proposer de faire (comme, par exemple, la
construction d'une maison), | qu'on peut achever ou, au contraire, 99
abandonner. Leur statut particulier de normes implique qu'elles ne peuvent pas être mises en cause et que leur validité ne dépend pas des circonstances ou de certaines phases et conditions de la vie, en d'autres termes : qu'elles valent en toutes circonstances, donc de façon générale. De ce point de vue aussi, elles s'apparentent aux règles fondamentales de la déduction *salva veritate* et de la connaissance qui, à leur façon, obligent le sujet sans toutefois le soumettre à une réglémentation qui lui serait étrangère. Cette obligation est obligation par elle-même parce que ce qui doit être reconnu comme "obligatoire" a son fondement dans celui même qui est obligé. On pourrait songer à dériver de la généralité intrinsèque de l'obligation que tout un chacun porte en soi-même, les obligations envers tous les autres comme tels qui, de la même façon, sont conscients d'une telle obligation.

Or nous avons vu que la protention vers le tout d'un monde, qui ouvre la possibilité d'une connaissance, présuppose que le sujet ait une connaissance de soi-même comme restant *le même* sujet à chaque stade du déploiement, de la concrétion et de la transformation de son monde. L'organisation de la relation au monde grâce à laquelle le sujet tend au-delà de soi-même vers un tout de quelque chose d'autre présuppose une relation à soi particulière des sujets, à savoir leur autocontinuation sous leur identité. On pourrait se demander s'il ne faut pas en conclure que c'est l'identité du sujet qui pourrait constituer une première approche pour une explication de la dimension morale de la vie, explication qui, de ce fait, comprend cette dimension en relation avec la subjectivité.

Nous avons déjà montré plus haut pourquoi les sujets sont nécessairement des personnes, sans que l'on puisse expliquer leur subjectivité comme un simple moment de leur personnalité – comme si l'on pouvait
mettre en relief la propriété de la subjectivité | à partir du sens plus origi- 100
naire et plus riche de la personnalité. La trajectoire de la dynamique de la subjectivité doit s'expliquer uniquement à partir du sens du sujet. Le point de départ du déploiement de la dimension morale de la vie se situe en revanche dans la relation au monde de la personne en tant qu'actrice. En deçà de toute réflexion sur la dimension morale de la vie, l'idée de personne implique déjà plusieurs significations d'"identité".

La personne incarnée est une chose singulière qui maintient son identité à travers le changement de tous ses états et phases de sa vie. Les traits fondamentaux de son caractère et donc de sa tendance à réagir à ses expériences et à se comporter vis-à-vis des autres seront tout aussi peu sujets à modification. De ces deux identités, celle du corps et celle du caractère naturel, il faut distinguer des modes d'identité structurés de façon complètement différente, que l'homme doit acquérir. Ainsi, il naît bien au sein d'une famille et d'une nation. Mais la façon dont il se comprend et se comporte lui-même comme membre d'une famille ou d'une nation n'est pas déterminée par des circonstances soustraites à son influence – pas plus que les façons dont il se comporte à l'égard de lui-même, de ses talents ou aussi des "côtés obscures" de sa nature. Cela vaut également pour tous les contextes das lesquels sa vie ne peut s'intégrer que par sa propre initiative : pour son métier, pour ses associations formelles ou informelles avec les autres et pour tout ce qu'il cherche en permanence à atteindre dans son projet de vie et auquel, comme on dit, il s'identifié.

En regardant un homme dans la perspective extérieure, on le reconnaîtra et le caractérisera par toutes ces identités. Cependant, dans la propre perspective de l'homme sur soi-même, ses identités acquises se trouveront la plupart du temps dans une concurrence mutuelle qui l'obligent à établir entre elles un ordre de préférence. Ainsi, son identité propre consiste pour lui en l'équilibre particulier entre ses identités
101 | multiples. Mais cet équilibre n'est pas gagné une fois pour toutes. Les changements des circonstances de vie constituent pour lui un défi permanent. Dans chaque situation d'agir qui exige de lui une décision importante, cet équilibre doit être à nouveau confirmé ou modifié. Même les fondements naturels de son identité en tant que chose singulière peuvent lui paraître étrangers et indifférents, mais ils peuvent aussi occuper toute son attention. Des inclinations et des besoins déguisés ainsi que des expériences cachées qui remontent au début de son histoire personnelle peuvent s'avérer un défi inattendu pour sa propre image de soi. De toute façon, dans le domaine des identités acquises, il ne peut jamais être tout à fait sûr de lui. Une série de tentatives échouées d'établir un équilibre d'identités peut lui rendre son identité propre complètement floue. Sa propre façon de se comprendre peut, à ses yeux, dépendre beaucoup plus du cours des choses et de sa réaction appropriée que de son agir propre et de ses efforts d'établir un équilibre entre ses identités. En tout cas, parmi ses identités multiples, il n'y en a aucune du même type que celle de l'identité du sujet dans le processus cognitif de l'accès au monde. Aucune n'a la même constance jamais remise en question, ni le même déploiement indubitable que celle-ci.

Mais on peut observer une correspondance entre cette identité du sujet de la connaissance du monde et l'identité morale de la personne. Avec le domaine central de la conscience morale se forme aussi, à l'intérieur de la

dimension personnelle et pratique de la subjectivité, une forme d'identité
dont la forme correspond à la constitution de l'identité dans le processus de
l'accès cognitif au monde. La validité de la norme pour toutes les situations
d'agir sans exception constitue un corrélat de l'unité de la subjectivité dans
chaque phase de sa constitution du monde. La personne en tant que sujet
moral a la même constance et stabilité qui est | le propre du sujet théorique **102**
qui pense selon les mêmes normes de vérité, même s'il peut, dans telle ou
telle situation concrète, aller à l'encontre de ces normes. L'examen de la
relation de cette forme d'identité avec toutes les autres identités de la
personne nous permet d'affirmer la chose suivante : le fait que la norme
morale comme telle (à la différence de ses circonstances d'application) ne
soit jamais mise en cause introduit un niveau de stabilité dans l'équilibre
d'identités toujours fluctuant de la personne. Le caractère moral, donc
la bonne volonté consolidée, mais aussi déjà la capacité de développer
une telle volonté, peuvent être compris comme une forme fondamentale
d'identité rationnelle à l'intérieur du mode de réalisation personnel de la
vie.

L'autre versant de l'universalité de la norme morale découle de cette explication. Elle ne vaut pas seulement pour toute situation du même type, mais aussi, au même titre, *vis-à-vis de* toute autre personne. Puisque cela signifie qu'elle doit également être considérée comme valable *pour* toute personne, sa validité intersubjective découle du type de norme qui lui est propre. On pourrait penser qu'il faut fonder les normes morales précisément sur la relation mutuelle des personnes individuelles car le plus souvent, ces normes règlent le comportement à l'égard d'autres personnes. Depuis qu'on a développé la tendance à chercher le fondement de la rationalité dans la communication, les éthiciens partent souvent du présupposé tacite selon lequel il ne pourrait y avoir de morale sans une communauté morale.

À mon avis, il faut résister à cette tendance. Les raisons qui plaident en
sa faveur semblent tout aussi plausibles que l'amputation de la conscience
morale, qu'elle implique, est évidente. On ne saurait nier que les hommes
ont besoin d'une interaction afin d'accéder à eux-mêmes. Il est tout aussi
indéniable qu'il faut d'abord les soumettre à des normes afin qu'ils
commencent | à comprendre ce qu'est la normativité. Mais la genèse **103**
immanente de la conscience des normes ne peut elle-même être dérivée de
l'interaction, de même qu'il est impossible de considérer que notre propre
conscience de nous-mêmes doit sa constitution au fait d'être interpellée par
d'autres sujets, toute dépendante qu'elle en soit dans sa genèse. Une fois
qu'on est interpellé de la sorte, la connaissance de soi, au même titre que la

conscience morale, se déploie de façon *spontanée* et, comme on a le droit de le dire, “de l’intérieur”.

On peut se demander en outre comment s’explique le fait que les normes morales donnent avant tout origine à des obligations envers d’autres personnes, par exemple de ne léser personne, d’être fidèle à ses promesses, d’aider les autres en cas d’urgence, etc. Cela s’explique par le fait qu’un mode de comportement absolument universel doit par là même nous rendre indépendants des circonstances particulières qui sont fondées dans notre propre contexte de vie et d’intérêts. La norme morale élève tout un chacun au-dessus de sa propre situation d’intérêt, sans toutefois transposer chacun au point de vue de l’intérêt de tous les autres qu’il rencontre dans les situations d’action. De ce point de vue, cette norme ne se distingue en rien des règles qui sont à la base de l’acquis de connaissance. Elle est toujours *ma* connaissance, bien qu’elle ne puisse l’être qu’en se distinguant de ma perspective particulière sur le monde. Plus tard, nous devrons cependant montrer où, dans la conscience morale, se situe le lieu d’identification avec le prochain. Celle-ci ne découle pas immédiatement de la norme morale fondamentale mais procède d’un déploiement ultérieur de la conscience morale. La seule conséquence immédiate qu’on peut en tirer est le respect devant la personnalité d’autrui. Mais celle-ci est également la conséquence et non pas le fondement de constitution de la conscience morale.

Cela devient particulièrement évident dans le cas de normes morales
104 | qui, dans un premier temps, semblent exiger qu’on s’approprie l’intérêt d’autres personnes, mais dont on comprendra, à mieux y réfléchir, qu’elles sont fondées dans notre propre relation à nous-mêmes. Ne pas mentir est une exigence morale qui ne peut être originairement fondée sur le fait que le mensonge va à l’encontre de ce que les autres sont en droit d’exiger de moi. Il y a des façons de ne pas dire la vérité qui sont tout à fait indifférentes, voire même utiles ou tout au moins agréables au prochain. Mais même avec ce type de mensonge, je lèse quelque chose qui me concerne moi-même sur le plan moral : j’introduis une fracture dans la continuité de mon mode de comportement en permettant qu’une situation contingente, aussi difficile soit-elle, influence de façon décisive la mise en œuvre de ma capacité de communiquer avec les autres, capacité à laquelle je ne peux pourtant pas renoncer tout à fait. Pour justifier ce qu’on appelle communément un pieux mensonge, on peut trouver de très bonnes raisons qui peuvent même s’avérer décisives sur le plan moral. Mais même dans de tels cas, ces raisons ne font pas de ce mensonge quelque chose de moralement indifférent. Elles ne font que s’appuyer sur d’autres règles pour en dériver des

raisons plus fortes qui nous disent de ne pas appliquer la norme interdisant le mensonge dans le cas concret. Cela est confirmé par le fait qu'une personne moralement sensible percevra même dans un pieux mensonge très bien fondé la trace d'une autodéformation.

Si l'on est prêt à reconnaître aux vertus une place légitime dans l'éthique, il est de toute façon évident que celles-ci sont aussi des propriétés d'une personne pour elle-même, là même où l'intention des actions qui en découlent est tout entière dirigée vers l'autre. Concernant le verdict moral contre le mensonge, on peut aussi parler du manque de cette vertu qu'on appelait autrefois “courage”. Dans la mesure où celui-ci est une vertu, il est visiblement fondé dans une relation à soi. De toute évidence, il serait insensé de dire qu'elle vise l'intérêt de celui auquel on fait courageusement
face. Mais il serait tout aussi peu plausible de réduire la vertu du | courage 105
uniquement à l'intériorisation de l'approbation qu'elle attirerait en relation avec tous les intérêts généraux. Le fait de parler aujourd'hui de courage suscitera sans doute des souvenirs ambigus. Mais il reste légitime de reconnaître dans l'acceptation du mensonge un manque de la capacité de tenir bon dans des situations difficiles et de sauvegarder ainsi sa propre identité personnelle. C'est bien un comportement à l'égard des autres, mais sa dignité n'est pas fondée dans cette relation, mais bien plutôt dans le type de relation que la personne entretient avec elle-même.

Dans son éthique, Kant a bien élaboré cette relation. Plus récemment, nombre de ses partisans ont dilué son approche en voulant fonder l'universalité du type d'exigence qui définit la conscience morale dans une relation mutuelle communicative ou contractuelle entre les sujets moraux. L'erreur de Kant ne consiste pas à avoir enraciné l'origine de la dimension centrale de la conscience morale uniquement dans la relation à soi de la personne. Son erreur consiste plutôt à n'avoir pas envisagé la dynamique immanente à cette conscience et qui dépasse la relation à soi du singulier. Mais avant de revenir sur cette dynamique, il faut poursuivre la question sur le fondement de la conscience morale elle-même.

3. Les apories de la fondation de l'éthique

Les réflexions précédentes sur le rapport de la norme morale à la relation à soi de la personne avaient pour but de montrer que sous cette norme, la personne acquiert une identité qui correspond, quant à sa forme, à
l'identité que le sujet | reçoit à travers la constitution de l'unité de sa relation 106
au monde. Cette identité peut établir une stabilité dans les identités

multiformes de la personne et dans leur équilibre toujours fragile, stabilité dont la personne resterait privée sans son identité morale.

Cependant, il en résulte un problème dont la solution exige un travail de distinction patient : en parlant ainsi, on pourrait en effet être amené à supposer que l'homme soumet sa vie à la norme morale *parce qu*'il fait l'expérience que sans elle, l'équilibre d'identité de cette vie est menacée par les vicissitudes et la fragilité de tous ses efforts. Ce faisant, on aurait pourtant expliqué la reconnaissance et jusqu'à la conception même de la morale comme la conséquence d'un intérêt propre déguisé agissant à l'arrière-plan – l'intérêt d'être à l'abri de toutes les vicissitudes, ne fût-ce que par rapport au noyau central de la vie. Dans ce cas, l'explication de l'origine de l'obligation par la norme morale suivrait exactement la même stratégie que celle qui sous-tendait déjà l'explication de Nietzsche, basée sur le ressentiment, et celle de Freud, qui s'appuie sur la formation du Sur-moi.

On ne peut pas invalider toutes les explications de ce type en rappelant que des actions conformes à la norme morale peuvent être pénibles pour l'homme, précisément parce qu'il voit clairement à quel point elles sont contraires à ses intérêts. Car cela reste toujours compatible avec le fait que l'acceptation de la norme comme telle a été motivée par son intérêt propre et donc par son utilité pour la stabilité de l'être-soi. La situation serait donc foncièrement identique à celle d'une personne qui, avec beaucoup de peine et beaucoup de plaintes, achève un projet utile pour elle et dont l'abandon équivaudrait à un désastre.

La conscience d'être soumis à l'obligation de cette norme ne pourrait cependant pas subsister sans modification si l'éclaircissement qui va de
107 pair avec une telle preuve généalogique | entrait lui aussi dans la sphère de connaissance réfléchie que la personne agissante a d'elle-même. Car la conscience de la validité de la norme morale apparaîtrait alors comme le résultat d'une stratégie d'autocontrôle déclenchée par une situation d'intérêt et agissant en dessous du seuil de la conscience de soi articulée. Une telle interprétation permettrait de fait à une personne de rester elle-même intacte en tant qu'être moral. Mais une fois que la norme aurait perdu son fondement de validité, la personne disposerait dans toute situation d'une excellente justification pour se refuser à ses exigences à travers son mode d'agir.

En outre, une fois qu'on est devenu conscient de cette explication fondée sur l'idée du besoin d'une identité personnelle stable, cette explication aurait des conséquences ruineuses pour la formation de cette identité même. Car le fondement stable d'une identité soustraite à tout changement, qui devrait être le fruit de l'autocompréhension morale d'une personne, ne peut exister que si sa relation aux normes jouit de la même clarté qui revient aussi sans aucun doute aux conditions de la constitution du monde par le sujet. Sans l'indépendance de la relation aux normes à l'égard de l'intérêt vital de la personne, la relation aux normes ne peut pas conférer à l'équilibre des identités la stabilité qui est censée expliquer pourquoi la personne est capable de s'assimiler, grâce à sa moralité, à la forme d'identité du sujet. Dans la relation aux normes s'accomplit donc réellement un intérêt essentiel de la personne, mais à condition seulement que la relation aux normes ne s'explique pas *à partir de* cet intérêt.

Ce cercle apparent met en évidence un problème auquel se heurte tôt ou tard toute éthique développée après les tentatives d'un éclaircissement généalogique. Une approche qui cherche son point de départ dans une théorie de la subjectivité verra encore plus clairement ce que | de toute **108**
façon personne n'avait eu l'intention de nier, à savoir qu'on ne peut pas introduire des normes morales comme des exigences qui seraient imposées ou imputées de l'extérieur à la subjectivité de la personne. Si l'on veut que de telles normes aient une quelconque validité, le présupposé en doit être situé dans la constitution de la subjectivité elle-même. L'appropriation ne *peut* donc pas se faire contre *tout* intérêt. Néanmoins, la constitution des normes contredit toute fondation *à partir d'*un tel intérêt.

Mais c'est précisément la théorie de la subjectivité et la fondation moderne de l'éthique qui en découle, qui ont une chance de résoudre ce dilemme avec une force de conviction d'autant plus grande que le problème se pose pour elles avec beaucoup plus d'insistance.

Tout d'abord, il nous faut déterminer lesquelles des tentatives de solution qui fondent l'origine de la moralité dans la constitution des sujets n'en restent pas moins insuffisantes. Il s'agit de toutes les tentatives qui croient avoir trouvé une façon d'expliquer la validité des normes par le simple fait que l'homme est un être pensant, c'est-à-dire un être qui comprend ce qui constitue un raisonnement universellement valide, et qu'il est soumis à des règles qui constituent la rationalité. Pour employer le langage utilisé ici, ces approches ont ceci en commun qu'elles considèrent que la rationalité, dont la forme fondamentale est liée à la constitution du sujet et structure sa relation au monde, est capable de soumettre d'elle-même et de façon immédiate la vie personnelle à l'exigence d'une norme formulée sous forme de règle morale fondamentale et universelle. On fait valoir, par exemple, que nous ne serions pas des personnes rationnelles si, dans notre vie personnelle, nous n'étions pas orientés vers cette même correspondance intrinsèque qui trouve son expression centrale dans la

norme morale (Christine Korsgaard). Une autre variante de cette même
109 | idée part de l'intersubjectivité, c'est-à-dire de l'intérêt de justification qui est à son tour enraciné dans la rationalité. Par rapport à notre comportement, cet intérêt ne peut être satisfait que si nous soumettons ce comportement à une règle fondamentale qui puisse être justifiée en toute circonstance et devant tous (Thomas Scanlon).

En termes kantiens, toutes ces tentatives de dérivation reviennent à vouloir comprendre la raison pratique comme un simple corollaire de la raison théorique. Moyennant une rhétorique appropriée, on peut aller assez loin avec ce type d'argumentation car la norme fondamentale de la conscience morale soumet effectivement le comportement de la personne à un ordre tout particulier éminemment rationnel. De même, on ne peut pas qualifier de personne un être dont le comportement est totalement insensible à des raisonnements en faveur ou à l'encontre de ce comportement qui, de ce fait même, ne pourrait plus du tout être qualifié d'agir. Pour la personne dont le comportement, en vertu de sa rationalité, est déterminé aussi par des raisonnements, l'attention à toutes les règles qui constituent un raisonnement rationnel est aussi obligatoire que considérée comme allant de soi.

Mais cette obligation se distingue fondamentalement de celle qui accompagne la validité de la norme morale fondamentale. L'exigence du respect des raisonnements rationnels portant sur des actions est en effet déjà satisfaite dès qu'on peut faire valoir un intérêt réfléchi propre comme fondement de l'action et de la stratégie qui la sous-tend – donc si la personne, en tant que sujet, a une perspective d'ensemble sur ses intérêts en les pondérant et les poursuivant adroitement. Il fera certainement partie de son intérêt propre de ne pas provoquer les intérêts propres des autres, de ne pas modifier des schémas de comportement rôdés et d'arriver, grâce à eux, à un arrangement comportemental qui possède la plus grande force de
110 cohésion possible. Mais tout cela n'obligerait pas la personne devant | elle-même de la même façon dont elle est liée, en tant que sujet, à la forme rationnelle de raisonnements. Aucun argument rationnel ne pourrait empêcher un homme de se dispenser au moins secrètement de toutes les obligations morales, à condition qu'il soit à la fois courageux, dépourvu d'illusions, plein de vitalité et prêt à accepter le risque. Le fait que la personne puisse se savoir obligée par la norme morale fondamentale et la rationalité non intéressée qu'elle implique doit donc exprimer une tout autre façon de réaliser la rationalité dans la vie de la personne.

Ce résultat plaide en faveur des théories philosophiques dont la fondation de l'éthique n'a pas uniquement recours à la rationalité mais également aux émotions et à ce qu'on appelle des sentiments moraux. Les sentiments seuls semblent être à même d'expliquer la motivation d'actions qui se soustraient au calcul de l'intérêt propre. Sans la relation directe à une possible motivation d'actions à partir de la norme morale, la résistance de la norme elle-même à tous les calculs d'utilité deviendrait même tout à fait incompréhensible. Et la différence entre le caractère obligatoire de la norme morale et la constitution normative de la rationalité en général se montre le plus clairement dans le rapport tout à fait différent qu'elles entretiennent avec les motivations.

D'autre part, aucun sentiment et aucune force de motivation à eux seuls ne semblent suffisants pour expliquer une norme. Comme en témoignent des notes prises pendant ses cours, Kant a considéré la problématique qui en résulte comme l'une des plus difficiles dans toute la philosophie. "Il faut connaître le bien à travers l'entendement et néanmoins en avoir un sentiment. C'est quelque chose qu'on a du mal à comprendre". "L'entendement peut bien juger, mais conférer à ce jugement de l'entendement une force susceptible de mouvoir la volonté, voilà la pierre philosophale".

| Il nous faudra renoncer à approfondir ce problème et aussi à entrer en 111
détail dans l'examen de la solution impressionnante mais incohérente que Kant lui-même croyait avoir trouvée dans sa doctrine du respect pour la loi morale. Ce problème ne peut en effet se résoudre ne fût-ce que partiellement qu'à condition d'entreprendre le projet herculien d'une différenciation de la multitude d'états de choses différents qu'on désigne par les mots "émotion" et "affect", ainsi que les approches visant à les expliquer. Mais une première comparaison des potentiels possibles de ces théories suggère déjà qu'une approche qui part de la constitution de la subjectivité a plus de chances de comprendre aussi l'origine et le rôle des émotions dans le processus de la conscience morale qu'une approche qui s'appuie uniquement sur la rationalité.

Quel que soit le résultat de la recherche sur la composante émotionnelle dans la conscience morale, nous devons en tout cas partir de l'idée que la conscience de la validité de la norme morale fondamentale est *sui generis*, et ce, malgré le fait que du point de vue formel, la norme elle-même est une règle rationnelle qui tire son origine du sujet dans lequel s'enracinent toutes les formes de la rationalité. Etant donné qu'il est impossible d'éclaircir le lien entre rationalité et moralité uniquement à partir de la rationalité, il est indispensable de trouver une autre façon de mettre en relation la rationalité et la subjectivité. Ce qui nous amène à formuler une ligne directrice qu'il nous faudra développer par la suite. Nous sommes déjà arrivés à cette approche en comprenant qu'avec la validité de la norme, l'unité de la constitution d'un monde fondée dans le *sujet* devient également valable pour la constitution de l'identité de la *personne*.

Cela peut s'interpréter comme une application élargie de la forme fondamentale de la rationalité au domaine de l'agir dans le monde, mais
112 comme une application dont il ne faut plus | dire qu'elle se réduit à une simple conséquence qui découlerait de la forme fondamentale de la rationalité comme telle. Encore moins cette conséquence peut-elle être tirée en tant que telle par tout sujet qui, en tant que personne, est sujet d'actions, de telle sorte qu'il deviendrait un être moral *à travers* la connaissance de cette conséquence. Tout en étant indémontrable, la conscience morale doit appartenir à la conscience globale du sujet d'une autre manière et, pourrait-on dire, plus intimement que le résultat d'une conclusion que tout sujet raisonnable ne devrait pas seulement être à même de tirer mais qu'il devrait accomplir à tout moment afin de devenir ainsi un sujet moral.

Ce qui soulève la question de savoir quelle *autre* possibilité nous avons d'expliquer la conscience morale. En elle-même, elle est liée par une règle fondamentale, même si celle-ci est loin d'épuiser toutes les déterminations de la conscience morale. La règle et notamment la force d'obligation qu'on lui reconnaît dans la conscience morale ne se laisse pas déterminer par un calcul d'intérêt. Elle ne peut pas non plus pénétrer "de l'extérieur" dans le processus de la subjectivité afin de lui donner un nouveau tournant et une nouvelle orientation. D'un côté, on ne comprend pas en effet comment une sorte de commandement pourrait non seulement exiger une forme de rationalité, mais la constituer de façon originaire. De l'autre côté, la conscience morale élargit l'autocompréhension la plus propre du sujet. Cela ne peut se faire qu'à l'intérieur du déploiement du processus de la subjectivité elle-même et sur la base de raisons qui lui sont immanentes. Il faut donc se demander sous quelles conditions seulement il devient possible de soumettre la vie personnelle du sujet à une exigence et une perspective qui ne résultent pas, sous forme de nécessité évidente, de sa constitution fondamentale comme une simple implication, exigence qui doit néanmoins être
113 reconnue dans et par cette vie comme l'un de ses | traits essentiels. À moins de pouvoir déterminer de telles conditions, le sujet pourrait également introduire un écart entre une telle exigence et soi-même. Mais dès qu'on admet que la possibilité même d'une telle prise de distance fait partie de la façon dont l'exigence elle-même est fondée, on a déjà ouvert la porte à l'argument le plus fort pour la destruction ultérieure de la conscience morale.

C'est dans ce contexte que surgit également la question beaucoup plus générale de savoir de quelle façon nous devenons conscients de normes qui

ne se laissent pas interpréter comme des exigences qui nous sont adressées dans des contextes *sociaux*. Dans ces contextes, des normes peuvent être thématisées et expliquées comme "attentes généralisées" (Talcott Parsons) sur lesquelles repose la cohésion de toute la société. Cette explication est visiblement inadéquate par rapport à toutes les régulations essentiellement liées à la rationalité. La capacité de produire des inférences correctes, même dans la logique formelle (déontologique) des concepts de norme, ne peut pas être dérivée d'une situation sociale mais seulement de façon endogène, c'est-à-dire de la constitution d'une pratique d'inférence à chaque fois évidente. Bien évidemment, la compréhension dans laquelle les normes produisent originairement leurs effets appropriés ne peut pas non plus être imaginée comme la conséquence d'une instruction sur les normes en valeur et les procédures normées, à la manière d'un étudiant de logique capable de comprendre et de reproduire des règles et des dérivations logiques dans des textes et des formules. La connaissance des normes doit être liée autrement et intrinsèquement à la réalisation même de ces procédures. On peut distinguer cette connaissance entendue comme "pratique" ou comme un "savoir *comment*..." de la connaissance théorique ainsi que de la connaissance de faits, sans qu'on ait réussi à préciser ou à mieux expliquer quoi que ce soit. Car la situation de la pratique elle aussi présuppose une *compréhension* de la norme, c'est pourquoi on ne peut en aucun cas
établir une analogie avec le "conditionnement" | d'animaux intelligents ou **114**
avec l'exécution inconsciente d'un geste, dirigée par l'instinct.

Cependant, les normes morales se distinguent effectivement des normes logiques dans la mesure où il n'est pas manifestement absurde de ramener leur connaissance à un enseignement et à un exercice. Il faut bien commencer par enseigner aux enfants le code moral d'une société et non pas la capacité à conclure. C'est le respect de ce code qui est récompensé et celui qui le viole doit s'attendre à des sanctions. On peut expliquer en outre comment le pouvoir et l'autorité extérieurs, par lesquels les normes sont d'abord imposées, sont intériorisées et agissent comme une auto-obligation. Ce type d'explication revient donc à une séparation radicale entre les normations logiques et morales. Il est également évident que les hommes, dès leur naissance, doivent s'intégrer successivement dans tout ordre moral de la vie. Mais si l'on part de l'idée qu'il y a une norme morale fondamentale dont la constitution ne devient compréhensible que dans le contexte de la constitution de la rationalité, la conscience morale ne peut pas être réduite à l'introjection de normes qui sont garanties par une autorité purement facticielle ou prédonnées à titre de conventions. Par rapport à ces normes, toute éducation ne peut qu'avoir pour effet qu'elles s'articulent clairement afin de déployer leur efficace à long terme. D'ailleurs, on a déjà prouvé de façon empirique que même de très petits enfants distinguent clairement entre des normes morales universellement valides et des prescriptions émanant d'une autorité dont la volonté est susceptible de changer à tout moment (Gertrud Nunner-Winkler). Mais alors il faut se demander comment une telle norme fondamentale peut être connue à l'intérieur de la conscience elle-même et comment le sujet, en vertu de cette connaissance, peut se comprendre en tant qu'il est lui-même visé par cette norme.

115 Essayons donc de nous mettre à la place d'une conscience | morale à laquelle nous n'imputons aucune réflexion ni instruction dans le domaine de la théorie de la morale et encore moins une lecture de Kant. Etant donné que la dimension morale de la vie présuppose un agir dans ce monde et qu'elle concerne des attitudes envers cet agir, la conscience morale appartient à un sujet qui se concrétise comme personne agissante. Or la norme morale ne peut être expérimentée par un tel sujet ni comme une exigence à laquelle il serait soumis par une instance ou une institution extérieures, ni comme un code formulé de la même façon dont on connaît des lois publiquement promulguées. Il doit les comprendre comme quelque chose qui concerne le sujet lui-même, qui lui correspond en deçà de la situation de ses intérêts, voire qui émane de lui, mais pas de telle sorte qu'il pourrait concevoir l'exigence qui résulte de ces normes comme une simple conséquence de ce qu'il sait déjà sur soi-même et qu'il peut savoir avec une clarté qui exclurait tout questionnement ultérieur. Que la norme ne se présente pas à lui comme quelque chose d'étranger se traduit aussi par le fait qu'il peut comprendre à partir de lui-même, dans une réflexion rationnelle, comment il faut à chaque fois la faire valoir dans des situations d'action concrètes. Néanmoins, il ne la comprend pas à partir de ce qu'il sait de lui-même de toute façon et depuis toujours. Cela résulte aussi du fait que par la façon dont elle se fait d'abord valoir, cette norme l'*arrête* dans la tendance tout à fait rationnelle à agir selon le calcul de ses propres intérêts.

On peut conclure de tout cela que dans la conscience morale qui, sous l'influence de la norme fondamentale, n'a pas encore donné origine à des attitudes fixes, cette norme s'articulera en trois moments : 1) dans un moment qui arrête le calcul d'intérêt propre, 2) dans un moment qui transpose le sujet dans une autre orientation qu'il est à même de déployer à partir de sa compréhension de soi, 3) dans un moment qui ouvre au sujet la
116 perspective d'être dans tout cela tout | à fait soi-même. Ces moments sont réunis dans une conscience qui présuppose la capacité d'interaction linguistique, sans toutefois se réduire à une articulation linguistique. Je

tâcherai de formuler ces trois moments de la façon suivante : 1) Arrête-toi, tu ne peux pas continuer à agir ainsi sans réflexion ! 2) Réfléchis, sur la base de cette protestation que tu reconnais comme telle, quel agir serait juste et acquiers aussi l'attitude appropriée envers un tel mode d'agir ! 3) Tu es encore quelqu'un de complètement différent de celui que tu crois être si tu agis de la façon que tu voulais adopter d'abord. En réalité, tu le sais bien – et tu le sauras tout à fait si ta propre réflexion te guide vraiment dans tes actions !

La première de ces phrases est fondée sur la facticité dans la connaissance de cette norme. La conséquence en est que la norme fondamentale va toujours d'abord *à l'encontre* des impulsions d'agir primaires. La deuxième phrase met en relief que la pratique sous la norme repose sur une réflexion rationnelle. La troisième phrase ouvre, sous la norme, la perspective sur une auto-appropriation approfondie.

Une conscience morale qui s'articulerait dans la subjectivité à peu près de cette façon peut être attribuée aux hommes dans toutes les cultures, quel que soit le degré de développement et de différenciation de la société. Il suffit de présupposer qu'ils sont des sujets qui se tiennent dans la connaissance de soi et qu'ils ne vivent donc pas selon une constitution de leur conscience qui serait complètement absorbée par la coordination rituelle de la vie dans le groupe. On peut présupposer avec certitude que c'est le cas pour toute l'histoire des cultures connue. Mais cela ne suppose pas que cette conscience parvient à la formulation explicite d'une norme morale. La conscience peut rester déterminée par les traditions dans la mesure où, à ses yeux, les contenus de l'agir selon la norme ont pour elle une validité prédonnée par l'enseignement et l'exemple ou par le profil familier du groupe.
Etant | donné en outre que, comme nous le verrons, la règle fondamentale **117**
n'épuise pas le contenu de la conscience morale, des solidarités plus concrètes peuvent supplanter et bloquer la tendance à la connaissance explicite d'une formule fondamentale générale. Il ne faut pas en conclure, cependant, que les hommes vivant dans des cultures régies par une "moralité substantielle" auraient une conscience morale complètement différente, étrangère et peut-être même inaccessible pour nous. Il sera peut-être difficile de combattre une telle conclusion non souhaitable, tout réticent qu'on soit à l'adopter sans réserve. Il est tout aussi impossible de l'accepter que de conclure, face à une culture qui ne favorise pas le développement de la réflexion, que les hommes qui vivent en elle n'ont aucune conscience de soi et que, pour cette raison, ils ne sont pas à considérer comme des sujets.

4. ÊTRE-SOI ET CONSCIENCE MORALE

Nous avons vu comment la tentative d'une fondation de l'éthique aboutit à un dilemme : si l'on maintient, en conformité avec le problème en question, la rationalité de la réflexion sur ce qui est juste du point de vue de l'éthique et que l'on rattache la normativité de la conscience morale à la position de l'homme en tant que sujet par rapport à son agir et son mode de vie, il semble inévitable de dériver de quelque manière la normativité morale de la forme générale de la raison. Mais si l'on s'est assuré – à nouveau conformément au problème en question – qu'aucune dérivation de ce type ne peut réussir, il faut partir de l'idée que la norme morale ne possède qu'une validité facticielle pour nos actions. Ce qui semble impliquer qu'il est nécessaire de réduire également la conscience morale dans son ensemble à des sources facticielles ou à des mécanismes empiriquement démontrables – à la nature de l'homme, à un développement
118 ontogénétique ou culturel, à | l'intérêt de vivre dans un certain type de société ou à quelque autre raison que ce soit. Ainsi, toute personne éclairée serait en principe en mesure de tromper et même de suspendre la conscience morale à titre personnel. Plus grave encore : cela reviendrait à ignorer les évidences de départ qui nous avaient amenés à l'approche opposée : la rationalité de la norme fondamentale morale et sa relation essentielle à la connaissance de soi dans laquelle le sujet se constitue lui-même comme tel de façon originaire.

Ce dilemme a constitué un motif d'inquiétude pour toute l'histoire de l'éthique philosophique, là même où il n'a pas été formulé explicitement. Il faut donc assumer que ses présupposés s'enracinent dans le domaine de fondation de la pensée. Cela veut dire aussi qu'il ne peut être résolu que si l'on est à même de prendre son point de départ précisément dans ce domaine-là. Aristote le premier y a réagi en différenciant le sens de la raison, différenciation qui est à l'origine de notre distinction entre raison théorique et raison pratique. Elle doit être intégrée dans toute tentative de solution, même si à elle seule, comme le montre l'exemple de Heidegger, elle a tendance à calquer toute la relation de l'homme au monde sur le schéma de sa pratique. Nous avons en revanche commencé par une discussion sur la subjectivité de l'homme, en faisant de la connaissance de soi préthéorique le centre de la construction d'une relation au monde conçue dans une clé théorique, mais aussi le fondement et le point de départ d'une inquiétude concernant la compréhension du sujet par soi-même.

Il faut revenir sur cette approche afin d'examiner la façon dont elle nous permet de comprendre aussi la constitution de la conscience morale et donc la "pierre philosophale" dont parlait Kant. Une telle compréhension doit rendre justice à chacune des deux évidences qui, à cause de ce dilemme, poussent l'éthique à des positions opposées.

| Il ne saurait y avoir de connaissance du monde dans son unité et totalité 119
si tout ce qu'on peut éventuellement savoir de lui n'avait pas de rapport à un seul et même sujet qui occupe, en tant que personne, également une place dans ce monde et en possède une connaissance. De ce point de vue, le sujet dans sa connaissance de soi constitue le point d'ancrage unique auquel est relié, en dernière analyse, tout le mouvement de la connaissance du monde et de ses relations intérieures. C'est pourquoi on est tenté de penser que ce centre doit être le siège d'une forme de connaissance qui, en tant que connaissance de soi, est complète, disponible et totalement transparente à elle-même.

Le résultat auquel nous sommes parvenus aboutit à la conclusion exactement inverse. Toute autre connaissance qui se construit à partir de ce centre est accessible à la compréhension comme la forme de connaissance particulière grâce à laquelle le centre se constitue lui-même. Etant donné que toute explication visant à éclaircir la nature de la connaissance de soi présuppose déjà cette connaissance elle-même, il faut en conclure que nous disposons vraiment d'une telle connaissance avec une clarté au-dessus de tout doute, sans être pour autant à même de comprendre comment et en vertu de quoi une telle connaissance se réalise. En aucun cas, l'objet d'une telle connaissance ne se produit lui-même, par exemple à travers la relation à soi réfléchissante de celui qui connaît. C'est pourquoi il faut conclure que le sujet qui se tient dans et consiste en cette connaissance de soi est précédé par un fondement en vertu duquel la connaissance de soi se réalise elle-même, fondement qui persiste et continue d'être efficace tant que cette connaissance persiste avec tout ce qui y est lié. Par là même, cependant, cette origine de la subjectivité ne peut pas être thématisée à l'instar d'un objet car toutes les méthodes de connaissance présupposent la connaissance de soi dans laquelle elles sont ancrées et enracinées. À supposer même que les lois et les processus de la matière que notre physique cherche
à | comprendre soient les seules conditions pour le fonctionnement de la 120
rationalité, ce fait lui-même ne pourrait plus être expliqué à son tour à l'intérieur de la physique.

Cette démarche argumentative et son résultat découlent d'une réflexion philosophique. Ils ne sauraient donc être attribués à chaque sujet en deçà de toute réflexion sur soi, au même titre que la connaissance du tout d'un monde et aussi du caractère obligatoire de la norme fondamentale. Néanmoins, le résultat de cette démarche correspond à une connaissance à laquelle le sujet peut accéder et qui lui est familière, à savoir le fait que le sujet ayant une connaissance certaine de soi-même ne se comprend pas encore soi-même pour autant et qu'il ne s'est certainement pas institué soi-même dans sa propre réalisation. Ainsi, il se sait toujours déjà exposé à la question de savoir quelle est son origine et comment la réalisation de sa subjectivité peut s'expliquer à partir de celle-ci – comme un simple fait inéluctable ou comme faisant partie d'un processus qui confère à la réalisation une signification qui se distingue par principe de toute *instauration* de sens que le sujet serait en mesure de tirer de soi-même.

Cette conscience forme une constante de la vie humaine. Elle précède toute réflexion théorique et est l'un des motifs les plus puissants qui nous poussent à philosopher. La reconnaissance du fait que la forme fondamentale de la subjectivité ne peut être résolue ou surmontée par aucune théorie confère à cette conscience préthéorique une garantie et fait d'elle le point de départ pour des conclusions ultérieures. En présupposant tout cela, nous avons la chance d'établir aussi une relation philosophique entre l'indérivabilité de la conscience morale au sein de la subjectivité dans son ensemble et ce trait fondamental dans la connaissance implicite du sujet autoconscient.

Le sujet qui est certain de lui-même ne se comprend pas pour autant à travers lui-même. Il faut donc en conclure d'abord qu'il est précédé par un
121 fondement qui se soustrait à lui. Or, à partir de sa | connaissance de soi, il y a bien des choses dont il faut reconnaître la nécessité et nous avons expliqué la constitution d'un monde sur la base de ce point de départ. Mais le fait que la relation à soi élémentaire, qui est par ailleurs la source de tant de clarté, ne puisse pas elle-même devenir transparente au sujet entraîne encore une autre conclusion que celle qui nous avait amenés à lui présupposer un fondement qui lui est soustrait. Il suggère également que la constitution du sujet elle-même n'est pas éclaircie et ne peut pas être définie de façon exhaustive sur la base de sa connaissance de soi élémentaire – pas plus qu'à travers les traits essentiels et les modes de réalisation qui se laissent comprendre à partir de sa conscience de soi.

La nécessité de présupposer un fondement nous amène donc à élargir le domaine à partir de et par rapport auquel le sujet est capable de se comprendre soi-même. L'intuition philosophique selon laquelle cette relation à soi résiste à toute dissection analytique explique et justifie ce qui se produit toujours et de toute façon dans la relation à soi réelle et dans le processus d'autocompréhension de chaque vie consciente : des sujets ne se présupposent pas seulement un fondement; par rapport à cette pensée du fondement, ils *se* comprennent *eux-mêmes* d'une manière qui dépasse leur être-pour-soi au même titre que leur relation au monde.

Cela nous donne la possibilité de mieux comprendre et de rendre raison du fait que le sujet acquiert, dans sa conscience morale, un supplément de connaissance sur lui-même qui ne faisait pas encore partie de la conscience de soi qui le constitue en tant que sujet, connaissance dans laquelle il se retrouve néanmoins *en tant que* sujet, et ce, dans un sens désormais élargi et approfondi. En même temps, cela nous fournit une base pour comprendre, sans risque de cercle, que la conscience de la norme morale fondamentale se présente sous forme d'une obligation *factielle* et qu'un agir qui ne correspond pas à sa validité indérivable doit *néanmoins* | et même davan- 122
tage être compris – et il l'est sans aucune difficulté – comme un agir propre à la personne. Car il est devenu évident pourquoi la facticité dans l'obligation n'exclut pas automatiquement la pureté dans la relation à soi.

En même temps, on comprend que la connaissance de soi élargie à laquelle parvient le sujet ne s'acquiert pas à travers la conscience d'une règle de l'apprentissage intellectuel, mais à partir de la conscience d'une norme pour l'agir. De toute façon, le sujet ne peut pas acquérir cette connaissance à partir de ce qu'on lui communique. Car une connaissance *de* soi ne peut lui venir que *de* lui-même – et donc, comme c'était déjà le cas pour la conscience de soi, à travers une conscience de la façon dont il se réalise.

Déjà l'unité du sujet, qui dépasse le monde et la personne finie à l'intérieur du monde, aussi nécessaire et "allant de soi" soit-elle, n'est pas transparente et compréhensible dans sa constitution. Avec la norme fondamentale de la conscience morale, le sens d'identité que la constitution d'un monde présuppose est en même temps expliqué et exigé comme constitutif pour le mode d'agir du sujet. Ainsi, la subjectivité et la personnalité sont mises en correspondance dans la façon d'agir de la personne. Dans la conscience morale, le sujet sait de façon tout à fait spontanée que cette approximation lui est conforme. Ainsi se résout le problème qui resterait autrement une énigme obscure, à savoir le fait que le sujet, en agissant en conformité avec cette norme, puisse se connaître non pas comme aliéné à l'égard de lui-même, mais dans son intégralité et même *dans une plus grande* mesure en tant que soi-même.

Cette connaissance, de même que la conscience de soi, prend la forme d'une auto*description* et d'une connaissance *performative*. Ainsi on peut dire qu'elle est à la fois théorique et pratique, ou plutôt située encore en amont de cette distinction. Le sujet se *comprend* comme tel dans un sens élargi – comme origine d'une autre organisation de son agir qui est indépendante et non seulement fondée sur le calcul. | Et il comprend qu'il 123
est renvoyé à sa réalisation mais aussi à l'assomption indépendante de

toutes les conséquences qui en résulteront et qui sont susceptibles d'approfondir et de modifier encore davantage sa propre image de soi.

La présupposition d'un fondement qui rend possible le sujet dans sa connaissance de soi ne doit donc pas être interprétée comme si, grâce à ce fondement, le sujet était bien, en dernière analyse, soumis à une norme qui lui serait extérieure, comme si le fondement rendait d'abord le sujet possible pour le soumettre ensuite à une norme d'agir supplémentaire. Le fondement est uniquement le fondement de constitution du sujet *dans son ensemble*, donc aussi par rapport à tout ce qui ne lui est pas encore accessible dans sa conscience de soi élémentaire. On ne saurait comprendre autrement le fait que sous la norme, le sujet ne peut se comprendre que comme obligé par soi-même à soi-même.

Cet état de choses nous rappelle des formules apparemment semblables mais qui ne sont pas tout à fait adéquates pour autant, par exemple celle selon laquelle le sujet s'est lui-même donné cette loi ou s'est lui-même soumis à une telle obligation. On ne peut parler d'une autodétermination que *sous* sa propre norme (ce que nous ferons dans la leçon suivante consacrée à la liberté). L'idée inévitable d'un fondement précédant le sujet nous oblige à rejeter l'idée d'une autoconstitution de la compréhension de la conscience morale. Néanmoins, l'ipséité dans la dimension personnelle de la subjectivité n'est pas limitée mais renforcée par la conscience morale et sa facticité. Dans la conscience morale, le sujet acquiert une connaissance sur soi-même et non pas sur ce qui le fonde. Toutefois, l'idée du fondement précédant chaque subjectivité implique aussi la possibilité de comprendre les sujets dans leur totalité, y compris donc leur personnalité
124 morale, comme | intégrés dans un contexte d'ordre qui, au même titre que leur fondement, ne peut qu'être conçu comme quelque chose qui les précède. Ce fait lui non plus ne peut être pensé qu'en tant que fondement de la possibilité des sujets avec tout ce qui les constitue.

5. L'APPROFONDISSEMENT DE LA CONSCIENCE MORALE

Cette leçon sera consacrée au *déploiement* de la conscience morale. Jusqu'ici, nous avons procédé en expliquant le surgissement de la conscience morale à l'intérieur de la constitution de la subjectivité dans son ensemble, donc en conformité avec un sens de déploiement statique. La leçon précédente avait pourtant déjà thématisé le sujet et la personne dans une dynamique, la “dynamique de la vie”, dont la constitution est diachronique. C'est donc ce fil thématique que nous allons maintenant poursuivre. Nous traiterons d'abord le déploiement de la conscience morale à l'intérieur d'elle-même et ensuite la façon dont la conscience morale se manifeste dans la dynamique plus englobante de la vie – une vie qui se soucie de sa stabilité, de son équilibre d'identités et de son autocompréhension.

Nous sommes partis de l'idée que la conscience morale est essentiellement liée à la connaissance d'une norme morale fondamentale. Les tables des lois des cultures anciennes présupposaient elles aussi un certain lien entre les contenus de chaque commandement, de façon à ne pas se réduire à une simple collection de lois nées auparavant à des fins très disparates. Etant donné que la conscience morale exige toujours la capacité de juger propre à l'acteur, il faut à plus forte raison supposer un lien sur lequel notre propre jugement puisse s'appuyer.

| Or, l'éthique connaît aussi une critique des positions visant à fonder le 125
jugement moral uniquement sur la norme fondamentale, en prêtant à cette conscience elle-même l'intention de n'avoir d'autre but que de correspondre à cette norme, qu'il s'agisse du jugement sur ses actions et ses omissions ou du développement de l'attitude motivante à l'égard de ses actions. Mis à part l'argument selon lequel une règle fondamentale ne peut donner d'indication assez précise pour une décision portant sur des actions particulières, une telle critique pourrait surtout faire valoir les trois raisons suivantes : 1) L'intention de la bonne volonté ne vise pas uniquement ni même primairement à ce que l'acteur se comporte en conformité avec la norme fondamentale. Au moins dans toutes les actions morales qui (comme par exemple l'assistance à une autre personne) sont dirigées vers d'autres personnes singulières, l'intérêt pour celles-ci en tant que telles doit être aussi l'intérêt principal à proprement parler. 2) La bonne volonté ne se suffit pas à elle-même. Celui qui agit doit comprendre qu'il porte une responsabilité pour le succès ou l'échec de ses actions. Le fait de prendre cette responsabilité peut cependant exiger une violation de la norme morale fondamentale. 3) De plus, la norme fondamentale ne peut pas être appliquée indépendamment des circonstances particulières dans la mesure où chaque acteur vit dans des rapports de solidarités qui d'eux-mêmes justifient, du point de vue moral, un agir préférentiel en leur faveur.

Ces trois raisons s'accordent entre elles dans la mesure où elles mettent en question l'universalité de la validité de la norme fondamentale en intégrant l'agir moral dans des contextes particuliers et en l'orientant dans son *intention* vers ces contextes. En faisant valoir toutes ces raisons ensemble, on vise à une fondation de l'éthique pour laquelle une norme générale pourrait avoir tout au plus le statut d'une généralisation a posteriori d'obligations d'agir qui la précèdent et qui proviennent de sources tout à fait

126 différentes. | Afin d'expliciter jusqu'où vont les conséquences de cette controverse, mentionnons simplement que le même désaccord est à la base de l'opposition entre l'universalisme et le communautarisme dans le domaine de la théorie politique. Là aussi, on fait valoir l'universalité d'un principe contre l'origine des obligations dans des situations de vie concrètes. Et là aussi, on part de l'idée de deux intentions différentes en fonction du type d'agir qui est à chaque fois primairement fondateur.

Si, comme nous l'avons fait avant, on considère la conscience morale comme intrinsèquement liée à la connaissance d'une norme morale, le désaccord ne se laisse pas résoudre par une simple décision en faveur d'une éthique des obligations concrètes de la vie et d'une faculté du jugement moral qui s'y enracine. D'autre part, on ne saurait nier le bien-fondé des arguments qui critiquent la fondation de l'éthique dans une norme fondamentale sur la base d'une analyse mettant en relief des traits de la conscience morale elle-même qui s'avèrent incompatibles avec cette norme. Nous nous sommes d'abord efforcés d'invalider le soupçon que la fondation de l'universalisme dans l'éthique puisse être motivée par l'intérêt de persistance d'un tel ordre ou par la stabilisation de notre propre identité. Il semble qu'il s'agit maintenant d'un autre type de critique qu'on pourrait avancer contre une éthique de la norme fondamentale. Elle montre que l'orientation sur la norme fondamentale à elle seule n'est pas suffisante pour éviter le risque d'aboutir à une espèce d'autisme moral. La façon dont se forment de telles attitudes pourrait bien être motivée, en dernière analyse, par le souci du statut moral de l'acteur, donc de l'acquis d'une qualité personnelle particulière. Mais cette motivation, pourrait-on dire, est incompatible avec le caractère obligatoire de la norme qui est présupposée par une façon d'agir comme telle. En effet, l'intention de la conscience morale ne serait plus concentrée sur la justesse de l'agir mais sur la moti-
127 vation | qui amène l'action à viser à une qualité qu'on peut acquérir par une telle justesse. Ce faisant, elle perdrait sa comparabilité avec la rationalité de la connaissance et prêterait le flanc à l'accusation de vanité morale.

Ainsi il faut donc tenter de maintenir d'une part l'analyse qui attribue à la conscience morale la connaissance d'une norme morale, sans être obligé d'autre part à accepter les conséquences élaborées par la critique d'une éthique de la norme fondamentale. Ce qui exige évidemment un retour ultérieur sur le cadre philosophique général dans lequel se situe la fondation de l'éthique.

La conscience morale concerne l'agir d'une personne. Quant à sa constitution, cette conscience correspond à la forme fondamentale de la subjectivité sans pouvoir en être dérivée. En vertu de la conscience morale, le sujet acquiert donc, comme nous pouvions le dire, une compréhension approfondie de lui-même. Cette mise en relation nous fait comprendre pourquoi, dans cette compréhension, la personne peut être menée encore *plus loin* par la conscience morale *elle-même*, et ce, même si celle-ci prend conscience des limites de son propre rapport à la norme fondamentale et à ses applications. Une telle limite se manifeste lorsqu'un agir qui s'oriente uniquement sur la norme fondamentale n'est pas à même d'accomplir parfaitement la tâche du développement d'une attitude et d'une motivation morales qui découlent de la norme même. Ainsi, c'est précisément l'orientation sur la norme qui renvoie la personne en même temps *au-delà* d'elle-même.

On peut donc dire que la conscience de la norme est la première source de lumière de la vie morale qui, sans jamais s'éteindre, nous amène en même temps au-delà d'elle-même et fait surgir autre chose qu'elle. Dans l'expérience morale de son attitude envers la norme fondamentale et | dans **128**
la formation d'une intention sous sa direction, la personne est *amenée* à reconnaître des contenus moraux propres dans des formes de solidarité plus concrètes et aussi dans la responsabilité pour les conséquences générales de son agir. On ne peut y satisfaire qu'en modifiant et élargissant aussi l'intention de l'agir par rapport à l'orientation exclusive sur la norme fondamentale.

Avec l'approfondissement de la conscience morale, c'est la personne tout entière, y compris la sphère de sa vie et de son agir dans le monde, qui est incluse dans la perspective élargie sur elle-même que la conscience morale a fait surgir dans l'autocompréhension du sujet. Désormais, cette sphère dépasse le domaine d'application de la norme fondamentale; elle est le domaine dans lequel se remplit l'intention de la conscience morale. Ainsi on arrive à l'instauration d'un nouveau, deuxième degré dans le déploiement de la conscience morale.

Or il est bien évident que la vie de la personne se réalise *de toute façon* dans des relations et des solidarités personnelles. Celles-ci ne sont pas en elles-mêmes le fondement de la conscience morale, mais elles sont fondées dans et limitées à la genèse naturelle de l'espèce et le processus de l'intégration sociale. Toutefois, elles acquièrent une teneur morale du fait qu'elles seules sont à même de corriger la conscience morale de ses défauts et que c'est en elles seulement que peut s'accomplir la transformation et le développement qui s'enracine dans sa propre constitution.

L'approfondissement et l'autocorrection qui s'accomplissent ainsi dans la conscience morale ne reviennent donc nullement à renoncer à la norme morale fondamentale et à la considérer comme une fiction ou une

généralisation a posteriori d'un comportement déjà préformé. Même après l'approfondissement, il reste la tâche de se demander dans quelle mesure il faut accorder la préséance aux solidarités concrètes de la vie par rapport à
129 ce que la norme fondamentale | exigerait. Même si une telle solidarité nous amenait à aller à l'encontre d'une obligation générale, cela ne ferait pas disparaître pour autant son statut d'obligation. De la même façon, celui qui est concerné par une telle infraction ne devient pas quelqu'un d'autre et de complètement indifférent du point de vue de la morale pour la simple raison que l'infraction apparaît tout à fait inévitable. Dans la conscience morale approfondie, il sera, comme tout être humain, compris et perçu en tant que personne qui s'est réalisée comme telle dans ses propres solidarités. Seulement dans l'interaction de la base naturelle avec ce qui est fondé dans la dynamique de la conscience morale, les sujets et les individus naturels apparaissent dans la perspective qui leur permet de coïncider dans la personne.

C'est pourquoi les droits de l'homme et le droit de l'homme d'être respecté en tant que personne ne sont pas, du point de vue moral, des droits de sujets du même type et donc dépourvus de profil. Il faut les considérer comme fondés dans le respect des personnes dans la concrétion de leurs obligations de vie propres. C'est ainsi précisément que le postulat universel du respect de la dignité de l'homme, qui découle comme une conséquence de la norme fondamentale, cesse de faire figure d'abstraction éloignée de la vie et pauvre en contenu.

Ainsi nous voyons comment le cadre philosophique à l'intérieur duquel nous avons déterminé le lieu et l'origine de la conscience morale explique pourquoi cette conscience exige un élargissement et un approfondissement qui sont fondés en elle-même. Ce déploiement ne fait que suivre une conséquence déjà présente en elle, tout en faisant surgir une nouvelle tension : celle de l'équilibre nécessaire entre la concrétion morale de la vie d'une personne et son rapport aux principes, qui correspond à la forme fondamentale dans la constitution du monde par le sujet. Il faut voir maintenant comment cette dynamique particulière s'intègre dans la dynamique plus générale de la vie consciente pour la modifier.

130 | 6. LA SIGNIFICATIVITÉ DE LA VIE

Chacun sait que la morale ne constitue pas la totalité mais seulement une *partie* de la vie humaine. Toutefois, il ne s'agit pas d'une partie *quelconque*. Nous savons également que dans certaines situations d'agir, elle revêt une importance exceptionnelle et incomparable. Ainsi, elle peut déterminer notre vie tout entière. Cela s'explique par la position que la conscience morale peut acquérir dans la dynamique de la vie.

Nous avons vu que la vie consciente, en deçà de sa moralité, s'efforce de se situer par rapport à trois dimensions : comme sujet dans la constitution et la modification de son monde, dans la conscience de l'inaccessibilité de sa propre origine et comme personne agissante dans la formation d'identités qu'il s'agit de mettre en équilibre. L'interaction de ces trois mouvements expose la vie à la question que tout le monde connaît sous la forme de la "question du sens". Nous l'avons formulée de la façon suivante : y a-t-il, entre ce qui est à la base de tout ce dont l'homme peut savoir quelque chose et sa propre vie, une relation telle que, grâce à elle, cette vie peut se considérer placée sous une affirmation qui la distingue d'un fait parmi tous les autres faits ? Ou cette vie est-elle un simple fait "aveugle" (que rien n'éclaircit) comme n'importe quel autre, dont la réalisation est régie par des lois universelles de telle sorte que le singulier seul est tenu de lui attribuer une significativité *pour lui*, y compris les quelques autres personnes dont la vie a trouvé un ancrage dans la sienne ?

Toutes les religions et la plupart des doctrines de vie expriment une affirmation fondamentale et déterminent d'une certaine manière une telle relation affirmatrice non seulement entre les hommes, mais aussi entre la vie singulière et le tout. Elles ne le feraient pas de la même façon si elles | ne 131
savaient pas que les pensées de la vie consciente incluent toujours la peur et le soupçon qu'une telle affirmation puisse s'avérer vaine, au même titre que l'effort incessant de s'en assurer. Ainsi on peut se demander si, en deçà de l'obligation par des textes et des fondateurs sacro-saints, une recherche réfléchissante qui, de ce point de vue, se trouve pourtant en accord avec la religion, peut avoir la même force de conviction que celle-ci.

Dans la vie agissante des personnes, le conflit entre ces deux possibilités n'est présent que de façon souterraine et dépasse rarement le stade initial de sa possible solution. Mais ce sont bien les résistances et les pertes connues par cette vie, ainsi que la fragilité de tout équilibre d'identités auquel elle peut arriver, qui donnent une impulsion particulièrement forte à expliciter et à résoudre ce conflit. Nous connaissons aussi des moments lucides de l'ouverture d'une perspective sur une intuition dans laquelle l'une ou l'autre des possibilités contradictoires se présente dans une évidence cristalline qui reste inoubliable. Mais la vie s'achève rarement dans un tel moment. La profondeur dans laquelle s'enracine la fondation des deux possibilités contradictoires exige en outre qu'une compréhension définitive ne dépende pas à cent pour cent de l'ouverture d'une telle intuition momentanée. Il faut bien arriver à une compréhension de l'origine des deux perspectives de la vie et à une conscience fondamentale susceptible d'accorder une place à chacune d'elles. Les religions développées et les grandes philosophies ont été à la hauteur de cette tâche. Pour le dire avec une formule de Hegel, on pourrait la définir en disant que la connaissance du tout doit surgir du désespoir qui se porte lui-même jusqu'à son propre auto-achèvement.

Mais quel est l'effet de la dimension morale de la vie sur cette
132 dynamique de compréhension plus englobante? Elle | est en elle-même subdivisée en échelons entre lesquels elle fait naître une tension mutuelle. Cela n'empêche pas pour autant qu'elle accroisse la stabilité de toute la vie, surtout quand la subjectivité répond à son exigence de changer d'attitude pour un autre *motif* que celui de profiter de cet accroissement. C'est précisément l'incommensurabilité de la justesse morale par rapport à tous les autres intérêts qui limite le poids de ces intérêts, en permettant ainsi une estime de soi même après que l'équilibre d'identités a échoué. Elle n'est nullement identique au bonheur et à la vie réussie et peut même prendre la forme d'une résignation, mais elle reste inattaquable pour toujours.

Une telle estime de soi n'est pas non plus détruite si la réponse nihiliste commence à prendre le dessus dans le conflit dans lequel nous place la question sur l'affirmation fondamentale de la vie. Dans la conscience morale, la vie consciente acquiert une connaissance d'elle-même. Cette connaissance ne serait pas falsifiée si l'être-soi demeurait sans fondement à l'égard de l'affirmation de sa correspondance au tout dont il surgit, et que son autocompréhension restait ainsi dépourvue de toute garantie indépendante de lui-même. Néanmoins il faut comprendre que si la vie n'avait aucune chance de parvenir à une affirmation fondamentale, la conscience morale elle aussi pourrait être sujette à un soupçon de fiction général. Etant donné que cette conscience ne doit pas provoquer le changement d'attitude d'agir dans la vie à titre de force d'agir facticielle, mais seulement à travers l'exigence de la norme, le soupçon que la norme puisse être projetée dans l'individu par un mécanisme incompris pourrait étouffer tout effort de changer d'attitude. Cela risque de donner origine à et même faire souhaiter une attitude qui se soustrait à la norme, sous prétexte qu'elle y est insensible.

133 | Mais là où, dans la vie, la conscience morale n'est pas ainsi encapsulée et amputée, elle acquerra une signification pour la compréhension fondamentale de la vie dans son ensemble. Il faut cependant être prudent en procédant à son interprétation. Car même des penseurs de premier ordre, tel que Kant, ont eu tendance à tirer des conséquences hâtives d'une grande portée du caractère inconditionnel qui caractérise la norme fondamentale

morale. Car, comme nous l'avons déjà dit, on ne peut pas affirmer que la conscience morale comme telle exclut la possibilité de l'hypothèse que la vie consciente puisse, dans son fondement, rester sans aucune chance d'obtenir une garantie et une affirmation. Dans cette conscience, le sujet acquiert en effet une connaissance sur *lui-même* et non pas sur son fondement. La conscience morale constituerait un vrai point de part pour l'éclaircissement de ce fondement si nous étions obligés d'assumer que la norme du bien est validée par ce fondement à travers un acte supplémentaire, en vue de la conscience morale qu'il constitue. Ce faisant, on aurait dissout le lien intrinsèque entre la subjectivité et la conscience morale. Il faut assumer que la force d'obligation de la norme est tout entière fondée dans ce qui *constitue* le sujet comme tel. Pour cette raison, la question de savoir comment il faut penser le fondement de la subjectivité ne reçoit donc pas de réponse de la validité de la norme. C'est pourquoi une vie conforme à la bonne volonté reste toujours possible sur l'arrière-plan d'une image obscurcie du monde. Une telle vie porte à son terme ce que nous savons être essentiel à la vie consciente, et elle se calme dans l'expérience d'un sens qu'elle tire exclusivement d'elle-même, pour et devant les autres personnes qui mènent leur vie avec elle sous le même mode de compréhension. Personne n'a donc le droit de soupçonner d'immoralisme quelqu'un qui a tiré un bilan nihiliste de la vie.

| S'il était possible de conclure de la conscience morale au fondement de 134
la subjectivité tout entière, cette conclusion devrait se tirer selon le modèle d'une connaissance théorique. En tant que telle, elle serait en contradiction avec toutes les raisons qui prouvent que ce fondement n'est pas connaissable. Certes, même un rapport de fondation qui met en relation des pensées sans prétention à la connaissance doit respecter la règle selon laquelle le fondement doit être pensé dans une relation adéquate à ce qui est fondé. D'une manière ou d'une autre, il faut donc assumer que le fondement contient aussi la capacité à faire naître un sujet dans lequel se fonde à son tour la conscience de la norme morale. Mais il ne s'ensuit pas que la validité de la norme découle du fondement même, tout comme la capacité du fondement à faire surgir un sujet capable d'une pensée réglée et sémantiquement orientée ne permet pas de conclure qu'une telle pensée se réalise déjà dans le fondement lui-même. La condition d'adéquation pour le rapport de fondation permet seulement de conclure que le monde tel que nous le connaissons et le concept de matière conçu par notre science physique ne seront jamais en mesure de fournir une explication adéquate de la vie consciente. Quelle que soit l'interprétation des théories de ces

sciences elles-mêmes, elles ne contiennent rien qui puisse rendre intelligible la naissance d'une intelligence consciente d'elle-même.

Mais il y a d'autres raisons encore qui, à travers la conscience morale, ont une influence sur l'autocompréhension de la subjectivité, au point de lui donner une orientation d'ensemble. Il ne s'agit pas de conclusions tirées à partir du fait de cette conscience. On peut les expliquer plutôt comme des motifs provenant de réflexions et d'expériences morales pratiques, qui nous amènent à formuler et à accepter des assomptions concernant la
135 constitution du monde dans lequel existent des sujets. Leur rôle dans | la philosophie se laisse ramener à Platon et ensuite à Rousseau.

Un tel motif naît de la crainte que tout l'effort de la bonne volonté, même de celle qui respecte sa responsabilité, puisse rester sans résultat. Un autre motif s'appuie sur l'indignation face à l'impression que, dans le destin des hommes, il n'y a pas d'égalisation réparatrice du hasard et de la simple force d'auto-affirmation. Celui qui poursuit sérieusement un but ne peut pas être convaincu en même temps qu'il ne pourra même pas s'en approcher. Quiconque agit donc par responsabilité morale ne peut pas partir de l'idée que ce but n'est favorisé par rien dans ce monde et que tout lui fait obstacle. Celui qui voit des hommes, voire des enfants, souffrir ou être tués pour satisfaire le désir de quelqu'un doit, en tant que personne morale, vouloir qu'il lui soit possible de réagir à cette situation autrement que par des considérations résignées sur le cours du monde dans lequel les vies des victimes et celles des bourreaux sont des faits en fin de compte tout aussi vides de sens les uns que les autres, sauf que c'est l'un qui souffre alors que l'autre réussit à parvenir à l'accroissement du désir qu'il poursuivait. Celui qui suppose autre chose manifeste par là même la foi, aussi timide soit-elle, en une concordance entre les vies humaines et une espèce d'ordre de sens dans la structure du monde.

Les réflexions qui nous amènent à de tels résultats sont nourries uniquement par des motifs qui ne surgissent que de la conscience morale seule. Elle aboutissent pourtant à des pensées de type métaphysique : le fondement qui rend possible notre vie et le tout dont ce même fondement fait partie sont désormais mis en relation avec le monde dans lequel vivent les hommes, et il est compris comme le fondement d'un ordre de sens dans ce monde. Dans un tel monde, nos buts finis seraient en conformité avec le cours du monde dans son ensemble. Dans un tel monde, des vies qui périssent apparemment inachevées et dans la misère vitale pourraient être
136 | cautionnées par une affirmation qui, comme telle, peut se rencontrer aussi dans chaque vie. Même si elles s'achèvent définitivement, elles ne sont pas

perdues pour autant. Quel que soit le sens précis de cela, tout laisse à penser que, à bien y réfléchir, nous devons réellement penser de cette façon.

De toute évidence, les motifs qui font naître une méditation réfléchissante à partir de la conscience morale se trouvent donc en relation avec une autre méditation qui domine toute la dynamique de la vie consciente, de telle sorte qu'ils favorisent l'une des deux alternatives opposées dans le conflit des réponses à la question sur la significativité de la vie : ils nous rendent prêts à reconnaître que la vie humaine possède une significativité efficace. Si la vie suit uniquement la voie de compréhension à partir de la conscience morale, il ne lui reste que la question de savoir s'il réussira à donner à cette significativité une expression suffisamment claire, décisive et touchante pour la vie dans la totalité de sa conscience pour qu'il lui soit possible, non seulement de se mettre dans cette perspective mais de se considérer lié par elle dans sa compréhension de soi en toute circonstance et contre toutes les dissuasions – d'arriver donc à une connaissance claire de soi-même dont il peut à tout moment rendre raison devant soi-même et devant les autres.

Le pacte entre le souci de la vie et les motifs enracinés dans la conscience morale nous permet de comprendre la puissance de la dimension religieuse dans l'histoire des cultures de l'humanité. Pour les religions, une doctrine morale et une doctrine générale de la vie vont toujours de pair. Leurs doctrines déclarées obligatoires devaient toujours être conçues de façon à permettre d'y ajouter une compréhension approfondie de la dynamique de la vie humaine. Dès qu'elles n'en avaient plus la
force, le bilan nihiliste de la vie pouvait aussi gagner | la sphère de la culture 137
publique. Certes, comme nous le montre l'exemple de Nietzsche, ce bilan était très souvent supplanté et modifié par une affirmation de la vie conçue sous une autre forme. Pour elle – comme d'ailleurs pour les religions elles-mêmes – la possibilité de tirer un bilan nihiliste n'était plus qu'un stade de *transition* nécessaire pour une affirmation de la vie désormais crédible. Dans l'histoire de la culture, sont très peu nombreux les auteurs qui excluent toute affirmation de la vie, tout en essayant de gagner une vision d'ensemble et d'éclaircir la dynamique de la vie tout entière pour dire ensuite ce que cela signifie que de mener sa vie à la lumière d'un tel bilan. Leopardi et Albert Camus font partie de ces quelques auteurs, mais ils n'ont précisément pas procédé à une destruction de la conscience morale pour autant. C'est un fait remarquable et une confirmation supplémentaire de la mise en relation de la subjectivité et de la moralité, que nous avons développée ici.

Ce qui caractérise notre époque, c'est de considérer le bilan nihiliste de la vie comme allant de soi, mais en le banalisant et en prétendant pouvoir rester complètement tranquille face à cette situation. Elle ne fonde ni ne proclame plus ce bilan, elle le pratique et le suggère à travers des styles de vie faussement relaxés et des mondes d'images et de signes à couper le souffle, qui semblent couper court à toutes les questions sur la significativité et en abandonner les conséquences à leur dynamique propre. Les doctrines traditionnelles qui avaient conféré à la vie une dimension de son affirmation sont déracinées par cette façon aussi puissante que muette d'esquiver et de souspasser le problème. C'est pourquoi il est devenu impossible de commencer le débat public immédiatement avec la tentative d'une affirmation d'une perspective de vie. Toutes les tentatives importantes de notre temps d'envisager de façon affirmative la question du sens,
138 qui naît au sein même de la vie, ont dû se rendre à l'évidence | et commencer par un diagnostic profond du présent et de ses tendances nihilistes dominantes. Un tel diagnostic ne peut être convaincant qu'à condition de mettre en lumière les racines du bilan nihiliste dans la vie consciente elle-même. Mais dans ce même contexte se posent également toutes les questions philosophiques fondamentales dont nous traitons dans ces leçons.

À la différence de la façon dont se présente la culture publique, pour la conscience des hommes dans leur vie quotidienne, ni le bilan affirmatif ni la conclusion nihiliste ne peuvent devenir une simple évidence. La menace d'une perte de sens définitive lui apparaît également comme une possibilité toujours présente et jamais à exclure avec certitude. Dans l'agir quotidien, le conflit des tendances visant à une compréhension définitive doit être maintenu à l'arrière-plan de la réalisation de la vie, avec l'espoir de n'avoir pas à assumer ce conflit délicat. Mais chaque homme sait presque avec autant de certitude que celle avec laquelle il possède la connaissance de soi la plus générale que sa vie peut et devra sans doute se trouver dans des situations qui l'exposent à ce conflit sans aucune protection et dans lesquelles toute attitude d'indifférence s'écroule. C'est pourquoi les hommes, dans leur vie réelle, ne peuvent pas se déclarer d'accord avec l'ignorance publique apparemment tranquille à l'égard de la méditation réfléchissante sur une affirmation de la vie. Ils le peuvent d'autant moins si, dans leur cercle de vie plus restreint, ils ont fait des efforts pour parvenir à une pratique morale approfondie sans pouvoir en contrepartie s'attendre à une récompense en termes de statut. Cette tension explique en grande partie la crise de la vie publique dans les états industrialisés occidentaux et les résistances et le rejet que leur mode de vie suscite dans d'autres sphères culturelles, même si celles-ci essaient d'arriver au même niveau de prospérité.

| Mais nous savons aussi à quel point il est difficile de tirer un bilan de 139
vie définitif dont le profil ne soit pas esquissé par une religion ou, mieux encore, expliqué et vécu de façon imposante au cœur même de l'époque. Cela est d'autant plus difficile, une fois que les tensions nombreuses qui se manifestent dans la dynamique de la vie sont devenues évidentes et que dans un tel bilan, il n'y a aucune décision préalable concernant l'une de ces options. Personne ne peut croire posséder fermement un tel bilan, à moins de l'avoir d'abord mis à l'épreuve dans des situations extrêmement difficiles. Etant donné qu'il ne peut pas acquérir sa stabilité sur le mode de la connaissance théorique, il devrait sans doute surgir des tentatives d'autocompréhension orientées en directions inverses. Dans la vie déréglée de nos jours, aucune de ces tentatives n'est interdite. Par contre, on nous suggère de ne croire au sérieux ultime d'aucune d'entre elles. D'ailleurs, ces tentatives peuvent s'entrelacer mutuellement et se compliquer, au point de constituer un tourbillon.

La conscience morale est touchée par une telle situation, sans jamais en être complètement minée. Elle en est touchée au moins pour deux raisons : elle est immédiatement liée à un éclaircissement de l'homme sur lui-même en tant que sujet. De ce fait, elle est sensible à chaque réponse aux questions sur le fondement et le sens, qui sont enracinées dans le sujet, mais également très sensible à une situation dans laquelle toute réponse semble suspendue et où un accord muet vise à exclure toutes ces questions pour de bon. Elle est également touchée parce qu'elle doit désormais toute seule porter à terme les tensions qui naissent en elle-même, sans pouvoir recourir à des doctrines de vie qui ont l'appui public et se trouvent en conformité avec la conscience du temps.

Mais la conscience morale n'est pas seulement fondée dans la
conscience | d'une norme pour l'agir, qui peut être trompée mais non pas 140
dissoute. L'éclaircissement sur soi qu'elle confère au sujet deviendra ainsi une partie de son image de soi et peut, en même temps que la norme, conférer une stabilité à la vie consciente même dans de telles conditions publiques, stabilité dont la constitution est différente de celle de tout autre équilibre d'identités. Aussi plausible que la situation publique puisse le faire paraître de déclarer l'image de soi une illusion et de la corrompre – il faut s'attendre à ce que son efficacité se démontre et se confirme toujours à nouveau dans la vie de tout un chacun et en particulier dans la vie des soi-disant "gens simples".

Pourtant, nous avons vu aussi que la conscience morale à elle seule et même son déploiement interne ne sont pas à même d'arriver à un bilan ultime de la vie. Des hommes peuvent tirer un tel bilan sans le prononcer ou le mettre en relation avec la dynamique de la vie dans son ensemble. Mais si cela se produit réellement, l'autocommunication d'une vie entre déjà dans le champ de gravitation dans lequel la philosophie essaie ou devrait essayer d'obtenir et de donner une orientation. Un tel bilan devra considérer et pondérer toutes les approches qui peuvent avoir une influence sur la dynamique de la vie. S'il considère que la vie est cautionnée par une affirmation donatrice de sens, il tâchera toujours de comprendre également pourquoi cette vie doit se dérouler dans une dynamique susceptible de la pousser jusqu'à la confusion ou à la trivialisation qui est censée la protéger de cette confusion.

Si une telle compréhension est mise dans une forme conceptuelle suivant une démarche rationnelle explicite, elle a par là même assumé la forme de philosophie. Jusqu'ici, y compris dans cette troisième leçon, il s'agissait d'expliquer, sur une base méthodique visant à réunir la philo-
141 sophie transcendantale et la philosophie de l'existence, la | constitution et la dynamique de la vie consciente, ainsi que les dimensions dans lesquelles se réalise son autocompréhension. Dans la cinquième leçon, nous nous interrogerons sur les idées d'un tout, qui sont en même temps des idées concernant le fondement de la subjectivité. De telles idées doivent avoir ceci en commun avec les pensées enracinées dans la conscience morale qu'elles ne sauraient prétendre au titre de connaissance, sans être arbitraires pour autant. En outre, elles doivent se distinguer d'un concept de monde qui, à l'instar de notre concept de monde primaire, présuppose un sujet sans être en mesure d'intégrer des sujets dans sa structure. Elles doivent donc être des idées d'un tout qui comprend la subjectivité en même temps que la dynamique qui la fonde, mais de telle sorte que l'homme acquiert ainsi la possibilité de se comprendre lui-même comme affirmé dans ce monde en tant que sujet et en tant que personne morale.

| CHAPITRE IV 143

LA SUBJECTIVITÉ AU CŒUR DE L'ÊTRE-AVEC

1. FONDATION TRANSCENDANTALE

Dans les trois leçons précédentes, nous avons esquissé par grands traits ce qui constitue la vie humaine dans la mesure où elle se réalise comme connaissance de soi. Les leçons ont également commencé à déployer, à partir de cette base, une image différenciée de sa vie consciente. Cette esquisse devait d'abord être conçue comme statique : la constitution intrinsèque d'une connaissance centrée sur la connaissance de soi d'un singulier fait surgir une double protention – la protention de la connaissance vers la totalité d'un monde et la protention en sens inverse visant le fondement de la subjectivité. Ce fondement ne devient pas accessible sous forme d'une connaissance et encore moins d'une connaissance portant sur ce qui est réel dans le monde. Cependant, en dernière analyse, il doit être également mis en rapport avec la totalité à laquelle on accède dans la connaissance du monde.

L'esquisse implique donc de façon immédiate que la subjectivité ne peut rester limitée à la staticité de cette image. Le dédoublement de la protention et la tâche de réunir ses directions inverses implique déjà que la subjectivité se réalise dans une dynamique qui continue de se différencier sous des formes multiples. Le monde comme tel doit être projeté, et ce qu'il inclut doit être approprié ou exploré. Le fondement de notre propre vie fait l'objet de pensées qui sont en conflit les unes avec les autres. Elles constituent le noyau autour duquel pourrait se construire un bilan global de la vie, c'est pourquoi leur évidence change avec le changement de la disposition fondamentale de la vie et de ses situations. | De toute façon, la vie ne réussit 144
à unir le fondement et le monde que sous forme d'esquisses dont la subtilité

dépasse presque toujours la capacité de la vie à en rendre raison, devant soi-même et autrui, à travers des arguments.

Tout cela n'exprime que le minimum de ce qui constitue la dynamique de la vie consciente dont l'image a déjà été élargie et différenciée dans les leçons précédentes. Dans la deuxième leçon, le point de départ était la singularité du sujet, qui l'amène à se positionner soi-même dans son monde. Dans ce contexte, il fallait spécifier l'activité du sujet jusqu'à l'agir du sujet en tant que personne. La troisième leçon devait reprendre cet aspect dans la mesure où son thème, la conscience morale, ne pouvait être traité de façon satisfaisante qu'en mettant la personnalité de l'agir en rapport avec l'inaccessibilité du fondement de la subjectivité. Cela nous a permis de comprendre une autre dynamique propre à la conscience morale, qui empêche de limiter l'éthique à une explication unidimensionnelle de cette conscience.

Pendant nos recherches, nous avons déjà envisagé de différentes façons les relations de l'homme en tant que sujet à son prochain. Dans cette leçon, nous tâcherons d'introduire les modes de l'être-avec dans un ordre qui en montre la connexion avec la subjectivité de l'homme, mais qui nous permette de montrer en particulier la présence de la subjectivité *dans* les modes de l'être-avec. Nous commençons par une argumentation transcendantale qui prend pour point de départ une présupposition fondamentale de toutes nos recherches précédentes.

Déjà auparavant, la subjectivité n'a pas été seulement comprise et présupposée comme condition de constitution formelle de la connaissance,
145 mais comme condition | d'un sujet singularisé. Seul un homme singulier peut avoir un prochain, seul un sujet singulier peut avoir, selon l'expression philosophique, un “alter ego”. La façon dont le sujet est connaissant et possède une connaissance de soi peut être distinguée de sa concrétion pour faire l'objet d'une recherche elle aussi conçue de façon transcendantale. Mais elle ne devient connaissance qu'en tant que connaissance d'un sujet singularisé.

Le mode de connaissance du sujet en tant que singularisé n'est pas seulement la condition indispensable pour qu'on puisse parler d'un être-avec d'une multitude de sujets. Elle est aussi la condition suffisante pour que chaque sujet puisse développer, à partir de lui-même, des pensées qui ont trait à sa coordination avec d'autres sujets, de façon à devenir un sujet à côté des autres. C'est le degré minimal à l'intérieur d'une multitude de formes possibles de l'être-avec. Avec une telle connaissance, on n'est pas encore entré dans une relation à des singuliers réels. On a seulement obtenu un fondement grâce auquel ces relations, dans toute leur diversité, peuvent se réaliser ou être nouées.

Les conditions à partir desquelles cette connaissance de la singularité du sujet se construit constitueraient à elles seules un champ de recherche à part entière. Dans cette recherche, il faudrait développer les aspects suivants : au même moment où surgit la connaissance de soi dans laquelle le sujet se constitue comme tel, il faut employer aussi l'idée de singularité avec toutes ses implications. Elle doit même être à notre disposition depuis longtemps quand l'enfant apprend à se positionner à l'égard des autres en utilisant le mot "je". Cela paraît plausible si l'on tient compte du fait que la relation à soi connaissante, dans la mesure où elle demeure la même pour tous les cas de pensée, est toujours accompagnée de la constitution d'un monde. Dans la relation à ce monde, nous distinguons toujours déjà des singuliers par rapport à d'autres singuliers. Mais ce faisant, le sujet qui établit
ces distinctions, | lui aussi, se distingue lui-même de ceux qu'il distingue les 146
uns des autres. Il ne pourrait le faire s'il n'était pas aussi compris en lui-même, c'est-à-dire dans sa relation à soi, comme un singulier.

Or, rien dans sa relation à soi n'indique qu'il ne peut y avoir qu'un seul singulier qui existe dans une telle relation à soi connaissante, comme, par exemple, l'idée de la montagne la plus haute, de la totalité des choses ou aussi du soi-disant "moi absolu" implique l'unicité. Si tant est que de telles choses existent, elles ne peuvent se réaliser qu'une seule fois. Mais si le sujet, pour des raisons conceptuelles, n'est pas déjà un tel individu exclusif, sa relation à soi connaissante implique comme telle l'idée d'un ordre quelconque dans lequel une pluralité de sujets puissent coexister. Cette idée est abstraite et, en tant que telle, inaccessible à toute intuition, ce qui fait qu'elle ne se formera que dans l'expérience d'un être-avec réel. Mais elle est intrinsèquement et essentiellement liée à l'être-pour-soi des singuliers. C'est ce dernier et non pas des expériences dans toute la gamme de leur variabilité qui fonde, en dernière analyse, tout lien entre l'être-soi et l'être-avec, lien qui ne peut être suspendu par aucune abstraction ultérieure qui dégagerait la conscience d'un Moi absolu et partant nécessairement solitaire.

Les leçons précédentes sont toutes parties de cette implication. Mais elle ne permet pas encore de conclure qu'un tel ordre de coexistence des sujets se réalise dans le même monde auquel le sujet lui-même accède parallèlement à sa relation à soi connaissante. On pourrait toujours s'imaginer qu'un monde ne peut devenir accessible que pour un seul sujet à la fois, avec pour conséquence qu'il y aurait autant de mondes qu'il y a de sujets distingués les uns des autres dans un ordre quelconque.

147 | On a fait un pas vers l'être-avec de sujets dans un seul et même monde en réfléchissant aux raisons qui permettent de conclure qu'un sujet doit se *positionner* lui-même dans son monde. Que cela doit se produire en même temps que le surgissement d'une connaissance de ce monde découle déjà du fait qu'il est impossible de saisir d'un seul coup ce tout qui constitue un monde, y compris tout ce qui est contenu en lui. En contemplant le tout sans choix ni perspective, le sujet ne serait plus le même à travers les différentes phases de sa relation au monde. Il entrerait dans la même constance qui est impliquée dans l'idée du tout comme tel, et ainsi il ne serait plus le même sujet dans la multitude indéterminée des états de sa connaissance orientée vers le monde. Or le tout du monde ne se laisse pas saisir de façon intuitive comme une image d'un format énorme. Le monde comme totalité dépasse nécessairement toute totalité intuitive. Il faut ajouter tout de suite qu'on ne conçoit le sujet de façon adéquate qu'en lui attribuant une séquence *déterminée* de ses états épistémiques par rapport au monde qu'il anticipe pourtant dans ses pensées toujours déjà comme un tout. Dans un premier sens, c'est à travers cette séquence que le sujet se positionne par rapport au tout du monde.

Cela implique aussi qu'une tout autre séquence d'états de relation au monde, et plus précisément, au même monde, serait possible. Ce même monde devrait donc être compris d'une tout autre façon et la séquence de compréhension déterminée d'un sujet devrait être distinguée d'autres séquences de compréhension très différentes et néanmoins coordonnées. Par rapport à celles-ci, on pourrait toujours penser qu'il ne s'agit que d'alternatives dans la relation au monde pour un seul et même sujet solitaire qui ne
148 serait à même de réaliser qu'une seule | des séquences de compréhension du monde dont il est en principe capable. Mais il n'y a aucune raison qui empêcherait de comprendre ces alternatives comme les possibilités d'une relation au même monde, qui doivent être réalisées par un sujet à chaque fois *différent*. Car tout sujet est définitivement *lié* à un seul chemin à travers ce monde. Tout en entrevoyant la possibilité d'autres chemins de compréhension, le sujet ne peut la concevoir comme réalisée que par d'autres sujets dont la constitution ressemble à la sienne. Par conséquent, le sujet se rapportera à d'autres sujets comme à ceux qui accèdent au même monde par d'autres chemins mais dont il peut penser qu'ils auraient pu être les siens.

Ainsi nous sommes arrivés au point qui nous permet d'envisager le grand thème philosophique de la relation entre le temps et la subjectivité. Car non seulement la séquence de compréhension du monde est temporelle; le rapport à d'autres chemins d'accès au monde, qui auraient pu être les nôtres, exige déjà l'unité d'un seul temps pour tous les sujets d'un monde. Quelle que soit la conclusion par rapport au sujet, que la réflexion labyrinthique sur le temps nous permet de tirer, nous pouvons faire passer le chemin de la compréhension de l'être-avec des hommes à côté de ce labyrinthe.

Que le sujet doive se positionner à l'intérieur de son monde ne signifie pas seulement qu'il est toujours obligé d'accéder à ce monde dans une séquence déterminée et qu'il doit s'approprier tout les contenus mondains selon cette même séquence. La séquence n'est pas seulement organisée comme la séquence de démarches dans un schéma déductif, elle dépend aussi d'une certaine *position* au sein de la totalité du monde, position à partir de laquelle le sujet a trouvé accès au monde dans son ensemble.
Le sujet | comme tel est le fondement grâce auquel le tout peut devenir **149**
l'horizon à partir duquel toutes les situations particulières peuvent être comprises. De ce point de vue, il faut dire que le sujet se trouve face à son monde. Et pourtant, cet horizon n'est projeté et efficace dans son ouverture de tout ce qu'il rencontre que si le sujet s'attribue aussi une position à l'intérieur de son propre monde. L'ordre séquentiel dans la construction de ses relations à ce que le monde comprend doit être compris comme se formant par rapport à cette position dans le monde.

Il s'ensuit aussi que cette position est nécessairement *déterminée*. Elle est tout aussi peu à la disposition du sujet que la forme de la construction de son monde en général. Dans le monde humain, cette position est déterminée par le corps de la personne dans l'espace et dans le temps. Chaque sujet, quelle que soit son espèce, qui se trouve en relation à soi-même de la même façon que nous-mêmes, à savoir en trouvant accès à un monde, doit donc être positionné dans son monde à travers une quelconque sorte de corps – quelle que soit la forme concrète de ce monde et quelles que soient les lois qui régissent en lui la corporéité. Cela détermine déjà ultérieurement la façon dont plusieurs sujets peuvent être réels dans le même monde et dans quelles conditions fondamentales les modes de leur être-avec doivent se former.

Ce même fait explique comment des sujets ne précèdent pas seulement leur projet d'un monde mais se trouvent en relation à eux-mêmes à l'intérieur de l'horizon de leur projet d'un monde et donc en tant que contenus du monde. Leur relation à soi dans la connaissance n'est certes pas rendue directement possible par la connaissance que possède la personne de son propre corps. Au contraire, pouvoir parler de son "propre" corps présuppose déjà une telle relation à soi. Dans la mesure où des sujets sont conscients de la condition et de la séquence dans la formation de leur
relation au monde, ils s'attribuent eux-mêmes un corps. Ce faisant, | ils **150**

prennent connaissance d'eux-mêmes en tant que contenu mondain parmi tous les autres. Mais ils ne *sont* pas ces corps, ils ne sont qu'incarnés. Le verbe "incarner" donne cependant la fausse impression qu'il faut s'imaginer cette relation comme le résultat d'une action ou d'un événement auxquels le sujet serait soumis. Mais l'autre expression selon laquelle les sujets "ont" un corps se trouve elle aussi dans l'embarras de caractériser cette relation singulière de façon adéquate dans le langage et dans la pensée. Cet embarras traduit le fait que des sujets ne peuvent s'attribuer un corps que d'une façon qui est propre à cette relation, et à elle seulement.

Mais cette relation ne se trouve pas elle-même dans le monde à l'instar du corps. Elle n'est qu'une implication de sa relation à soi. Ainsi elle fait partie de ce par rapport auquel toute pensée d'une forme du monde comprenant des contenus mondains doit rester incomplète. Celui seul qui se tient dans cette relation à soi peut comprendre que d'autres individus existent pour eux-mêmes de la même façon et qu'ils ont donc eux aussi un corps.

Autour de la réciprocité des relations à soi de sujets différents se centrent, en dernière analyse, les problèmes philosophiques de l'être-avec de l'homme. Nous ne nous sommes rapprochés de cette problématique que dans la mesure où nous avons expliqué, sur la base de la relation des sujets au monde, comment il faut introduire, dans le même monde unique, des présupposés pour une relation entre sujets – c'est-à-dire à partir du fait que des sujets doivent aussi s'attribuer des perspectives particulières sur leur propre monde et une position en lui. Ainsi, leur corps détermine aussi une condition pour tout ce que leur relation à soi permet par ailleurs de conclure par rapport à leur être-avec. Dans la réalisation de la vie, cette relation va naturellement de soi. Cela ne signifie pas pour autant qu'on puisse la passer
151 sous silence dans la réflexion | sur la vie, pour l'inclure tacitement dans les prémisses dont on était parti. Cela se produit là où l'on prend le langage pour horizon ultime de la recherche philosophique.

Tout en constituant un état de choses fondamental ineffaçable et pour leur propre relation à soi et pour toute relation intersubjective, la corporéité à elle seule ne saurait ni constituer ni encore moins fonder de manière satisfaisante l'être-avec vis-à-vis d'autres sujets. Cependant, elle jette une lumière sur les ambiguïtés et les tensions entre l'être-pour-soi de l'homme et sa corporéité. Celles-ci sont tout aussi familières à l'homme que le fait fondamental de sa corporéité elle-même. À un certain moment et toujours à nouveau, l'incontournabilité du lien avec sa corporéité devient pour l'homme une pierre d'achoppement, quand il doit se rendre compte que le corps en tant que chose du monde est soumis à des contraintes naturelles qui doivent rester sans signification pour la subjectivité. Il ne lui reste alors que de s'habituer à ce qu'il ne peut changer et souvent aussi de protester silencieusement contre cette captivité indépassable. Ce lien l'entraîne même devant un abîme, quand la déchéance du corps annonce ou impose la fin de la vie consciente sans que la dynamique dans laquelle cette vie se réalise soit épuisée, en lui dérobant et soustrayant ainsi un but vers lequel il se dirigeait toujours avec une force adéquate. Mais c'est aussi à travers le corps que toute relation de l'homme au monde se concrétise et se réalise. Sans lui, il devrait rester dans une solitude insurmontable sans toutes les joies de l'être-avec.

| 2. SOMMES-NOUS DES SUJETS À PARTIR DE L'INTERSUBJECTIVITÉ ? 152

Toutes ces réflexions en vue de la compréhension de l'être-avec de l'homme reprennent ce qui était présupposé par les leçons précédentes, avec pour objectif de trouver un passage de la subjectivité de l'homme singulier à l'être-avec des sujets. Un tel passage ne peut se faire qu'en remontant en deçà de certaines relations et contextes qui sont d'une évidence écrasante pour la vie humaine. Il faut les traiter comme s'il y avait une quelconque alternative – dans l'espoir de retrouver la trace de ce qui explique cette évidence. Mais dès qu'on commence à remettre en question des choses allant de soi, il est inévitable d'entrer dans des considérations abstraites et de s'y fier. Aux yeux de la perspective qui va de la vie vécue à la philosophie, elles forment un contraste criant avec à ce qui est évident et certain dans la relation de l'homme au monde. À ce stade de l'argumentation, ce langage abstrait perdra nécessairement le contact avec le langage et les attentes dans lesquels se réalise l'être-avec des hommes eux-mêmes. Ceci éveillera toujours le soupçon que toute démarche de ce type prenne le problème par le mauvais bout. Il semble donc logique de suggérer de partir simplement de l'évidence irréfutable de ce que la recherche philosophique propose de mettre en question afin de l'expliquer. Cette suggestion va toujours de pair avec la perspective d'une inversion de l'ordre d'explication : en respectant l'évidence de ce qui va de soi, on s'attend à trouver une approche pour éclaircir et réfuter ce qui était d'abord censé jeter une lumière supplémentaire sur ce qui va de soi.

| Dans notre cas, les suggestions qui suivent cet exemple reviennent 153
à accepter l'être-avec de l'homme comme un fait élémentaire et basal qui fournit la base d'une compréhension plus simple et moins artificielle de l'être-soi de l'homme. Toute suggestion de ce type tire sa force d'une critique de toutes les tentatives qui – comme la nôtre – visent à trouver un

passage de l'être-soi à l'être-avec : elles ne considèrent pas cet être-avec comme un fait effectivement incontestable auquel leur argumentation est censée aboutir ; ce fait est déjà présupposé dans leur argumentation même. Cette démarche reste le plus souvent cachée, de sorte que leurs argumentations s'avèrent des cercles vicieux.

Nous nous sommes déjà penchés sur l'une des multiples suggestions de prendre l'être-avec de l'homme pour point de départ de toute fondation, c'est-à-dire quand nous avons expliqué pourquoi ces leçons partent de la subjectivité. Parvenus jusqu'ici, il nous faut revenir sur cette thèse en examinant deux autres modèles qui suivent un schéma analogue. La suggestion que nous avons déjà mentionnée part de la communauté linguistique, les autres approches entendent montrer que la distinction entre l'être-soi d'un sujet et la subjectivité d'autrui dont il se distingue est précédée par une dimension de qualités de vécus et d'expressions encore indifférenciées.

Il y a deux raisons d'analyser ces deux suggestions. D'une part, elles s'appuient sur des faits qu'aucune compréhension de l'être-avec des hommes ne peut se permettre de contester ou de perdre de vue. Les faits fondamentaux de cette compréhension qu'elles font entrer en jeu constituent donc des états de choses que même une compréhension à partir de la
154 subjectivité | ne peut ignorer et qu'elle est appelée à expliquer elle-même. D'autre part, ces suggestions doivent se mesurer aussi à l'aune d'une tâche dont la solution revêt une importance particulière pour la démarche qui part de la subjectivité. Il s'agit d'une tâche non seulement dans l'intérêt de la théorie philosophique mais de la vie consciente elle-même, à savoir celle qui consiste à rendre possible et à sauvegarder l'unité d'une compréhension de soi à travers la multiplicité de ses réalisations. Il faut donc se demander si les suggestions qui se veulent une alternative à l'approche à partir de la subjectivité ont une chance d'être à la hauteur de cette tâche. Les modes de l'être-avec de l'homme sont d'une grande diversité quant à leur façon et au degré de profondeur de l'impact qu'elles ont sur la formation de cette vie. Mis à part le fait que l'intégration de la vie humaine dans des modes de l'être-avec a besoin d'une explication, il se pose également la question de savoir comment l'homme peut se comprendre comme étant *le même* dans tous les modes de son être-avec. Après tout, il pourrait se considérer lui-même, dans son être-avec multiple, comme agissant sur une espèce de scène théâtrale sur laquelle il se trouve impliqué dans des jeux d'interaction très différents.

Cependant, cette question entend aussi problématiser le mode de compréhension qui part de la subjectivité de la vie. En guise d'anticipation, nous pouvons déjà dire qu'elle demeurerait insoluble, même si la position

de l'homme en tant que sujet était conçue, dans la vie consciente, comme pouvoir autarcique sur cette vie. C'est là une perspective que nous nous sommes d'emblée abstenus de favoriser. Nous avons plutôt expliqué à plusieurs reprises pourquoi la subjectivité humaine dans toutes ses formes doit toujours se comprendre elle-même comme conditionnée. C'est pourquoi des argumentations qui partent de la subjectivité ne peuvent pas
être le simple décalque d'un enchaînement d'actes d'autoproduction | de la 155
subjectivité. Nous avons déjà expliqué que ces argumentations doivent plutôt mettre en évidence les différents modes de l'être-conditionné et que pour cette raison elles n'attribuent pas au déploiement de la subjectivité une dynamique dans une seule direction. Cela n'empêche pourtant pas que l'homme en tant que sujet puisse néanmoins parvenir à une compréhension cohérente et unifiée et à un projet fondamental tout aussi cohérent pour sa propre vie consciente. Il n'est certes raisonnable de partir de la subjectivité que si l'on est convaincu de son importance centrale pour la réalisation de la vie consciente. Mais cela ne signifie pas qu'elle soit elle-même la source explicative de tout. En revanche, à partir d'elle, on peut arriver à des sources de compréhension qui donnent un éclaircissement ultérieur sur la subjectivité elle-même.

Le langage est le moyen de communication le plus important entre les hommes. En outre, il est le seul moyen à travers lequel le contenu de pensées peut recevoir une spécification précise et dans lequel des pensées aussi bien que des intentions peuvent, en toute clarté et dans toute leur complexité, devenir accessibles à d'autres hommes. À ce propos, Wittgenstein a en outre développé des arguments démontrant qu'il serait impossible pour un sujet singulier d'élaborer un langage réservé uniquement à l'usage privé. C'est pourquoi il semble si évident de fonder l'approche selon laquelle tout, y compris la subjectivité, doit être expliqué à partir de l'être-avec, sur la communauté linguistique de l'homme. Ainsi, le langage et le fait évident que l'accès de l'homme au monde reçoit son profil particulier de sa langue maternelle ont toujours fourni l'argument le plus important contre l'orientation de la philosophie sur le sujet solitaire.

On croit pouvoir reconnaître le bien-fondé de cette critique déjà dans
| l'expression linguistique dont la philosophie du sujet elle aussi est 156
bien obligée de se servir. Afin de parler de la conscience de soi sur laquelle elle entend s'appuyer, elle doit recourir au pronom personnel "je". Or, en tant que pronom, il fait partie du système des expressions singulières qui renvoient directement au "tu" et au "nous". Si l'usage du "je" n'a de sens que là où l'usage du "tu" et du "nous" est également possible, ce que le "je" exprime est intégré dans la communauté linguistique dans laquelle

l'interaction avec quelqu'un désigné par un "tu" et l'expression collective d'une telle communauté elle-même sont tout aussi possibles. Deux variantes de la théorie de l'originarité de l'être-avec sur fond de théorie linguistique se distinguent même par la préséance qu'elles accordent respectivement à l'un ou à l'autre des deux pronoms personnels qui se trouvent en corrélation avec le "je" : à partir du "nous", l'évidence initiale est localisée dans l'essence sociale de l'homme, à partir du "tu", elle est située dans le besoin qu'a l'homme de la proximité personnelle des autres.

Cette argumentation peut suffire à réfuter une position sceptique selon laquelle il n'y aurait d'autre conviction fondée concernant l'existence d'autres sujets que celle qui concerne celui seul qui à chaque fois se comprend soi-même en utilisant le mot "je". Elle permet de présupposer que partout où le pronom personnel "je" est utilisé, l'existence d'une communauté linguistique est hors de doute. On peut considérer cela comme un grand avantage de la méthode de recherche qui part de cette évidence. Car elle peut, en prenant pour fil conducteur l'usage d'autres expressions linguistiques, éclaircir les modes de la subjectivité et de l'intersubjectivité de l'homme en se sachant sur un terrain qui n'est pas menacé par des conclusions qui nous amèneraient tout de suite dans la sphère de théories
157 beaucoup plus | risquées. Si telle est la raison pour laquelle on insiste tellement sur l'importance fondamentale de la communauté linguistique, elle va de pair avec le renoncement à l'espoir qu'un éclaircissement philosophique puisse jamais aller plus loin et avec l'abandon de l'intérêt pour la compréhension d'états de choses fondamentaux.

Cela est d'ailleurs confirmé par le fait que, si la langue commune est effectivement un fait fondamental, elle n'est pas vraiment congénitale à l'homme. Il ne naît qu'avec la capacité d'apprendre une langue. On sait depuis longtemps que le bébé développe très tôt un comportement intelligent et que la communication avec lui commence avant même qu'on ne puisse parler du début de l'apprentissage d'une langue. En outre, il faudrait expliquer pourquoi le système développé d'une langue dans laquelle les différentes expressions singulières, dont les pronoms personnels, renvoient mutuellement les unes aux autres ne peut être maîtrisé que par un être humain auquel il faut attribuer un degré de conscience de soi plus que rudimentaire.

Ceci se montre avec une évidence particulière dans les conditions qui donnent origine à l'usage de l'expression "je". Nous avons déjà montré plus haut qu'avec cette expression, l'enfant ne fait pas que s'approprier à son tour l'usage de la forme générale sous laquelle les autres parlent à chaque fois d'eux-mêmes. Cette expression que l'enfant apprend plus tard que d'autres pronoms personnels indique toujours aussi que dans son rôle de locuteur, un être humain exprime quelque chose à partir de soi-même. L'usage du "je", loin d'offrir une explication de la conscience de soi, la présuppose au contraire déjà sous une forme développée.

Celui qui insiste sur l'importance de la communauté linguistique pour
toute compréhension significative, tout en continuant à prétendre pouvoir
dériver la subjectivité de l'interaction linguistique, devrait donc | appuyer 158
son explication sur un fondement plus profond. On ne peut pas l'obtenir sur
le mode d'une connaissance qu'on pourrait tirer du système linguistique et
de sa maîtrise avec la même clarté méthodique à laquelle on peut arriver en
employant la méthode de l'analyse du langage. Il faut entrer dans une
démarche explicative qui remonte en deçà de l'usage développé du langage
afin de rendre plausible la naissance de cette même relation à soi de
l'homme qui est présupposée dans l'usage développé du langage. La
psychologie sociale du béhaviorisme en a fourni un modèle dans l'œuvre
de George Herbert Mead. Un bon demi-siècle plus tard, cette approche a
trouvé un écho très remarqué dans la mise au centre par Jürgen Habermas
de la généalogie de l'être-soi : dans une interaction élémentaire d'agents
qui sont encore totalement gouvernés par l'instinct, les réactions articulées
sous forme de sons sont censées être le fondement de la relation à soi des
agents, précisément parce que de tels gestes acoustiques dirigés vers l'autre
sont perçus de celui qui les énonce de la même façon que de celui auquel ils
s'adressent. Celui qui met en œuvre de tels gestes se trouve lui-même
interpellé par leur réalisation. Ce faisant, il n'est pas seulement de fait l'initiateur de ces gestes acoustiques, mais il se comprend lui-même comme cet
initiateur grâce à la réception de se propres gestes.

Cette explication est visiblement une construction dont l'évidence ne
subsiste pas abstraction faite de l'intention qui l'anime. Cette construction
est basée sur l'idée que les expressions acoustiques de l'homme parviennent à ses propres organes réceptifs presque de la même manière qu'à ceux
de son interlocuteur, ce qui les distingue d'autres expressions gestuelles. La
tentative de dériver la conscience de soi de cette perception de soi semble
s'imposer si l'on part d'un modèle de la conscience | de soi, qui paraît à 159
première vue assez plausible : dans la conscience de soi, un sujet devient
pour lui-même un objet. Le sujet actif agit donc sans conscience de soi ;
mais le fait qu'il parvienne à une conscience de soi ne peut alors pas être le
but de son activité, ce qui explique qu'il doit devenir son propre objet grâce
à sa passivité. L'expression phonétique et l'écoute de nos propres
expressions phonétiques se laissent assez bien intégrer à ce schéma, ce qui
remplit du même coup la condition préalable pour la confirmation de

laquelle on avait entrepris cette construction : l'homme ne parvient pas tout seul à la conscience de soi. Il doit sa conscience de soi, qui devrait le distinguer en tant que solitaire, encore à une interaction avec d'autres personnes.

Une fois qu'on a compris l'avantage stratégique de cette approche, il est facile de se rendre compte de ses faiblesses. Leur longue liste commence par le fait que l'être-pour-soi est ainsi divisé en un sujet qui est actif de façon inconsciente et un sujet qui devient conscient de lui-même grâce à sa propre réceptivité. Elle se termine par l'assomption que la conscience de soi naît grâce à la perception de l'usage actif de notre propre voix. Si l'on songe au rôle de la voix au tout début du développement infantil, cette construction perd vite sa plausibilité. Si un homme dépourvu de toute conscience de soi s'exprimait devant quelqu'un d'autre, le fait d'entendre lui-même ses propres expressions phonétiques ne pourrait jamais lui conférer cette conscience de soi. L'attention de l'adulte elle aussi met précisément entre parenthèses le fait de s'entendre soi-même quand on parle. Sinon, il peut arriver que le locuteur, en entendant ce qu'il est en train d'exprimer, se mette en distance à l'égard de son propre acte linguistique – une distance qui ressemble à l'être-pour-soi dans le cadre d'une réflexion
160 théorique. | Mais cela n'engendre certainement pas la conscience de soi de façon originaire. Le type de conscience de soi qui – à la différence d'une expression adressée à quelqu'un, comme, par exemple, un geste de menace phonétique – est réellement déjà lié à l'usage du langage lui-même est simplement transformé en objet d'attention et, par là même, transposé en un autre mode de réalisation.

Des considérations critiques de ce genre n'ont d'autre but que de suspendre une quelconque prétention cognitive de la part d'une dérivation génétique, en l'occurrence celle d'avoir dérivé la conscience de soi de quelque chose de plus originaire, à savoir de l'interaction entre les locuteurs d'une langue phonétique à laquelle peut d'ailleurs manquer la pleine différenciation du système propositionnel. Une telle critique ne sert pas nécessairement de préparation à une autre prétention cognitive du même type qui consisterait au contraire à dériver cette interaction de la conscience de soi des sujets, conscience par rapport à laquelle elle serait un fait secondaire qui se déploie à partir de leur subjectivité.

La fondation de l'être-pour-soi des sujets sur l'interaction prend la forme d'une explication visant à expliquer la genèse de la conscience de soi. Si une démarche philosophique de fondation part de la subjectivité, ce type de fondation n'assumera pas nécessairement lui aussi la forme d'une telle explication génétique. Il faut cependant reconnaître que le programme philosophique de Fichte était bien conçu en vue d'un tel but. Il ne l'a jamais

réalisé et l'on n'a jamais été à même de comprendre de quelle façon ce but aurait pu être atteint. Mais la critique de l'interactionnisme comme assomption de base ne signifie pas non plus qu'on considère le chemin inverse comme plus prometteur, comme s'il allait de soi qu'il faudrait
désormais le suivre. Simplement, elle devrait nous | inciter à remettre en 161
question la démarche fondatrice elle-même qui, à l'instar de Fichte, essaie de fournir à la fois une dérivation explicative et une "histoire pragmatique de l'esprit humain" dans son ensemble.

Si la dérivation de la subjectivité à partir de l'interaction est vouée à l'échec, il s'ensuit que l'interaction même qui était censée fournir cette explication ne peut être réalisée et comprise qu'en incluant la relation à soi des acteurs. Le résultat positif de la critique est donc d'abord la mise en relief de ce fait en lui-même complexe. Au lieu de dissoudre désormais ce fait du côté de la subjectivité pour le reconstruire de façon génétique, il est toujours possible de le reconnaître par rapport à la subjectivité comme telle. L'échec de la tentative de dériver la subjectivité à partir de l'interaction peut nous amener à reconnaître leur dépendance mutuelle. Autant il est impossible de comprendre la subjectivité sur la base de l'interaction, autant il est impossible que la subjectivité se réalise sans l'interaction. Celui qui, comme nous, appuie sa démarche de fondation sur la subjectivité peut reconnaître ce fait. Dans la mesure où cette reconnaissance est motivée par le renoncement à la prétention qu'on puisse partir d'un seul élément pour en dériver l'autre, on saura distinguer aussi leur relation mutuelle de celle qui régit le rapport entre un constituant et un constitué.

La reconnaissance de la dépendance mutuelle ne signifie naturellement pas que le besoin d'une explication de ce fait complexe comme tel soit devenu caduc. Seulement, ce qu'il faut expliquer, c'est maintenant tout à fait autre chose – c'est-à-dire, non pas la conscience de soi pour elle-même, mais elle-même dans ses implications. Cela peut signifier que l'explication
elle aussi | doit adopter une tout autre approche. La dérivation behavioriste 162
à partir de l'interaction était conçue à l'intérieur du cadre plus large d'une certaine explication naturaliste de la subjectivité. Dans la mesure où l'on croit devoir maintenir ce cadre, il faut chercher une autre forme d'explication de type naturaliste.

Etant donné qu'il faudrait désormais partir du fait que les deux, la subjectivité et l'interaction, naissent dans un seul et même contexte, on fera alors remonter les conditions censées expliquer ce fait à un stade précoce de l'ontogenèse de l'homme, ce qui correspond d'ailleurs mieux à tous les autres résultats. En outre, on peut essayer de chercher une explication neurologique en voulant confirmer qu'une interaction intelligente n'aurait pas de base neuronale sans le développement d'une relation à soi. Mais toutes ces explications sont encore plus hypothétiques que celle de type béhavioriste, qui peut au moins donner l'impression de tirer son évidence de l'expérience immédiate.

Si l'on part de la subjectivité tout en reconnaissant que sa réalisation est liée à l'interaction, la recherche reste néanmoins ouverte à des alternatives à l'explication naturaliste du surgissement de la vie consciente. Notamment si l'on veut que la localisation ontogénétique de ce fait complexe reste liée à une explication neurologique, ce mode d'explication demeure néanmoins une extrapolation assez lointaine. Si elle est cautionnée par les connaissances scientifiques actuelles et par les convictions de base actuelles concernant la possibilité de l'explication comme telle, elle n'en reste pas moins à cent lieues d'une explication réellement mise en œuvre. Elle ne peut donc pas barrer définitivement le chemin à des conclusions tirées de réflexions concernant la relation à soi de l'homme comme
163 telle. Que cette relation ait une base ou un côté naturels | était aussi bien connu aux stoïciens qu'à Leibniz. Néanmoins, Leibniz a été en mesure de comprendre cette relation à soi et la relation mutuelle de tous les êtres sur la base d'une conception métaphysique, et ce, avec des arguments convaincants au moins pour son époque. Le fait de prendre la relation à soi pour point de départ de la recherche laisse le chemin ouvert aux deux types d'explication qui sont en conflit l'un avec l'autre. Mais cela signifie précisément que le conflit concerne la vie de l'homme non seulement de loin et de l'extérieur. Sa vie elle-même est en effet placée dans ce conflit, dans la mesure où il constitue le prolongement du conflit ouvert entre ses possibles auto-interprétations, qui naît toujours à nouveau au sein de cette vie.

3. L'ÊTRE-AVEC PRÉCÈDE-T-IL L'ÊTRE-SOI?

Les conclusions méthodologiques qui découlent de la critique de la dérivation de la subjectivité à partir de l'interaction sont ainsi intégrées dans la perspective la plus large qu'on puisse en déduire. De ce point de vue, nous pourrions donc reprendre le fil de nos réflexions qui nous ont menés de la subjectivité jusqu'à la fondation de son incarnation nécessaire.

Mais l'explication interactionniste de la genèse de la conscience de soi n'est qu'une parmi les nombreuses façons de fonder la préséance de l'intersubjectivité sur l'être-soi de l'homme. La vaste littérature sur ce sujet peut être interprétée comme l'expression d'une tendance fondamentale de la philosophie de la première moitié du XXe siècle, et l'intérêt n'est pas prêt à retomber de sitôt. Cette littérature suit des approches différentes, tant par

rapport à sa démarche que par rapport à l'orientation de ses contenus. C'est
| la raison pour laquelle elle se subdivise en archipels qui se caractérisent 164
tous par des débats très vifs à l'intérieur et par l'absence de contact quasi-totale vers l'extérieur, comme par exemple le débat français sur l'"altérité", la discussion anglo-saxonne sur le problème des "other minds" et les variantes allemandes de la philosophie du dialogue. Il est impossible de donner ici ne fût-ce qu'un bref aperçu de toutes ces positions. Mais après la critique de l'explication interactionniste, nous mentionnerons au moins les traits fondamentaux de deux autres positions, à partir desquels on peut arriver à des remarques qui valent également pour toutes les autres.

Nous avons tenté de remonter en deçà de la distinction entre les sujets singularisés. Selon Max Scheler, dans une multitude vécue, il y a une dimension de multitude qui précède l'auto-attribution, par de tels sujets, de certains états qui leur sont propres. Cette dimension ne s'est pas encore différenciée en une sphère propre à un sujet et ce qu'il faut attribuer à d'autres sujets. Seules les perceptions corporelles, comme la faim et la douleur, dit-il, sont liées à la sphère propre de façon originaire. D'ailleurs, cette différenciation ferait surgir notre propre sujet, en même temps que tous les autres, d'un flux de conscience encore indifférencié. Ainsi, il pense avoir créé une base permettant de considérer que la sphère propre d'autres sujets est présente à chaque sujet singulier de façon tout aussi immédiate. Il n'est plus nécessaire de réduire toutes leurs relations personnelles mutuelles à des conclusions d'analogie ou à des actes d'appréhension. Aucun sujet n'est tenu de conclure quoi que ce soit, il sait plutôt de façon immédiate que d'autres sujets agissent et se tournent vers lui à partir de leurs états intérieurs qui ressemblent à ses propres états qui seuls lui donnent la capacité de comprendre ceux des autres.

Une approche toute différente consiste à concentrer et à fonder une
thèse philosophique | d'emblée sur la relation dans laquelle des hommes 165
s'adressent l'un à l'autre à la deuxième personne du singulier, c'est-à-dire en disant "tu", ce qui, dans la langue allemande, indiquait jusque récemment une proximité confidentielle et, sous sa forme déchue, de la camaraderie. Je ne suis "moi-*même*" de façon authentique qu'à partir du moment où l'Autre, qui est *mon* Autre, s'adresse à moi, que je lui réponds et que nous sommes là tous les deux, l'un pour l'autre, *de façon mutuelle.* Aucun d'entre nous n'est un objet *dont* on parle. Ce que tu es dans la mesure où je me tourne vers toi n'est pas un événement dans le monde, aucun "lui" et aucune chose, mais tu appartiens, au même titre que "moi-même", à une tout autre sphère. Je ne peux me trouver et me comprendre comme ce Moi transcendantal en amont et au-dessus de tout, dont parlent les idéalistes

autour de 1800, que si je me sais fondé dans et à partir d'une telle relation et un tel lien au "tu". Etant donné que cela vaut de façon réciproque pour tout un chacun qui a sa réalité dans une telle relation, celle-ci est à considérer comme précédant tout singulier qui s'y trouve. Elle ne peut être instituée par personne, mais elle est, comme l'a dit Martin Buber, l'"entre-deux" qui relie tout agir du Moi indissolublement à la réception de ce qui émane de celui qui est pour moi un "tu" et pour lequel je suis également son "tu".

Les deux positions ont ceci en commun qu'elles font précéder la prise de conscience de l'homme en tant que "moi" par quelque chose qui a lui-même le caractère d'une expérience. La détermination concrète de ce qui précède est pourtant très différente et appartient, du point de vue objectif, à des stades très différents dans le déploiement de la dynamique de la vie consciente. La multitude de vécus, qui ne s'est pas encore différenciée en sujets, se laisse assigner le plus facilement au premier stade de la vie. La relation entre le moi et le tu, dans laquelle chacun est pour l'Autre, grâce à la même importance vitale, une source de sens pour la vie, fera plus sponta-
166 nément | penser à un premier stade de maturité de la vie. Mais toutes les deux insistent sur l'importance générale de ce sur quoi elles se concentrent. Sans une quelconque absence de séparation dans le vécu, aucun Autre ne pourrait devenir immédiatement accessible comme un "tu", et sans que des adultes s'adressent à l'enfant d'une façon qui anticipe déjà le "tu" mûr, le développement de l'être-soi ne serait même pas amorcée. Une autre différence résulte du fait que là où l'on s'appuie sur l'inséparabilité initiale du vécu, on envisage du même coup la multitude de tous les sujets susceptibles d'être compris, et ce, comme un résultat du développement qui tire son origine de cette multitude même. Là où la relation entre le "je" et le "tu" est considérée comme fondatrice de l'expérience, l'intersubjectivité de simples sujets sera toujours perçue comme une forme déficiente de l'être-avec authentique, même si elle implique l'accessibilité mutuelle immédiate de ces sujets entre eux.

Plus encore qu'à l'interactionnisme, on peut accorder à ces deux voies d'accès à l'être-avec de l'homme qu'elles mettent en relief quelque chose qu'on doit reconnaître comme un fait important pour la compréhension de cet être-avec. Le comportement envers les autres n'est effectivement pas basé sur des conclusions susceptibles de convaincre d'abord l'acteur de l'existence réelle et de l'intériorité des autres. Les hommes ont, l'un pour l'autre, une importance qui resterait incompréhensible s'ils pouvaient disposer de leur être-avec comme de n'importe quelle autre capacité. Les deux faits impliquent donc un défi pour toute compréhension de l'être-soi, ce qui explique pourquoi ils ont pu amener les gens à penser que la philosophie dans son ensemble avait fait fausse route et qu'on pourrait sortir les hommes de cette impasse grâce à l'une de ces deux approches.

Mais à nouveau, comme c'était déjà le cas pour l'interactionnisme, cette fausse route est attribuée à une philosophie qui prend la subjectivité
pour principe. On l'accuse de concevoir celle-ci | comme autosuffisante. La 167
meilleure façon de se soustraire à cette philosophie semble donc consister à démontrer que la subjectivité est dérivée de quelque chose de plus fondamental. Ainsi, on arrive nécessairement à la thèse que la connaissance de soi du sujet est précédée par quelque chose auquel il suffirait de prêter attention pour comprendre son surgissement. Mais c'est là précisément la thèse dont il faut s'affranchir.

Un regard rapide sur le mode d'argumentation de ces preuves du caractère dérivé de l'être-pour-soi suffira à comprendre pourquoi elles sont vouées à l'échec. La thèse du surgissement de la pluralité de sujets d'une multitude de vécus indifférenciée ne se laisse pas invalider comme un théorème circulaire, comme c'était le cas pour l'interactionnisme. Mais elle exige d'accepter comme réalité prétendument prouvable sur le plan phénoménologique un état de choses qui n'est pas moins mystérieux que la création du monde des sujets à partir du seul Moi absolu, thèse qui a souvent fait l'objet de moqueries. La thèse de l'absence de séparation originaire dans le vécu immédiat est même l'extrême opposé et l'exacte image spéculaire de cette thèse fichtéenne. On peut faire valoir contre le dialogisme qu'il surcharge son évidence, dont l'importance pour la vie n'est d'ailleurs par mise en question, s'il conteste que déjà la perception du fait que quelqu'un s'adresse à moi implique une quelconque relation à soi de celui à qui on s'adresse. Il n'y aurait personne qui soit un "tu" pour moi s'il n'était pas en même temps aussi un autre, en d'autres termes, si je ne pouvais donc pas dire aussi qu'"il", le prochain, est un autre par rapport à moi-même au moment même où je me tourne vers lui comme à mon "tu". On peut s'efforcer de maximiser la distance entre la relation à un "tu" et le savoir qui est calqué sur la connaissance théorique. Néanmoins, l'implication conceptuelle d'altérité est inséparable de l'être-avec familier, même s'il relève, en tant que phénomène de droit propre, d'une autre sphère que celle de la
connaissance et de la réflexion | distanciées. De ce point de vue, chaque 168
rencontre entre un "je" et un "tu" – y compris celle qui a la signification la plus profonde pour la vie des deux – présuppose de façon constitutive l'être-pour-soi de chacun d'entre eux, et ce, au nom de cette signification elle-même. Ce fait garde son importance théorique malgré son apparente trivialité face à la portée humaine de la rencontre entre un "je" et un "tu". En

en faisant abstraction, on ne saurait plus comprendre de façon adéquate la forme et la dynamique intérieure de la relation entre un “je” et un “tu”.

Les deux positions que nous venons d’évoquer font partie du mouvement phénoménologique. C’est l’un de ses côtés les plus attaquables que d’avoir toujours à nouveau favorisé la tendance à passer presque immédiatement de l’explication des phénomènes à des constructions hasardeuses censées être investies de et cautionnées par la plus haute importance sur le plan humain. Un exemple parmi tant d’autres, qui va vers un autre type d’extrême, est la théorie de l’intersubjectivité d’Emmanuel Levinas. Au nom du caractère inconditionnel du devoir que nous impose la rencontre la plus simple d’un homme avec autrui, il a accordé à l’expérience du “tu” la préséance illimitée sur tout être-soi. Contre de telles interprétations, on peut toujours démontrer qu’elles soumettent les phénomènes à une élaboration laborieuse, en mettant de côté des explications alternatives plus adéquates au fait phénoménal en vue de la préservation duquel toute la construction avait été entreprise.

169 |4. LOCALISATION DU NATURALISME

L’ensemble de toutes ces considérations et de leurs résultats nous amène à formuler un principe dont la preuve, si tant est qu’il en existe une, ne peut être fournie que dans un cadre beaucoup plus vaste : partout où l’on avance des faits dont ont suppose qu’ils fondent le développement d’une vie consciente, on peut toujours démontrer qu’ils contiennent déjà une telle relation à soi, à tel point que cette relation à soi est indispensable à leur constitution intrinsèque et leur intelligibilité. La vie consciente se réalise dans une dynamique pluridimensionnelle et cette dynamique est liée à une multitude d’autres éléments parmi lesquels il y en a aussi qui ne sont pas des modifications de la relation à soi, et ce, de façon non seulement extrinsèque mais parfois même nécessaire. Mais sans être intégré en même temps dans la relation à soi comme telle et dans ses modifications, tout ce qui est censé la précéder et l’accompagner ne peut pas être thématisé du tout ou, à tout le moins, ne pas être décrit sans perdre de son intelligibilité.

Que l’être-soi soit soumis à une dynamique signifie précisément qu’on peut distinguer plusieurs niveaux de sa réalisation, niveaux dont chacun se différencie à son tour en plusieurs modes de la relation à soi – par exemple la connaissance distanciée et l’agir impliqué dans certaines situations et circonstances. Mais partout l’être-pour-soi comme tel est quelque chose d’intelligent et même le point central de prestations intelligentes. C’est lui qui met en relation tout le reste, de telle sorte qu’il se présente avec une

évidence apparente comme quelque chose qui appartient et peut être attribué à "moi". Rien que par le fait que c'est de lui que procède et dépend cette unification élémentaire de la vie humaine, il faut le distinguer de tout ce qui doit être *in*venté aussi bien que de ce qui, d'une | façon ou d'une 170
autre, est ou pourrait être à notre disposition, comme par exemple toutes les théories.

Sans aucun doute, dans le processus ontogénétique de l'homme, qui commence avec son engendrement, la prise de conscience de la vie est précédée par un grand nombre de stades dans lesquels un tel être-pour-soi n'a pas encore eu lieu. Les relations à soi qui s'y réalisent peuvent d'abord se limiter aux rétroactions objectives semblables à des circuits, qui sont caractéristiques de tout être vivant. Très tôt, elles sont supplantée par ou transformées en un instinct vivant. Dans la symbiose de la toute première enfance, dont surgit la conscience de soi, ce qu'on peut continuer d'appeler "instinct" acquiert une forme supérieure. Nous ne pouvons pas nous arrêter ici pour approfondir ces formes primordiales de la relation à soi connaissante.

En reconnaître la réalité signifie tout à fait autre chose que de prétendre *expliquer* la connaissance de soi *à partir de* quelque chose qui la précéderait de façon palpable. De tels stades sont des présupposés pour la transformation de la vie en vie consciente. Mais le passage à cette vie se fait de façon spontanée – spontanée dans la mesure où la succession des stades qui mènent à la vie consciente ne contient aucune raison suffisante qui puisse garantir que la forme de la vie consciente soit effectivement atteinte.

Cela ne signifie pas non plus que le caractère conscient de la vie doit être attribué à l'intervention d'un *deus ex machina*. Déjà au tout début de la démarche démonstrative de ces leçons, nous avons montré pourquoi la pensée qui vise à une compréhension de soi s'oriente dans deux directions inverses : vers la connaissance d'un monde et vers des réflexions sur le fondement dont surgit la subjectivité elle-même. Ce dédoublement reste en vigueur, même si la subjectivité n'est plus uniquement comprise comme une forme simple de l'être-pour-soi mais comme une réalisation dynamique centrée sur la | continuité de l'être-pour-soi. Si l'être-pour-soi ne 171
peut pas être compris à partir de stades précédant cette réalisation, il faut en conclure que le fondement qu'il présuppose pourtant toujours ne peut être cherché que dans une dimension qui reste encore distincte de cette réalisation elle-même.

Les réflexions sur ce fondement ne peuvent à leur tour s'orienter que dans deux directions. L'une d'entre elles nous renvoie à la recherche sur les fondations naturelles de la vie consciente, l'autre nous amène à des extrapolations du concept de sujet, qui sont fondées sur ce qu'on peut tirer de l'analyse du sens du sujet lui-même. Dans la leçon précédente consacrée à l'explication de la conscience morale, nous avons tenté l'esquisse d'un exemple pour la deuxième démarche. La première est représentée, de nos jours, par les recherches microbiologiques et neurologiques sur la base naturelle de la conscience. Les deux approches ont pourtant en commun ce qui les distingue en même temps de l'interactionnisme et des thèses phénoménologiques sur l'être-avec, à savoir qu'elles ne se limitent *pas* à la dimension dans laquelle la vie consciente elle-même se réalise.

Comprendre l'être-soi de l'homme comme un fait naturel signifie, en dernière analyse, le comprendre comme partie intégrante de l'image scientifique du monde subatomique, en le dérivant donc d'une réalité qui restera à jamais cachée à la vie consciente dans sa propre réalisation comme derrière un rideau de fer. L'éclaircissement qu'elle reçoit sur elle-même va donc à l'encontre de sa tendance de compréhension propre. Le monde subatomique est régi par des lois de corrélation d'états qui se distinguent des lois d'action de forces sur des corps. Il se peut qu'il comprenne également certaines lois de covariation, qui peuvent se décrire par analogie avec
172 des formes de conscience. Cependant, la | connaissance de soi qui constitue la vie consciente ne peut pas être définie par des règles de co-variation. C'est pourquoi les découvertes dans le monde subatomique, qui semblent nous rapprocher d'une explication de la conscience, n'effacent pas la frontière entre la base matérielle de la conscience et la façon dont celle-ci devient accessible à elle-même.

Cela vaut aussi de façon similaire pour la double hélice comme porteuse du code génétique et pour les neurones miroirs censés expliquer l'accès à la sphère psychique d'autrui. De telles découvertes remarquables peuvent, pendant toute une décennie, donner l'impression que la solution de l'énigme de base est imminente. Mais ensuite surgiront d'autres problèmes toujours nouveaux qui feront ressurgir la même frontière ailleurs. Souvent, comme c'est le cas pour les neurones miroirs, l'explication des résultats prétendument sensationnels révèle déjà que la prétention explicative dont elle est chargée est la conséquence d'une description insuffisante du problème de base.

Que tout être-pour-soi possède un fondement naturel est un fait plutôt trivial qui ne peut être resté caché même au métaphysicien le plus hardi et au moine le plus détaché du monde. Mais plus elle est examinée et fait l'objet de tentatives d'explication les plus subtiles, plus elle favorise l'opinion que l'explication naturaliste de l'esprit devra tôt ou tard réussir, et peut-être même très bientôt. À ceux-là mêmes qui ne le croient pas possible

de trouver réellement cette explication (de Dubois-Reymond à Colin McGinn), elle suggère l'idée qu'il faut néanmoins présupposer une connexion ininterrompue entre la réalité subatomique et la vie consciente. Cela peut à son tour renforcer l'opinion selon laquelle le naturalisme ne pourrait être combattu que par une critique épistémologique de la méthode des sciences de la nature, critique qui, par la suite, s'allie avec une dérivation | de la subjectivité à partir de l'être-avec des hommes. Ainsi **173**
seulement on pourrait, comme le pense Jürgen Habermas, sauvegarder la dimension humaine de la compréhension de soi face à l'aliénation naturaliste.

Mais toutes ces dérivations s'avèrent incohérentes. La subjectivité de l'homme est, de ce point de vue, un fait ultime et néanmoins inexplicable à partir de lui-même. Cela confère à l'explication naturaliste qui se base sur une dimension soustraite à la subjectivité elle-même un surcroît de plausibilité. Mais ce même fait donne aussi un appui plus fort à l'argumentation visant à garder ouverte une alternative à l'explication naturaliste. Car l'explication naturaliste exige une autorévision de l'image que l'homme a de lui-même. Elle ne peut pas s'intégrer sans modification dans le processus réel de la vie de l'homme. D'un côté, ceux-là mêmes qui réclament aujourd'hui une telle révision admettent bien qu'ils ont eux-mêmes beaucoup de mal à l'effectuer, de l'autre, ils ne sont pas à même d'expliquer comment cette explication pourrait acquérir cette cohérence qui permettrait de l'adopter dans toutes les situations de leur propre vie. Ils devraient donc exiger en outre qu'on sépare la connaissance théorique de la pratique de la vie en immunisant cette pratique contre la connaissance. Ainsi, la pratique de la vie se transformerait en un acte auquel on ne peut par principe pas renoncer, mais qui ne peut pas être cautionné par quelque connaissance que ce soit. Elle est pourtant en elle-même tout entière pénétrée et portée par une compréhension qui ne pourrait survivre à l'écroulement de la prétention à la vérité qu'elle contient. Une telle explication qui entraîne de telles conséquences serait inacceptable si elle ne se présentait que comme l'invitation à ne pas fermer les yeux devant ce qui est censé être évident aux yeux de tout le monde. Dans l'histoire de la pensée, le naturalisme n'a effectivement pas pris la forme d'un simple appel à l'évidence, mais s'est présenté comme une conclusion de la preuve selon laquelle toutes les tentatives philosophiques qui se soustraient ou se croient supérieures aux explications naturalistes de l'esprit seraient restées et devraient rester sans succès. Cela donne au | naturalisme une tout autre forme de confirmation, **174**
tout en nous entraînant également dans un autre champ de réflexions et de controverses. De ce point de vue, l'explication naturaliste de la vie

consciente devrait elle-même souhaiter ne pas se réduire à une thèse considérée comme allant de soi, comme c'est apparemment le cas actuellement, du moment où les rôles de ses antagonistes ne sont plus occupés par personne. Aujourd'hui, on trouvera difficilement quelqu'un d'aussi convaincant dans ces rôles que l'étaient naguère Platon, Leibniz et Kant, au point de faire presque taire pour un certain temps le naturalisme de leur époque. Mais il est d'un intérêt aussi bien théorique que vital que leurs rôles ne restent pas inoccupés.

Le diagnostic de l'explication naturaliste naît du lien entre deux facteurs qui ont tous les deux leur place sur le plafond esquissé dans la première leçon : il réunit le chemin à rebours de la subjectivité, qui part de l'idée d'un fondement dont celle-ci surgit, à une précision ultérieure de l'image naturelle du monde, qui la transforme en image scientifique. De ce point de vue, elle lie de façon immédiate deux protentions opposées de la subjectivité. Cette localisation pourrait éventuellement contribuer à montrer que la résistance contre l'auto-explication naturaliste, à laquelle la vie consciente n'est pas prête à renoncer malgré tous les arguments qu'on puisse avancer, s'appuie sur une bonne raison qui découle immédiatement de l'approche propre à l'explication naturaliste.

Ces leçons entendent esquisser une alternative à l'image de soi naturaliste, alternative qui elle aussi remonte en deçà des faits qui se montrent dans cette vie de façon évidente. Mais ce faisant, la réflexion de la subjectivité sur son propre fondement est transformée en réflexions visant à comprendre le processus de la subjectivité comme conséquence de ce
175 fondement, et qui peuvent | en outre se réaliser dans ce processus de la subjectivité *comme* compréhension de soi-même. Cela implique que sur la base de ces réflexions, la subjectivité peut se comprendre aussi dans l'unité de la formation multidimensionnelle de son processus. Nous pouvons à nouveau citer l'exemple de la relation entre le concept de sujet et la conscience morale, que nous avons thématisée dans la leçon précédente.

Contrairement au réductionnisme naturaliste qui rabat la relation fondamentale du sujet sur l'image scientifique du monde, les réflexions sur le fondement de la subjectivité ne peuvent être *que* des réflexions. Leur contenu n'a de corrélat immédiat ni dans l'image primaire ni dans l'image scientifique du monde. Il s'ensuit avec nécessité que la plupart des gens argumentent à leur encontre en pondérant leur impact sur la vie, c'est-à-dire le fait qu'elles apparaissent comme des abstractions éloignées de la vie par rapport aux faits de la connaissance par l'expérience. Seulement après les avoir déployées en elles-mêmes, nous pouvons commencer à développer, à partir d'elles, une image du monde de l'expérience dans lequel la subjectivité et ses processus ne sont pas dépourvus de lieu. Une telle image lèverait le voile d'étrangeté qui couvre le concept de monde primaire et plus encore, la forme du monde comprise du point de vue scientifique, aux yeux de la vie consciente des hommes, et ce, de façon invisible mais toujours palpable grâce à la conscience de notre propre manque de lieu. Cette image devra respecter et tenir compte des faits sur lesquels s'appuie l'explication naturaliste de la subjectivité, de la même façon dont Platon n'a pas ignoré les faits qui parlaient en faveur de l'image atomiste du monde et dont Kant a même été amené, par la description newtonienne du monde, à projeter une esquisse philosophique dans laquelle le monde de Newton et une description alternative du monde peuvent être mis en corrélation l'un avec l'autre.

| En outre, l'extrapolation du fondement de la subjectivité a ceci en **176**
commun avec l'explication naturaliste qu'elle ne considère plus la subjectivité comme autosuffisante. Malgré leurs orientations opposées, les deux tentatives sont précisément motivées par la même conviction que la subjectivité est à considérer comme déterminée dans toutes les phases de son processus et qu'elle s'expérimente elle-même de cette façon. Elles se distinguent en ceci que l'extrapolation du fondement à travers des réflexions ne court-circuite pas l'image de soi de la subjectivité, mais qu'elle la fonde après l'avoir éclaircie et qu'elle ne peut pas conduire à l'élimination de l'activité spontanée mais à son attribution fondée. La leçon suivante s'attachera à expliquer ce problème.

En ce qui concerne le lien intégrant de la subjectivité, l'éclaircissement du concept de sujet, en même temps que l'extrapolation du fondement, nous amènent à considérer et à comprendre les sujets dans leur processus comme déterminés de façons *multiples*. Mais cette multitude ne brise pas l'unité de la compréhension de soi. Et cette prestation unificatrice de la relation à son fondement a des répercussions immédiates sur la compréhension par l'homme des modes de son être-avec.

Comme nous l'avons déjà dit, l'homme est, dans sa vie, intégré dans des formes très différentes de l'être-avec. Quelques-unes d'entre elles appartiennent à la sphère de la conservation de son existence physique, dans d'autres il se réalise en tant que sujet et en même temps par rapport à ce à partir de quoi il se comprend lui-même comme tel dans sa subjectivité. Il doit chercher à ne pas seulement s'adapter et se montrer à la hauteur de cette multitude comme un automate comportementaliste réagissant avec flexibilité. En tant que sujet, il aspire à comprendre l'unité de sa vie encore autrement qu'à travers sa continuation facticielle dans les fonctions les plus diverses. Le sens minimal du sujet, qui est déterminé comme la continuité
persévérante de la connaissance de | soi, doit aussi être rempli d'un sens **177**

d'unité plus riche de la subjectivité. Il est à la fois un thème de la philosophie et le but de l'effort de la vie elle-même, notamment par rapport aux façons divergentes de mener sa vie en tant que sujet parmi d'autres sujets. Dans la leçon précédente, nous avons vu que cette tâche s'impose déjà à l'intérieur de la dimension problématique de la conscience morale. Respecter autrui et voir sa propre vie s'accomplir dans autrui sont des modes de l'être-avec qui se distinguent aussi radicalement du point de vue éthique. Leur rapport mutuel ne se laisse déterminer de manière adéquate ni par le simple constat de leur différence ni par une hiérarchisation entre ces deux aspects. Seule une compréhension de la dynamique de la subjectivité est à même d'éclaircir ce rapport sans que l'éclaircissement passe à côté de la conscience de la dimension de profondeur de cette différence.

5. LE CORPS COMME CONDITION DE L'ÊTRE-AVEC

Que les hommes soient des sujets en vertu de leur conscience d'eux-mêmes est un fait élémentaire que personne ne songe à mettre en question. Malgré son caractère fondamental et à première vue apparemment simple, il s'avère néanmoins complexe, sans qu'on puisse le réduire, moyennant une analyse, à quelque chose de plus simple. La complexité qui lui est propre se décuple si l'on songe qu'elle surgit bien sous des conditions dont fait partie ce qu'on peut appeler ses configurations primordiales, mais qu'elle n'en surgit pas moins de façon spontanée pour faire ensuite partie intégrante d'une multitude de modes de connaissance et de comportement. On peut les qualifier de modifications de la relation à soi connaissante.

Au même titre que leur relation à soi, la relation que les hommes
178 entretiennent avec d'autres hommes relève des faits dont on | reconnaîtra qu'ils sont à considérer comme quelque chose d'absolument élémentaire. Contrairement à la connaissance de soi, la complexité et la multitude de modifications de l'être-avec sont tout à fait évidentes. À la différence de la conscience de soi, ce fait n'a besoin d'aucune preuve. En outre, même des hommes simples sont sensibles à des questions concernant leur être-avec, comme par exemple la question de savoir pourquoi ils trouvent accès ou non à d'autres personnes et si un homme peut réellement faire confiance sans limite à un autre et lui appartenir sans aucune restriction.

De plus, personne ne contestera que la signification que les hommes reconnaissent aux modes de leur être-avec pour leur vie soit liée à leur relation à soi, même aux yeux de ceux qui voudraient faire découler tout être-soi d'une forme de l'être-avec. Mais la multiplicité de formes que l'être-avec et l'être-soi peuvent assumer est à l'origine de bien des divergences et des controverses concernant la compréhension de leur relation. Dans les paragraphes précédents, nous les avons développées autant qu'il est nécessaire pour mettre en évidence les présupposés à partir desquels nous pouvons examiner les différents modes de l'être-avec de l'homme sur fond de subjectivité.

Nous ne pourrons plus songer à une dérivation génétique de l'être-avec à partir de l'être-soi selon le modèle de dérivation envisagé par ceux qui voudraient au contraire fonder l'être-soi dans l'être-avec. L'être-soi n'est ni le résultat d'un être-avec plus originaire ni la conséquence d'une interaction où l'être-soi entraînerait du même coup l'être-avec expérimenté comme tel. Comme nous allons le voir, cela correspond à cet autre fait que même sous la forme la plus élevée de l'être-avec, l'être-soi ne peut pas fusionner avec l'être-soi d'autrui. Le fait que nous soyons obligés de reconnaître que l'être-soi dans toutes ses phases n'est pas fondé à partir de lui-même prouve précisément qu'il est également | impossible de le
considérer comme dérivé de quelque autre présupposé externe que ce soit. 179

Concernant la compréhension de l'intersubjectivité qui prend la subjectivité pour point de départ, la non-derivabilité de la subjectivité doit aussi avoir un impact sur l'explication des modes de l'être-avec. Elle devra se limiter à montrer dans quelle mesure des modes de l'être-avec s'attachent à certains aspects de la constitution de la subjectivité et quels modes de la réalisation de la subjectivité doivent également s'accomplir au cœur même des modes de l'être-avec. On pourrait penser que la preuve d'un lien entre l'être-soi et l'être-avec revient à prouver qu'il existe toute une série de corrélations entre eux. L'examen des entrelacs entre l'être-soi et l'être-avec est effectivement une alternative méthodique aux programmes de dérivation qui règnent dans ce domaine. Le fait de prendre la subjectivité pour point de *départ* de la preuve de corrélation signifie pourtant qu'on a encore une autre attente. Dans l'entrelacs des corrélations, la subjectivité constitue le point de référence central, dans la mesure où c'est par rapport à elle que les modes de l'être-avec peuvent entrer dans la perspective unificatrice d'un seul et même contexte de compréhension. C'est à partir de la subjectivité et non pas à partir des modes de son être-avec que l'homme peut se comprendre dans l'unité de sa vie consciente. Cela ne pourrait pas être le cas si la subjectivité n'avait pas aussi une préséance dans la structuration de cette vie.

Cette affirmation ne signifie nullement que l'importance de la signification, qui revient à la relation à soi dans la réalisation de cette vie pour elle-même, soit supérieure à celle que revêt son être-avec. La mise en lumière d'une position dans un complexe de corrélations ne préjuge en rien

de la significativité vitale des éléments qui se trouvent dans ces corrélations. Elle peut même être la condition nécessaire, non seulement pour mettre en évidence la significativité vitale | incommensurable et suprême
180 de certains modes de l'être-avec, comme l'amitié et l'amour, mais aussi pour les rendre intelligibles.

Pas plus qu'une distinction en termes d'importance significative, la preuve d'une corrélation dans laquelle la subjectivité occupe une position clé n'entraîne la thèse d'une succession génétique de stades dans le déploiement de l'être-avec. Cette preuve n'a pas empêché la reconnaissance du fait que le surgissement spontané de l'être-soi se fait sous certaines conditions extérieures. Il n'est pas plus difficile de le maintenir en cohérence avec le fait bien connu que ce processus dépend dans une large mesure des modes de l'être-avec de l'adolescent. Il n'est pas nécessaire que l'être-soi précède l'être-avec pour qu'on puisse lui reconnaître une position clé pour les modes de l'être-avec.

Après toutes ces explications et distinctions, nous reprendrons à présent nos réflexions qui, à partir de la relation du sujet au monde, nous ont amenés à reconnaître le lien entre chaque sujet singulier et son corps. Dans une succession de pas qui à leur tour ne peuvent être que des esquisses d'argumentations, il nous faudra désormais passer à l'être-avec des sujets incarnés. Il sera utile de nous rappeler que déjà nos réflexions précédentes nous ont fourni une série d'approches possibles permettant de relier de façon à chaque fois différente la multitude de modes de cet être-avec à la constitution et la dynamique de la subjectivité. Parmi elles – outre l'incarnation qui lie la trajectoire de la compréhension du monde à une position à l'intérieur du même monde – les trois suivantes ont été d'une importance particulière : la subjectivité se sait fondée d'une façon qui se soustrait à une détermination objective. En tant que singulière, elle se met toujours aussi en corrélation à une dimension permettant de faire la distinction entre d'autres singuliers. La subjectivité naît de façon spontanée | et cette
181 naissance doit être mise en relation avec certaines conditions, sans que ces relations elles-mêmes puissent être considérées comme cause de la subjectivité. Nous avons déjà mentionné de telles approches à propos du processus de la formation de l'identité personnelle et de l'explication de la dynamique immanente à la conscience morale.

Si l'on comprend le monde comme la totalité de tout ce qu'un sujet en général doit assumer comme réel dans un seul système de relations, on ne peut en former un concept qu'à condition de comprendre celui-ci comme une idée fondée dans la constitution du sujet lui-même. Cependant, en tant que totalité, il se trouve dans une distance fondamentale à l'égard de toute compréhension particulière de réalités déterminées, à laquelle un sujet peut accéder dans l'horizon de la totalité et par rapport à elle. Cette tension qui est fondée dans le sens même du sujet est à l'origine d'autres tensions, parmi lesquelles la différence entre notre propre corps en tant qu'objet et en tant que *corps-de-chair* d'un sujet.

Si l'homme est positionné dans le monde grâce à son corps, sa relation à ce corps ne peut pas coïncider avec la relation à un quelconque objet, quel que soit leur degré de proximité. Car c'est le corps qui médiatise sa relation particulière à ce monde dans son unité. Pourtant, elle ne peut pas être en rupture totale avec le mode d'une relation à un objet, car le corps médiatise la relation particulière au monde précisément en tant qu'appartenant au monde. C'est une particularité de la langue allemande que de désigner cette différence fondamentale en distinguant entre le corps-de-chair (*Leib*) et le corps physique (*Körper*) de l'homme. Le corps-de-chair n'est un objet que dans la mesure où il peut *aussi* être considéré comme corps physique, mais il ne saurait être compris uniquement dans cette perspective.

Cette distinction, qui n'est devenue importante pour la philosophie qu'au cours du XXe siècle, délimite | un domaine très large dont les descrip-
tions phénoménologiques et les recherches empiriques de la psychologie et 182
de la neurologie ne pourront sans doute pas mesurer toute l'ampleur. Puisque la différence comme telle fait partie de la relation de l'homme au monde, aucune recherche empirique ne la fera disparaître, pas même si l'on s'attend à ce que l'approfondissement rigoureux du champ de recherche neuronal aboutira de lui-même à la dissolution de la différence.

Le corps-de-chair ne peut pas fonctionner comme un appareil de médiation avec le monde dont il suffirait de réunir les produits et les informations. Il doit être conscient comme tel. Car tous les chemins de médiation de l'accès au monde doivent, aux yeux de la subjectivité, se rencontrer en lui, en attribuant ainsi au sujet une position par rapport au monde. C'est pourquoi il faut que le corps soit habité de part en part d'une sorte de connaissance instinctive. Il ne se compose pas d'éléments, tout en se subdivisant néanmoins en régions dont les relations se modifient en fonction de la position et de la disposition des membres, même pour celui qui n'a jamais pu percevoir ses membres comme membres d'un corps. Cette présence de notre sphère corporelle propre, que les psychologues appellent proprioception, peut être interprétée comme un équivalent de la relation à soi dans la connaissance. Mais personne ne devrait se sentir tenté de considérer que la relation à soi de l'homme est définissable en termes de proprioception. Car le sujet peut facilement modifier l'autoperception, par exemple en redressant son corps à travers la tension de quelques muscles. Dans des cas assez rares, la proprioception peut même disparaître. Mais même dans une telle situation, le sujet peut toujours réapprendre, à l'aide d'artifices compliqués, à ordonner sa relation corporelle au monde grâce à d'autres ressources, parmi lesquelles les perceptions extérieures de son propre corps.

| Que le sujet soit conscient de son corps et qu'il le modifie, grâce à la
183 proprioception, à travers des impulsions à l'agir est un présupposé pour tout mouvement corporel spontané intentionnel. De tels mouvements corporels sont des actions élémentaires. Ils peuvent être accomplis en vue d'un but, faire partie d'une pratique habituelle ou être réalisés soit avec plus ou moins de plaisir, soit sous contrainte. En tout cas, on n'a pas besoin d'autres actions pour effectuer leur réalisation. Afin de boire, il faut ouvrir la bouche, mais pour qu'elle s'ouvre, il suffit de le vouloir et d'initier cette action et rien d'autre.

Cette présence au corps médiatisée par rien est également un présupposé pour que le sujet acquière, à travers ses sphères sensibles, les conditions nécessaires à chacun des stades du processus de déploiement de son accès au monde, qui doit se faire selon son positionnement dans son monde. Ce qui entre dans ces sphères est, sous le mode de l'extraception, tout aussi immédiatement présent que son propre corps. De la même façon dont le corps articulé, en tant que totalité d'une mise en relation, est immédiatement porteur d'une sensation instinctive, nous ne sommes pas conscients, dans l'extraception, d'une multitude d'impressions éparpillées mais toujours de l'image intégrée d'un monde environnant.

Il nous faut supposer que ces intégrations inséparables de leurs éléments s'appuient sur des mécanismes très complexes mais que le sujet lui-même n'est pas en mesure de maîtriser. L'assomption que c'est le sujet qui construit lui-même sa perception corporelle intérieure, le processus de ses initiations d'actions et ses images perceptives aboutit à un cercle. Il ne serait en effet pas capable d'accomplir cette construction si ce qui est à construire ne lui était pas déjà prédonné en tant que critère pour la construction. Une construction pourrait tout au plus réaliser la présence à un corps quelconque, mais non pas à notre propre corps. Et la construction d'une relation | au monde serait toujours précédée par le fait que le sujet
184 accomplissant la construction doit déjà se connaître en tant que positionné dans son monde. On peut laisser ouverte la question de savoir de quel type sont les processus qui précèdent la formation de l'image perceptive et de la proprioception car ils ne pourraient être que déduits indirectement sans devenir eux-mêmes immédiatement conscients.

Avec l'immédiateté qui caractérise la proprioception, les actions élémentaires et le contact au monde, nous n'avons mentionné qu'une partie de ce que le sujet s'attribue à travers son corps. Ainsi, nous n'avons pas encore parlé d'autoperceptions comme la douleur et l'excitation du plaisir ou des aspects corporels des humeurs et des sentiments. Dans la perception d'autrui, elles constituent ce que l'apparence corporelle extérieure des personnes induit les autres à leur attribuer d'emblée. Ainsi, il pourrait sembler qu'il faille ici revenir sur ces modes de perception, étant donné que cette leçon a pour thème l'être-avec des sujets et non pas la modalité corporelle de la relation à soi.

Le corps comme médiateur de la propre position du sujet dans son monde revêt néanmoins la plus grande importance pour la compréhension des fondements corporels de l'être-avec. Car les réflexions sur lui font comprendre qu'il faut, d'un côté, reconnaître au sujet une présence immédiate à son corps, mais que de l'autre, le sujet comme tel reste néanmoins différent de la proprioception de son corps. Cela nous permet de nous rapprocher de la solution d'un problème qui n'a cessé d'être un sujet d'inquiétude pour la théorie de l'intersubjectivité : la relation mutuelle des personnes est d'une part tout à fait immédiate et d'autre part ainsi faite que la distance entre ceux qui se trouvent dans une telle relation mutuelle, qui se
doit à cette différence, ne peut en aucune | façon être éliminée, malgré la **185**
disparition apparente des limites entre les personnes dans l'agir collectif et malgré leur fusion apparente dans les actes de l'être-avec le plus intense.

Les autoperceptions sont localisées dans certaines parties du corps ou, comme dans le cas de la lassitude, présentes partout. Elles sont donc comprises dans la proprioception du corps ou fondées en elle. Sans aller jusqu'à dire que les sentiments et les humeurs sont eux-mêmes des modifications de la corporéité, il faut néanmoins reconnaître qu'ils entraînent immédiatement une modulation du corps. On ne peut sans doute les expérimenter que de façon très réduite si l'on a perdu la conscience de son propre corps. L'homme traduit de façon spontanée ses humeurs dans sa posture corporelle et ses mouvements, non pas de la même façon dont il accomplit des activités quelconques mais uniquement pour exprimer son humeur. Ainsi, le corps est le moyen dans lequel la dynamique de la subjectivité peut d'abord trouver une expression qui ne peut jamais être pleinement régie par des intentions. Cette expression n'est pas seulement perçue par autrui : l'homme se sent lui-même empêché si l'on interrompt ce que meut son corps de façon originaire. Et il a la capacité et la tendance à se représenter devant lui-même dans sa disposition actuelle.

Tout cela précède le comportement sous les conditions de l'être-avec. Il contient cependant les présupposés nécessaires pour que les hommes puissent entrer en relation les uns avec les autres, sans avoir à chercher des indices permettant de se comprendre mutuellement. Ces présupposés ne fournissent pourtant pas encore une explication de l'être-avec. Celui-ci n'est pas expliqué non plus en soulignant que le corps-de-chair doit pouvoir être perçu, en tant que corps, selon le modèle de la perception externe. Ce faisant, on fait coïncider la proprioception avec l'image extérieure de soi-même. Mais dans la perception externe de son propre corps-de-chair,
186 |le sujet n'est pratiquement plus maître de ses qualités d'expression spontanées. Chacun connaît l'impression d'étrangeté et l'étonnement que suscitent des images de film et des enregistrements sonores chez celui qui se perçoit pour la première fois, avec ses qualités et ses actions d'expression spontanées, dans de tels documents audiovisuels.

D'autres personnes ne perçoivent pas seulement un corps physique qu'ils interprètent avec beaucoup de subtilité – et curieusement toujours correctement – comme le corps-de-chair d'un sujet. Ils perçoivent immédiatement le corps-de-chair d'autrui, et ce, dans une posture particulière dans laquelle sa subjectivité a trouvé une expression, aussi limitée soit-elle. Cela n'est possible que si se produisent deux processus mutuellement complémentaires qui se déroulent sans aucune initiation par un acteur et qui s'accomplissent aussitôt: la transformation de l'autoperception en une expression corporelle et la perception de l'expression comme telle, c'est-à-dire dans sa relation à un état que celui qui en a connaissance de façon originaire ne peut attribuer qu'à lui-même. Ces processus précèdent la conscience de la même façon que les processus à travers lesquels se forment les extraceptions dans leur relation au corps-de-chair.

Il faut toujours avoir à l'esprit le degré de complexité extraordinaire de ces processus et il faut toujours veiller à ce qu'ils englobent la différence inéliminable entre la perception de nous-mêmes et d'autrui. Ainsi seulement on pourra reconnaître que nous n'en savons à peu près rien, sans céder à la tentation de les calquer sur les modèles que nous venons de critiquer, ce qui reviendrait à les situer à un stade beaucoup plus avancé que celui auquel ils s'accomplissent réellement.

Tout ce qui précède nous fournit toute une série d'arguments qui nous
187 permettent, à l'intérieur d'une théorie de la | subjectivité, de trouver une telle situation acceptable, aussi insatisfaisante soit-elle face à notre besoin d'explication : la médiation de tout être-avec à travers la couche élémentaire de la corporéité de l'homme est irréfutable. Toutes les tentatives d'explication philosophiques qui n'en tiennent pas compte sont prises dans

des cercles ou dans des conséquences encore plus désastreuses. La démarche fondatrice à partir de la subjectivité ne revient pas à une dérivation sous forme d'explication. Et déjà lors de l'explication du principe de départ, c'est-à-dire de la subjectivité, nous avons dû renoncer à toute tentative d'une dérivation explicative.

6. LANGAGE ET CULTURE

Les processus de transformation d'un état intérieur en expression et de l'expression en compréhension des autoperceptions par les autres, dont nous venons de parler, ne sont pas l'apanage des êtres humains. L'interaction des primates, au moins, ne se laisse pas uniquement décrire comme une réaction comportementale mutuelle. Cela signifie que ces processus dans leur ensemble constituent une condition élémentaire pour l'être-avec des sujets, sans présupposer à leur tour une subjectivité développée. Le fait que ces processus soient si profondément enracinés dans la phylogenèse pourrait nous amener à supposer que c'est grâce à eux également que l'homme considère comme allant de soi ce qui aurait tout aussi bien pu être une grande surprise, à savoir qu'il est entouré de ses semblables.

Mais même une tortue sortie de son œuf dans une solitude complète pourrait, si elle était intelligente – et sans qu'elle soit à la recherche d'un partenaire pour s'accoupler – s'attendre à rencontrer ses semblables. À partir du moment où l'homme se connaît lui-même, se comprend comme
| singulier et comprend la particularité de son chemin à travers le monde, sa 188
pensée contient déjà l'idée d'autres personnes qui lui ressemblent. La grande surprise pour lui ne serait alors pas que de tels autres existent réellement, mais qu'ils l'entourent en si grand nombre et qu'ils lui soient tous en quelque sorte immédiatement accessibles.

Qu'une telle surprise ne se produise pas découle déjà du fait que l'homme grandit en vue de sa subjectivité et qu'il doit continuer à grandir en la développant. Il ne se trouve pas dès le début, ni encore moins de toute éternité, en sa possession plénière. Sa naissance spontanée est un événement au sein de sa vie qui, grâce à cet événement, se transforme en vie consciente. Cette vie ne se suffit pas à elle-même mais a besoin d'être prise en charge et d'être accompagnée. Ainsi les processus qui rendent les autres hommes accessibles les uns aux autres commencent à fonctionner en lui pendant les premières phases de croissance de la vie. Et ils sont dès le début sollicités par ceux qui ont la charge de veiller sur cette vie et de l'accompagner sous forme d'attention et de réconfort. L'une des conditions pour être un "autrui" commence donc à être remplie avant même que l'adolescent accède à la vie consciente à partir de laquelle il se communique aux autres.

Mais cela n'implique pas seulement que l'homme, en accédant à sa vie consciente, se comprend comme un parmi d'autres. Il s'ensuit également que la façon dont il est accompagné sur le chemin vers la vie consciente et la façon dont ceux qui l'accompagnent comprennent cet accompagnement doit lui être purement et simplement prédonnée, et donc aussi à tout un chacun qui a jamais eu besoin d'un tel accompagnement. De ce point de vue, non seulement l'intersubjectivité mais aussi une pratique comportementale réglée, une *culture*, est une condition pour que la subjectivité puisse naître dans des êtres finis qui grandissent comme tels.

189 | La nécessité de la culture pour la vie consciente ne découle certes pas du seul besoin d'une pratique qui consiste à accompagner la génération suivante sur son chemin vers cette vie. Elle s'enracine encore d'une autre manière dans la constitution et non seulement dans la genèse de la vie consciente, c'est-à-dire dans sa protention vers une auto-interprétation et dans la nécessité d'une stabilisation de sa façon de se comporter dans la multitude des dimensions de son agir. Celui qui grandit dans une culture acquiert une familiarité avec elle par la façon dont il reçoit des soins et de l'accompagnement – et ce, à nouveau d'abord sous forme d'attitudes, de gestes et de ce qu'ils expriment.

De tout cela résulte que pour un tel sujet, l'existence des autres est un fait indubitable, bien que leur existence reste tout à fait improuvable. Sa connaissance d'elle est le résultat d'un processus qui est pour lui aussi décisif qu'incompréhensible et dont l'efficacité précède encore l'autre processus dans lequel le sujet grandit et s'éveille à la vie consciente. L'entrée en relation avec d'autres sujets fait elle aussi partie intégrante de sa constitution. En revanche, cette constitution ne lui garantit pas que cette entrée en relation se concrétise sous forme de commerce avec eux, c'est pourquoi son analyse seule ne permet pas de s'assurer de sa réalité à travers une preuve. Néanmoins, elle devient et reste fondamentale pour le déroulement de sa vie.

Mais pour l'homme en tant que sujet, l'être-avec ne va pas de soi comme une trivialité logique et donc au sens proclamé de façon presque unanime par la théorie du XXe siècle, comme une sorte d'article fondamental permettant de définir la contemporanéité théorique. Celui que le sérieux scientifique ou une crise existentielle amènent à douter de son évidence apparente ne doit donc pas craindre le diagnostic de souffrir d'une
190 perturbation des fondements de sa | subjectivité. Il faudra dire au contraire que celui qui considère le commerce avec les autres partout comme une

trivialité allant de soi n'accédera jamais aux formes plus profondes de l'être-avec humain. Pour de telles expériences, il est en effet essentiel que la communauté avec autrui devienne inséparable de notre propre être-soi mais que néanmoins et précisément à cause de cela, l'existence d'autrui dans sa facticité irréductible se révèle à l'homme et le saisisse.

En partant du langage, la communauté de locuteurs est bien l'une de ces implications nécessaires. C'est pourquoi le fait d'y renvoyer s'avère aussi une stratégie très simple permettant d'étouffer la question concernant la certitude sur l'existence d'autrui. Or le langage vocal dont toutes les langues écrites sont dérivées présuppose déjà les processus d'expression et d'identification. Il les utilise cependant à un niveau supérieur où l'articulation de l'expression est déterminée par des règles et par une connaissance déjà réfléchie du processus d'expression. Celui qui, en grandissant, accède à la vie consciente est d'abord exposé à une langue. Sans être entouré d'autres personnes qui parlent et s'adressent à lui, il ne parviendrait jamais à l'usage d'une langue. Il devrait l'inventer lui-même, en même temps que la capacité à la comprendre – un projet véritablement surhumain. Néanmoins, ni son intelligence ni sa relation à soi ne se laissent expliquer à partir du processus d'expression linguistique. Ce que nous avons démontré plus haut concernant l'usage du pronom personnel "je" vaut aussi pour l'usage du langage dans son ensemble.

Il faut bien reconnaître que le langage n'est pas seulement un moyen de communication de ce qui aurait déjà été articulé de façon muette. Le processus d'expression dans son ensemble est caractérise par le fait que ce qui est exprimé n'est pas indifférent à l'égard de l'expression elle-même,
que donc | l'expression se forme en même temps que ce dont elle est **191**
expression. Que la pensée s'articule de façon non intentionnelle dans un rapport constant à son expression linguistique n'est qu'un cas particulièrement significatif de ce même fait.

Dans ce cas, il faut dire aussi qu'inversement, grâce au langage, l'intelligence acquiert des possibilités qu'elle n'aurait jamais pu développer et perfectionner à ce point sans ce moyen. Afin de différencier des pensées au maximum, il faut qu'on puisse leur donner une articulation linguistique dans laquelle elles se laissent pondérer et fixer. Sans la forme propositionnelle, il n'y aurait pas de pensées portant sur des objets. Elle est inséparable de l'intelligence, ce qui nous oblige à assumer qu'elle passe de l'intelligence à la forme linguistique. C'est pourquoi il est aussi vraisemblable qu'elle soit ou ait déjà été comprise et utilisée avant et indépendamment de l'usage linguistique. Mais elle ne peut devenir un système d'identification et de caractérisation d'objets cohérent et réellement universellement utilisable, transparent comme tel et applicable de manière réfléchie que dans le contexte de la maîtrise d'une langue.

En ce qui concerne la relation entre langage et subjectivité, le langage accomplit encore une autre tâche de la plus haute importance pour la vie humaine. Il rend accessible la subjectivité comme telle *pour les autres*, ce qui le distingue fondamentalement de la compréhension des processus d'expression. Déjà dans chaque compréhension d'une expression, celui qui la comprend trouve accès à quelque chose qui n'appartient pas à lui-même. La douleur et le deuil d'autrui nous touchent par leurs expressions, sans être par là même nécessairement partagés. Chaque expression est ainsi inséparablement liée à la sphère propre d'un vécu qui s'y exprime et donc en même temps le fondement pour que l'autre puisse la comprendre sans
192 avoir à la | partager. La subjectivité propre de celui qui comprend suit celui qu'on comprend, dans la mesure où un potentiel de compréhension propre est actualisé comme tel, mais dans la double distance à la fois par rapport à autrui et par rapport à notre propre vie. C'est encore le cas là où, comme dans le cas de l'agressivité, l'expression d'autrui suscite immédiatement une attitude de défense de notre part. L'expression qui attire d'abord l'attention laisse toujours sentir quelque chose de la vie tout entière dont surgit et dans laquelle s'intègre ce qui est exprimé. Mais tout le contexte dans lequel la subjectivité se réalise dans son être-pour-soi et dans la dynamique qui en résulte ne peut pas être transposé et compris dans une expression de la même façon que ce qui s'exprime de façon immédiate.

Cela résulte aussi du fait que toute vie consciente est prise dans des ambivalences. Dans chaque homme, il y a une disposition à les équilibrer, et l'esquisse en filigrane de la façon dont on réalise cet équilibre fait sans doute partie de l'expression faciale de tout portrait. Mais la vie ne serait comprise que si la réalisation de ce processus d'équilibrage entrait elle aussi dans l'expression. Pour ce faire, il faudrait cependant s'approcher de l'être-pour-soi de celui dont la vie trouve une telle expression, au point que toute distance à l'égard de mon propre être-pour-moi viendrait à disparaître. Si cela se produisait, la différence entre les sujets, qui est constitutive pour toute compréhension, serait elle-même absorbée. Mais si la différence de l'être-pour-moi des sujets reste stable, l'expression de la vie tout entière éclate en une multitude d'éléments d'expression, dont chacun peut à lui seul évoquer des potentiels de compréhension de notre propre vie. L'unité devrait alors être récupérée à partir de la vie propre de celui qui cherche à la comprendre.

193 Le langage est un moyen d'expression tout particulier. | Ses règles s'appliquent de façon spontanée et sans faire l'objet d'une connaissance

explicite. À la différence du processus d'expression normal, il s'agit néanmoins d'un usage qui naît toujours d'une intention. La communication de la perspective du sujet est intégrée dans le système linguistique à travers le "je" de la première personne du singulier, là même où les propositions affirmatives qui s'articulent dans cette perspective exigent d'être fondées sur des raisons. Car la fondation ne présuppose pas seulement la distance à l'égard de la vie propre du sujet mais exige également que celui-ci s'approprie lui-même ces raisons. Le langage acquiert ainsi la possibilité de permettre l'articulation en lui de l'être-pour-moi d'un sujet comme tel – de telle sorte que la forme de la communication linguistique s'oppose à une assimilation pure et simple de l'être-pour-moi des autres à travers une activation de mes propres potentiels d'expérience. Le langage accomplit en outre pour le locuteur lui-même la tâche d'une telle présentification de son propre être-pour-moi, qui reste néanmoins distincte d'une objectivation, par exemple dans ses soliloques et dans l'articulation linguistique de ses propres pensées. Elle peut naître de façon spontanée mais aussi faire l'objet d'une production explicite à travers un effort de pensée.

Ce serait donc minimiser la tâche accomplie par le langage que d'accentuer sa forme propositionnelle uniquement en vue de sa capacité à rendre possible ou à stabiliser la détermination scientifique potentiellement vraie de l'objet. Il y a certes une multitude d'actes de locution qui présupposent de toute façon que le locuteur se trouve dans une position autre que celle d'un affirmant. Mais la propositionnalité elle-même implique déjà une double possibilité, celle de fonder des propositions concernant le monde et celle de rendre notre propre subjectivité comme telle accessible aux autres, mais aussi à nous-mêmes. La réduction devient visible là où ce deuxième usage est qualifié d'usage "expressif" du langage. Le langage
comme tel a | toujours le caractère d'expression. Mais il rend notamment 194
possible une forme d'expression qui distingue précisément la présentification d'une subjectivité d'un processus d'expression.

On peut en conclure en outre que le langage comme tel contient déjà de façon originaire une tendance double et contrastée par rapport à son développement ultérieur : celle qui mène à la science et celle qui va vers la poésie. Car il rend possible la stabilisation de la relation au monde au même titre que la présentification de la subjectivité. Dans le langage parlé, on ne peut complètement séparer ces deux tendances car la subjectivité tend, à son tour, nécessairement vers une connaissance du monde et vers une compréhension en vertu de laquelle elle est capable de se comprendre elle-même à l'intérieur d'un tout. Et la constitution linguistique de la connaissance du monde comporte toujours aussi des traits cachés dérivés de la forme du langage comme processus d'expression. Quelle que soit la relation précise entre les deux, le fait qu'elle existe montre à nouveau que le langage est un bien de la culture.

Il l'est aussi au sens auquel nous avons expliqué le concept de culture à partir du contexte dans lequel la vie consciente doit s'intégrer pendant son enfance et son adolescence. Quand les parents s'adressent à leur enfant, celui-ci comprendra cela d'abord comme un simple événement d'expression. Sachant cela, les parents utiliseront la forme expressive du langage avec une insistance particulière. En développant son intelligence, l'enfant commencera à comprendre la langue des parents comme telle. En commençant à se l'approprier sur la base de sa propre créativité, sous forme de langage enfantin et la révision successive de celui-ci, il parviendra enfin à l'usage correct et réglé de la forme normale de sa langue maternelle. En même temps, l'enfant s'approprie l'articulation du monde et les approches
195 visant à l'interprétation de celui-ci, qui sous-tendent la | forme linguistique. Il ne peut guère s'imaginer et certainement pas sérieusement considérer une alternative à elles. Néanmoins, l'enfant acquiert ainsi la possibilité de soutenir lui-même ses propres réflexions face aux autres et également le fondement permettant de se construire une image du monde de façon indépendante, en utilisant la capacité d'articulation du langage. En outre, il acquiert la possibilité de donner à ce qui le touche et dont il sait qu'il touche également les autres la forme distanciée de l'expression, qui est en même temps une communication intentionnelle. Dans le contexte ultérieur de ce processus, on peut finalement expliquer l'apprentissage tardif de l'usage du pronom personnel "je", comme nous l'avons fait dans l'une des leçons précédentes.

De plus, il restera significatif pour l'enfant qu'il ait grandi et soit devenu indépendant grâce au fait que d'autres personnes se sont adressées à lui en faisant un usage appuyé des qualités sonores du langage. On pourrait sans doute montrer un lien entre ces expériences et le sens particulier qu'ont les enfants pour des configurations poétiques du langage, par exemple pour la rime.

Ce qui à son tour pourrait nous aider à expliquer pourquoi, même après l'appropriation de la maîtrise parfaite de la langue, celle-ci reste caractérisée par une limite concernant sa capacité de présentifier la subjectivité, limite qu'on a toujour tendance à vouloir franchir. Comme nous l'avons déjà dit, le langage se distingue de toutes les formes d'expression élémentaires par sa capacitité à présentifier la subjectivité. Cette capacité qui est la sienne est inséparable de la forme propositionnelle liée à l'orientation primaire et dominante de l'intention portant sur la détermination de l'objet.

Ainsi, la présentification linguistique de la subjectivité, qui serait
impossible sans une certaine distance à l'égard de sa réalisation, va aussi de
pair avec une assimilation de la subjectivité à la forme fondamentale de la
relation objectivante | au monde et donc avec une prise de distance. Celle-ci **196**
peut être expérimentée comme une restriction de sa force présentifiante.
Sur cette base, on peut s'expliquer un aspect dans la forme de l'œuvre d'art
au sens propre, surtout dans l'œuvre d'art musicale: elle aussi a la
particularité d'accomplir l'élimination de cette même restriction.

Cela ne signifie nullement qu'il faille interpréter les œuvres d'art comme un retour à la force expressive originaire du geste sonore. Elles présupposent toujours la distanciation multiforme accomplie par le développement de l'intelligence et de l'usage du langage. Elles tentent donc, non pas de revenir en deçà de cette distanciation mais de la dépasser. Ainsi on comprend aussi en quel sens l'œuvre d'art présuppose en elle-même la forme propositionnelle sans en faire un usage explicite en sans pouvoir être comprise de façon adéquate à partir d'elle.

7. Les individus à l'intérieur des ordres sociaux

L'enfant apprend sa langue maternelle en contact direct avec quelques
personnes de référence et peut-être que plus tard dans sa vie, aucune autre
relation ne sera aussi proche de sa vie que celle-ci. Mais la langue n'a pas
été créée de toutes pièces par ceux qui la transmettent à l'enfant : eux aussi
l'ont apprise autrefois de la même manière. De plus, la langue ne vise
précisément pas à préserver une proximité familière. La symbiose entre
l'enfant et ses parents se dissout à mesure que l'enfant accède, grâce à la
langue qu'il a apprise, à un domaine d'interactions très étendues. Car avant
même que la langue ait été traduite sous la forme artificielle d'une écriture,
ce qui lui a permis d'être efficace sans aucune médiation par un locuteur, les
messages langagiers pouvaient atteindre de grands groupes et instaurer une
consonance et une coopération entre des | hommes vivant loin les uns des **197**
autres, par exemple à travers un ordre, une proclamation ou la transmission
orale de messages et de contes. Le langage n'est donc pas uniquement un
moyen pour le contact individuel. Il est aussi un moyen de compréhension
pour un grand groupe et par-delà de grandes distances. Dans la mesure où
l'apprentissage du langage a besoin d'un contact individuel, l'enfant qui
l'apprend grandit en faisant partie d'un tel groupe plus large et par là même
aussi, d'une culture. De plus, le langage intervient également dans la façon
dont les hommes se servent de leur capacité naturelle à faire des gestes
expressifs.

On peut considérer le langage comme une institution, à condition de distinguer les institutions d'autres ordres sociaux comme, par exemple, des associations et des entreprises, qui imposent déjà des modèles de rôles sociaux. En coordonnant des expressions et des actes de compréhension, le langage nous évite de faire à chaque fois l'effort d'établir une relation biunivoque entre des intentions et des réactions. Sous sa forme propositionnelle, il nous rend même complètement indépendants de l'existence actuelle d'une telle relation – avec pour conséquence indirecte que toutes les interactions linguistiques peuvent être orientées sur une relation au monde dans sa totalité, tout en fonctionnant presque sans effort. À partir de l'être-avec des sujets, qui se déploie en même temps que leur être-soi, le langage permet donc d'envisager la relation des sujets aux associations de personnes plus larges, dans lesquelles leur vie se déroule, et en même temps à leur position dans le monde dans son ensemble.

Contrairement à la fondation d'une famille, le langage ne peut pas être une institution mise en place par des hommes. Il faut reconnaître que dès le début il exige l'intelligence de l'homme et que les langues se développent grâce à des prestations intelligentes. Mais puisque l'institution originaire d'une langue présuppose déjà la capacité de comprendre le langage et donc
198 le | caractère linguistique lui-même, les origines de l'institution du langage ne peuvent s'expliquer qu'à partir de raisons situées en amont de toute réalisation de la vie qui serait déterminée par des intentions et des réflexions. Sans recours à ce vaste domaine d'événements d'expression, on ne saurait comprendre les modes de l'être-avec humain, même si ce qui les caractérise ne surgit pas uniquement de lui. Dans ce domaine, le langage contient déjà aussi une perspective sur le déploiement de relations sociales dépassant le domaine de l'interaction de personnes dont les relations et modèles de relation leur sont à tout moment complètement présents et transparents.

Ce domaine de proximité de l'agir social est articulé par une multitude d'autres institutions, comme par exemple des degrés de parenté. Mais depuis longtemps déjà, il est aussi sous l'influence d'un tout autre type d'ordre qui n'est pas aussi familier, transparent et évident aux personnes. Ces institutions familières elles aussi limitent les possibilités d'agir du singulier tout en lui ouvrant en même temps des trajectoires comportementales sans lesquelles il ne deviendrait jamais indépendant. Mais les ordres qui n'appartiennent pas à ce domaine de proximité sont expérimentés comme limitants d'une tout autre manière et, par opposition aux ordres du domaine de proximité, d'abord comme des pouvoirs étrangers. Tout en s'exprimant dans notre propre langue, ils apparaissent sous forme de représentants tels que des facteurs, des policiers ou des caissiers.

Puisque les ordres qu'ils représentent ne se présentent précisément pas comme des institutions familières dont les actions sont pleinement compréhensibles, ils donnent l'impression d'être des appareils gigantesques mais invisibles comme tels, qui interviennent dans notre environnement familier par leur activité ordinatrice et leurs dispositions; des appareils superpuissants et en même temps fascinants en vertu de l'ampleur de l'horizon dans lequel ils | nous placent et grâce à leur stabilité qui dépasse celle de 199
toutes les relations personelles.

Les relations qui se forment entre les individus d'un côté et les ordres multiples dans lesquels les individus sont impliqués de l'autre, ainsi que leurs mutations, sont l'objet des sciences sociales. Les fondements de ces sciences sont visés par deux questions qui soulèvent du même coup aussi des problèmes philosophiques : quel est le statut des ordres sociaux dans l'ensemble de la réalité que nous connaissons ? Comment faut-il comprendre la relation fondamentale entre les individus et ces ordres ? La première question se pose d'abord comme relevant de l'ontologie, mais elle se laisse aussi formuler dans le cadre d'une considération méthodologique et épistémologique. Ensuite, elle se détermine plus exactement comme la question sur l'origine des concepts de collectifs et la question de savoir si ces collectifs, tels des individus de grand format, sont susceptibles d'être thématisés et expliqués comme une chose singulière existant pour elle-même ou s'ils se réduisent à des faisceaux d'interactions qui attirent notre intérêt de connaissance sous des perspectives changeantes. Toute tentative de répondre à la deuxième question portant sur la relation entre les individus et les ordres sociaux impliquera toujours aussi une tentative de répondre à la première. C'est elle, cependant, qui pose le problème auquel ces leçons sont censées répondre. Car il concerne la subjectivité des sujets comme tels, qui doit constituer le point de départ de toutes leurs réflexions. Ainsi nous avons aussi essayé de comprendre les modes de l'être-avec des hommes à partir de leur subjectivité. Par conséquent, il faut maintenant nous concentrer sur la façon dont leur intégration dans des ordres sociaux peut être comprise à partir de leur subjectivité.

De telles réflexions ont une double tâche : il faut nous demander dans quelle mesure l'être-avec des sujets est déterminé par les ordres sociaux et dans quelle mesure le fait qu'ils s'expérimentent comme faisant partie de ces ordres | s'oppose, par principe, à toute tentative d'orienter des questions 200
philosophiques fondamentales sur la subjectivité et la vie consciente du singulier. Mais tout d'abord il faut nous demander si et comment on peut montrer que la possibilité de former des institutions sociales et des structures anonymes est enracinée dans la constitution même de la subjectivité.

La construction d'ordres soustraits au domaine de proximité de la vie et de l'agir et qui peuvent ensuite dominer et transformer ce domaine est un résultat qui naît du processus de vie de certains êtres qui se trouvent à l'égard de leur propre vie dans une relation qui est caractérisée par leur connaissance de soi. Il faut donc assumer que cette coïncidence n'est pas fortuite, que donc ces ordres auxquels ils sont soumis ne surviennent pas simplement de l'extérieur.

Le fait que de tels ordres existent ne peut pas non plus s'expliquer en soulignant simplement que ces organisations servent à l'autoconservation et à l'augmentation du confort d'une vie disposant de la capacité de produire des biens de façon intelligente grâce au partage du travail. L'efficience de cette capacité se trouve visiblement augmentée du fait que le processus de production couvre de grandes distances et de longues chaînes et que les domaines du fonctionnement de l'organisation en vue de son autoconservation sont rendus indépendants, tout en restant liés les uns aux autres. Selon ce modèle, l'organisation sociale serait elle-même un appareil mis en place de façon fonctionnelle et utilitaire. Une telle expli-cation peut être suggérée par une approche qui considère la subjectivité comme caractérisée par son puissance autarcique et sa domination sur le monde. Mais l'indépendance autoréférentielle dans laquelle tous les processus de la subjectivité se déroulent réellement s'accompagne toujours de la reconnaissance des limites qui, loin d'être imposées à sa spontanéité de l'extérieur, la rendent possible en elle-même. De grandes formations sociales se
201 laissent | sans doute mieux comprendre à partir d'une telle compréhension de la subjectivité. Dans la mesure où de telles formations ne sont pas des faits naturels, elles sont en effet tout autant imposées aux sujets que surgissant de leur propre productivité.

Dans la mesure où les sujets sont des personnes, ils agissent à l'intérieur de leur monde. On ne peut parler d'agir que si les actions du corps ne sont pas déclenchées de façon automatique mais amorcées par des motifs dont le sujet pourrait faire un objet de réflexion, même si de fait il n'a pas effectué une telle réflexion. Par conséquent, une action sociale est plus qu'un comportement qui ne se réfère qu'à des personnes ou qui est coordonné avec d'autres personnes. Car, contrairement à ce qui se passe dans un banc de poissons, la coordination dans l'agir social ne s'effectue pas à travers le déclenchement d'une impulsion; elle est donc toujours accessible à la réflexion. Ce qui, à son tour, n'est le cas que si chacune des personnes concernées envisage comme telle la subjectivité des autres personnes auxquelles elle se réfère par son agir ou avec l'agir desquelles elle coordonne son propre agir. Les personnes doivent être capables de connaître d'autres personnes en tant que sujets et de régler et considérer leur propre comportement comme fondé sur cette connaissance. À partir de cet état de choses fondamental, il y aura aussi une relation entre la subjectivité de l'homme et la possibilité de son positionnement dans toutes sortes d'ordres sociaux dans lesquels sa vie est intégrée. Car il faut se demander comment la vie de l'homme doit être comprise afin que cette intégration puisse être rendue plausible en même temps que sa relation à soi en tant que sujet.

Sous sa forme élémentaire, l'agir social est une relation réciproque, donc un agir par rapport à ou en accord avec d'autres personnes, qui à leur tour assument une attitude similaire à l'égard de l'acteur. Elles entrent en concurrence avec lui, agissent de concert avec lui ou s'efforcent, d'une façon ou d'une autre, de se mettre d'accord avec lui. Toutes les actions
| visent donc des fins ou des buts au sens large, que l'agir cherche à atteindre 202
directement ou indirectement. De ce point de vue, la danse en couple est elle aussi une action sociale finalisée, même si son but coïncide avec sa réalisation. De telles actions sont comprises dans et pénétrées par des activités d'un tout autre type. Des actions dans le monde présupposent de toute évidence l'orientation sur le monde, donc des perceptions et toutes les autres prestations cognitives complexes grâce auxquelles les perceptions entrent dans une relation au monde. Il en va de même de ce qui confère à l'agir une dimension sociale qui en fait une action sociale. Les dimensions de cette socialité ne surgissent donc pas plus de l'agir que la relation au monde n'est le résultat des perceptions. Et de la même manière que cette relation au monde, elles sont fondées dans des actions qui à leur tour sont structurées par la relation à soi des sujets. En mettant entre parenthèses cette relation et en prenant l'agir dans sa signification quotidienne, il paraîtra logique de réduire la socialité de l'agir à ce qui, selon le modèle du choix préférentiel rationnel, est censé constituer l'agir en général et par conséquent aussi l'agir dans des ordres sociaux. En agissant, les personnes poursuivent des buts, et elles sont déterminées par des motifs qui prennent la forme d'impulsions simples ou de stratégies plus complexes. Que leur agir soit rationnel découle du fait que dans toute situation d'action, elles peuvent s'appuyer sur des préférences concernant leurs motifs et que dans cette situation, donc dans des circonstances données, elles choisissent et essaient de réaliser le mode d'action qui semble le plus à même de réaliser le but visé. Dans le domaine des décisions économiques, un exemple phare pour un tel agir serait la maximalisation du gain face à une pénurie de ressources.

| Un tel agir acquiert une dimension sociale de trois façons différentes : 203
la personne singulière agit dans des situations et selon un éventail de

modèles d'agir que d'autres personnes ont produits, et elle le sait. En réalisant son action, elle doit tenir compte d'autres personnes et se trouve limitée par leurs sphères d'action. Son agir vise des buts qui ne peuvent être réalisés qu'à condition de s'intégrer dans la totalité des conditions sous lesquelles se formeront de futures situations d'agir.

Celles parmi les structures qui, contrairement par exemple à l'institution du langage, sont en grande partie soustraites à l'horizon de la vie et de l'expérience de chaque personne singulière entrent en jeu au tout début et à la fin de cette triade d'aspects. Ainsi, la situation dans laquelle une action se déroule est déterminée par l'ordre juridique d'une cité. Et les buts de l'agir des singuliers, qui visent à chaque fois à l'optimisation de leur propre profit, agissent ensemble en formant un marché, tandis que les acteurs – à condition que celui-ci se soit effectivement formé – calculent leur profit en tenant compte du marché, de son ordre actuel et de son fonctionnement.

Il est évident que dans cette approche de la dimension sociale de l'agir, les structures sociales anonymes sont à considérer comme des présupposés donnés qui déterminent le déroulement de chaque action singulière. Non seulement il est impossible de les rendre compréhensibles à partir de l'agir lui-même; il reste aussi inintelligible comment l'agir, à partir de sa propre constitution comme agir social, puisse se mettre en relation avec elles. Si l'on essaie malgré tout d'expliquer les ordres sociaux à partir de l'agir lui-même, il faut les comprendre soit comme des institutions planifiées de façon utilitaire, soit comme des conséquences qui se produisent en tant
204 qu'effets non planifiés et non désirés des | actions d'une multitude de personnes dans des situations impliquées les unes dans les autres, et qui se répercutent ensuite en contre-choc sur des actions singulières, comme leur présupposition. Au premier type d'explication correspond l'idée d'une fondation de l'Etat à travers un contrat, au deuxième, l'explication par Adam Smith du marché qui est créé comme par une "main invisible", c'est-à-dire en naissant, sans aucun acte créateur externe, de l'entrelacs des effets d'une multitude innombrable d'intentions d'agir. Cependant, les deux modèles ne peuvent être appliqués avec succès qu'en différenciant les étapes de la genèse de l'ordre. Cela découle du fait que l'usage indifférencié de ces modèles aboutirait à une régression à l'infini : la fondation de l'Etat à travers un contrat de domination présuppose l'institution du contrat, et le mécanisme du marché a des présupposés institutionnels qui ne naissent pas automatiquement comme des effets latéraux de la concurrence dans le calcul du profit.

Une fois qu'on a compris cela, il semble plausible de ne pas interpréter des institutions et des ordres anonymes uniquement comme les conséquences des interactions des personnes. Cela nous permettrait de rompre le cercle qui consiste à s'appuyer sur les institutions en tant que présupposés purement facticiels de l'agir social des personnes, agir à partir duquel elles étaient pourtant censées être expliquées. Afin de leur attribuer la possibilité de naître indépendamment de l'interaction volontaire d'un grand nombre d'agents, on pourrait, comme l'on fait certains théoriciens du langage, présupposer un équipement ontogénétique constant de l'espèce, qui lui permet d'établir des formes d'ordre très vastes. Ou bien on pourrait assumer que les ordres sociaux ne sont pas à analyser comme des conséquences d'interactions complexes, mais qu'ils se produisent de façon spontanée, comme un grade supérieur de la coordination de telles actions. Mais une fois qu'ils existent, ils auront une influence sur la façon de se
comporter | des individus. Il y a longtemps déjà, le philosophe anglais **205**
C.D. Broad a introduit le terme d'"émergence" pour désigner l'apparition régulière d'ordres supérieurs dans la nature, qui n'est pas dérivable des conditions antérieures.

Tout en reconnaissant que des ordres semblent naître spontanément dans tous les domaines du monde de l'expérience et que l'expression d'"émergence" suggère l'intégration de ces faits dans une théorie explicative, on ne peut guère ignorer que cette façon d'intégrer les institutions dans la description de ce que nous reconnaissons comme réel ne peut pas être acceptée comme explication, si tant est que nous donnons un sens encore plus ou moins précis au terme "explication". Ou bien on suppose que des complexions d'événements inconnues produisent ce qu'on appelle émergence ou bien on parle d'émergence lorsque des choses inexplicables se produisent régulièrement sous certaines conditions. Une objection semblable pourrait se soulever contre la description des ordres sociaux en tant que systèmes qui s'autoconservent et se différencient dans cette autoconservation. Toutes ces stratégies ont ceci en commun qu'elles attribuent aux systèmes sociaux une indépendance vis-à-vis de l'interaction des individus qui agissent à l'intérieur d'eux. La seule alternative à toute stratégie de ce type reste le programme d'une explication des ordres sociaux comme un effet qui naît de la liaison complexe d'une multitude de processus d'action.

Ce programme se trouve pourtant toujours à nouveau placé devant la difficulté qu'à un certain stade de ses explications, il doit simplement partir d'ordres donnés à l'intérieur desquels des actions s'accumulent. Dans la mesure où cela s'avère incontournable, il ne reste que la possibilité de limiter autant que possible l'émergence des ordres à présupposer dans

l'explication et de ne pas s'appuyer sur des ordres émergents pour expli-
206 quer l'origine | d'autres faits d'ordre. Le débat méthodologique sur cette question ne pourra donc pas faire l'économie d'une argumentation plus ou moins laborieuse. En outre, parmi les alternatives qu'il faut pondérer, il faudra certainement aussi trancher la question de savoir si elles ont fait leurs épreuves dans l'analyse d'ordres sociaux réels et donc par rapport à l'empirie.

Dans la mesure où nous considérons l'être-avec des hommes à l'intérieur des ordres à partir de la subjectivité des acteurs, nous n'avons pas besoin d'entrer dans ce genre d'argumentations. Cela nous permet pour l'instant d'éviter de prendre position concernant la possible indépendance des ordres sociaux à l'égard de la cumulation d'actions et le degré de cette indépendance même. Nous ne sommes pas tenus davantage de considérer ce problème dans la perspective des concepts d'unité qui seront élaborés dans la leçon suivante.

Cependant, il faut bien formuler une condition qui doit être remplie si l'on veut attribuer aux ordres sociaux une réalité propre : le lieu où de tels ordres font preuve de leur réalité indépendante doit toujours être l'agir réel et donc aussi la subjectivité des individus qui sont compris dans de telles structures ordonnées.

La tentation est grande de s'imaginer les ordres sociaux comme des objets de grand format grâce auquel ils dépassent les individus tels des paysages, voire même des continents. Des Etats et des empires se sont effectivement étendus sur des surfaces immenses. Aujourd'hui, l'homme et le citoyen singulier est exposé aux activités d'associations et d'agences économiques puissantes qui semblent présentes partout sur le globe telles des polypes hypertrophiques. Mais l'idée de considérer les ordres sociaux
207 comme de vastes objets ou des archipels d'objets | n'est qu'une illusion qui se trouve encore renforcée par le fait que la plupart des ordres ne sont pas expérimentés comme des produits des individus. On dit alors volontiers que les individus sont intégrés dans ces ordres qui leur auraient sans doute été imposés ou dont ils seraient prisonniers. De telles formules, qu'on ne peut guère éviter, font apparaître les ordres comme quelque chose qui enferme les individus tel un espace fortifié. Et malgré tout, il n'y a aucun ordre social au-delà des individus qui appartiennent à chaque fois à un ordre précis.

Cette affirmation peut paraître paradoxale si l'on considère que les ordres sociaux sont accompagnés par et dépendants de concentrations et de cumulations de choses réelles – des constructions architecturales gigantesques, des systèmes d'arrosage et des axes de circulation, des arsenaux d'armées, des dépôts de métaux précieux, des réseaux et des centrales de réglage électroniques. Les documents et les dossiers qui garantissent le fonctionnement de l'ordre remplissent des archives immenses. L'efficacité des institutions n'est pas limitée à leur influence sur l'opinion. Elles agissent, au même titre que les individus, comme centres de force dans le monde matériel, et l'un de leurs modes d'efficacité le plus important est l'exercice de toutes sortes de pouvoir et de violence physique. Tout cela explique aussi pourquoi les individus ont toujours expérimenté et continuent d'expérimenter la surpuissance des institutions et des ordres sur leur vie.

Mais toutes ces réalités ne constituent pas le siège de ces institutions. Elles ne font que les utiliser ou en faire des moyens de leur fonctionnement. On pourra dire en outre qu'elles sont une expression des ordres auxquels elles confèrent une stabilité et une efficacité qu'ils ne pourraient pas atteindre par de simples interactions. Les langues elles aussi sont un modèle extrêmement complexe de communications possibles qu'aucun individu | à 208
lui seul n'est à même d'utiliser dans tous ses aspects. Avant même l'invention de l'écriture, par exemple à travers la transmission collective par les Brahmans des textes sacrés à la prochaine génération, elles peuvent acquérir une grande stabilité au travers des espaces et des époques très vastes. Mais dans le cas du langage, il est évident que les langues – malgré tous les dictionnaires, les supports électroniques et les grandes bibliothèques – ne possèdent d'autre existence que dans les individus qui forment la communauté linguistique. Il n'en va pas tout à fait de même des normes qui sont le résultat d'actes d'institution – des systèmes du droit jusqu'aux règles d'orthographe. Elles ne peuvent pas avoir de validité sans être fixées dans des documents statutaires objectifs. Mais il suffit de songer aux traditions juridiques avant l'invention de l'écriture et aux différentes façons de prononcer une langue pour se convaincre que ces normes ne se distinguent pas fondamentalement de la langue dont la réalité est tout entière liée aux personnes singulières. Les personnes sont certes incarnées et, de ce point de vue, des réalités dans le monde au même titre que leurs actions sociales. C'est ce qui permet de comprendre leurs implications dans les choses et les situations de ce monde, mais non pas l'origine des ordres de leurs actions en tant que telle.

Nous avons donc une raison supplémentaire pour ne pas trancher la question de savoir si tous les ordres sociaux peuvent s'expliquer comme des entrelacs d'innombrables actions et interactions de personnes ou s'ils possèdent aussi une réalité propre. Une fois qu'on a accepté que les ordres sociaux ne possèdent pas de réalité objective séparée, il s'ensuit que cette

question doit toujours rester orientée sur la constitution des personnes en tant qu'actrices et sur leurs interactions. Il faut renoncer à l'idée qu'un ordre qui ne surgit pas des interactions des acteurs doit se montrer à eux comme un monde ou se présenter comme une réalité dans laquelle ils se trouvent. En excluant cela, nous n'avons pas nié la possibilité de dériver les
209 ordres autrement que comme des | produits d'interactions et des présupposés qui résultent des entrelacs d'interactions précédentes. Même si on limite la question sur le statut des ordres indépendants aux acteurs individuels, la possibilité de concevoir les ordres comme se produisant sous certaines conditions mais de façon indépendante ne reste pas moins ouverte que sous l'emprise de l'idée qui considère les ordres comme des quasi-objets. L'émergence d'un ordre indépendant doit alors seulement être conçue comme un surgissement spontané sous certaines conditions – comme le surgissement d'un mode d'agir *dans les individus eux-mêmes* – et en même temps selon un modèle de compréhension qui soit lié à la réalisation de ce mode d'agir.

Dans l'histoire de la genèse des individus, il y a souvent des événements qui apparaissent comme une sorte d'émergence dans l'existence individuelle. Nous avons tenté de montrer que la conscience de soi se produit sous certaines conditions sans être toutefois dérivable de ce qui, dans l'enfant et dans ses interactions, précédait sa conscience de soi. Concernant tous ces développements dans l'individu, on peut toujours supposer qu'ils ne peuvent pas être dérivés de l'intérieur mais qu'ils trouvent une explication adéquate en les rapportant à des puissances neuronales et des processus cérébraux. Dans ce cas, on ne pourra cependant plus répondre à la question de savoir si ces processus à leur tour présupposent ou non une émergence de modes d'ordre neuronaux grâce à des ordres microphysiques. Ainsi on pourrait aussi expliquer la possibilité de nouvelles formes d'interactions et une disposition à l'orientation dans et sur des ordres sociaux plus vastes entre les individus. Le jeu d'échecs, par exemple, est visiblement une forme d'interaction, mais celle-ci s'enracine tout aussi visiblement dans la puissance de réflexion et d'imagination des individus et n'a d'autre existence qu'en eux.

Personne ne soutiendra que les ordres sociaux possèdent une existence
210 tout à fait indépendante des individus. Il serait | même contradictoire d'attribuer à de tels ordres une existence sans aucun rapport aux individus. Cela n'exclut certainement pas qu'on puisse leur reconnaître une réalité quasi-objective dans laquelle les individus seraient simplement compris. Mais une fois qu'on aura montré que tous les ordres susceptibles d'émerger ne peuvent avoir de réalité que dans et entre les individus, il faut

définitivement écarter une idée du domaine de la réflexion : d'une manière ou d'une autre, des ordres sociaux ne pourront jamais avoir d'effet réel sur d'autres ordres. Ainsi, nous avons établi un principe fondamental pour l'explication de tous les faits sociaux : la compréhension du passage d'une forme d'ordre à l'autre passe nécessairement par la compréhension des individus qui sont compris dans ces structures. Les différents ordres peuvent influencer les individus et donner une certaine forme à leur vie. Ils le peuvent, alors même que leur existence est tout à fait inséparable des individus, et il le peuvent d'autant plus que tous les individus, pendant leur adolescence, doivent s'intégrer dans une forme de vie ; éventuellement, on peut même assister à l'émergence d'ordres dont l'origine, pour cette même raison, est complètement soustraite à la volonté disposante de l'individu. Mais cela n'empêche pas que les ordres ne naissent jamais directement d'autres ordres mais uniquement de certains changements dans les individus qui se trouvent compris dans ces structures, même si ces changements se produisaient dans les individus sous des conditions que nous avons désignées par le terme d'émergence. La sociologie et plus encore, la théorie de l'histoire courent toujours le risque d'aller à l'encontre de ce principe. Le plus souvent, cela n'arrive pas ouvertement mais de façon cachée et souvent il faut des analyses laborieuses pour rendre cette conclusion fallacieuse évidente comme telle.

| 8. LA SUBJECTIVITÉ DANS LES ORDRES SOCIAUX 211

Les sciences sociales considèrent avoir pour tâche d'éclaircir les relations qui lient l'agir des individus aux ordres sociaux, la maîtrise du rapport entre l'agir et l'ordre constituant alors leur problème théorique fondamental. Les configurations multiples de ces relations, leurs entrelacs et leur changement de forme historique constituent un fonds inépuisable de thèmes pour leur recherche. Le fait que tous ces thèmes soient marqués par la grande complexité du domaine qui dicte à ces recherches leurs problèmes a pour conséquence qu'il y a différentes positions fondamentales concernant la relation entre l'agir et l'ordre, qui cherchent à organiser le mode procédural des recherches en l'accompagnant et en l'expliquant ensuite avec leur réflexion méthodologique.

La meilleure chose que la philosophie puisse faire, c'est de laisser ce processus à lui-même. Mais la question fondamentale sur la relation entre l'individu et l'ordre l'intéresse aussi à l'intérieur de son propre domaine, précisément lorsqu'elle développe sa propre problématique à partir de la subjectivité. Tout en laissant faire la recherche en sciences sociales, elle devra thématiser son côté méthodologique dans ses propres réflexions. En réfléchissant sur la subjectivité, elle ne touchera qu'un seul aspect de la relation entre l'agir et l'ordre, mais cela ne veut pas dire pour autant que cet aspect soit sans importance pour la réflexion méthodologique des sciences sociales ; il peut même mettre en lumière un déficit dans leur autocompréhension et leurs outils terminologiques. D'une façon ou d'une autre, il doit être inclus dans la compréhension de l'être-avec des personnes en tant que sujets.

Si l'on conçoit le rapport entre les personnes et les ordres dans lesquels elles vivent comme la relation entre *l'agir* et l'ordre, cela a pour consé-
212 quence que la | façon dont les personnes peuvent se comprendre à l'intérieur de ces ordres sera perçue dans une perspective restreinte. En prenant l'agir pour point de départ, on met entre parenthèses la façon dont les personnes, en tant que sujets, se positionnent dans le monde *en amont* de toute action. Or les formes multiples de cet autopositionnement constituent l'une des conditions sur la base desquelles elles comprennent leur relation à des ordres sociaux et comment, par conséquent, elles sont capables d'orienter leur propre agir en relation à de tels ordres.

Nous allons maintenant approfondir un aspect de cette relation. Il faut rappeler d'abord ce que nous avons dit dans les leçons précédentes à propos du positionnement du sujet. De prime abord, il semble s'agir là de faits fondamentaux sans importance, voire même triviaux, de la vie consciente. Mais le fait qu'ils soient aussi simples que fondamentaux nous permet néanmoins de les prendre pour point de départ d'une analyse de la situation de l'homme dans la multiplicité des ordres sociaux et dans les conflits qui peuvent naître entre ces ordres, tout en y impliquant aussi les hommes.

En tant que sujet et donc en vertu de sa conscience de soi, l'homme se trouve en face de tout ce qui peut faire l'objet d'une de ses pensées en général. C'est grâce à cette même conscience de soi qu'il se connaît également comme faisant partie d'un monde auquel il appartient. Sur l'arrière-plan du va-et-vient conflictuel de ces deux affirmations se déploient aussi, en dernière analyse, tous les conflits auxquels l'homme est exposé dans son être-avec. Le premier aspect qui suggère ce type d'interprétation concerne le fait que ce va-et-vient conflictuel surgit d'une relation à chaque fois différente avec des ordres qui sont impliqués dans les modes de sa connaissance de soi.

Dans sa conscience de soi, le sujet se connaît comme un singulier. Cette singularité implique qu'il est distinct de tous les autres sujets. Que sa
213 | conscience de soi soit le fait absolument fondamental par rapport à sa connaissance implique qu'il se sait distingué de tous les autres sujets réels

ou possibles, sans savoir pour autant si de tels sujets existent et comment sa différence par rapport à eux se laisse plus précisément déterminer. Le sujet sait simplement que tout le contexte de vécus et de connaissances, qui est le sien, ne peut pas être celui d'un autre sujet. Cela vaudrait aussi à supposer même que d'autres sujets soient en mesure de faire exactement les mêmes expériences, à condition de disposer exactement des mêmes contenus de connaissance.

Cela implique immédiatement que chaque sujet réel comme tel doit penser un ordre de sujets à l'intérieur duquel les sujets se distinguent les uns des autres. Cet ordre n'est pas identique à celui dans lequel il rencontre effectivement d'autres sujets. À moins d'être capable de se positionner dans un ordre réel, l'idée même d'un ordre lié à sa subjectivité ne pourrait jamais se concrétiser. Mais cette idée est bien le fondement grâce auquel le sujet est capable de se positionner comme point d'ancrage singulier de son monde propre et de se maintenir comme le même sujet dans un tel ordre et dans chaque rencontre avec d'autres sujets. Le sujet attribuera donc à tout autre sujet qu'il rencontre une position à l'intérieur du même ordre dans lequel il se sait lui-même positionné comme sujet. Mais cet ordre devra toujours être distingué de tout ordre à l'intérieur duquel des sujets se rencontrent effectivement.

L'idée de cet ordre n'est rien d'autre que la conséquence logique du lien entre l'unité et l'unicité intrinsèques qui caractérisent chaque sujet dans sa relation à soi et la singularité qu'il doit toujours s'attribuer de la même
façon. L'attribution de la singularité implique | que l'unicité intrinsèque du 214
sujet ne fonde pas son droit à l'unicité en général, mais qu'elle va de pair avec la capacité de penser et de reconnaître la singularité d'autres sujets, où chacun de ces sujets possède la même unité et unicité par rapport à soi-même. Le fait que cet ordre ne soit pas présent comme tel aux sujets et qu'il ne puisse pas devenir un contenu du monde parmi d'autres n'exprime rien d'autre que la singularité du sujet dans sa relation à tous les contenus du monde. Mais l'idée de cet ordre originaire des sujets confère au sujet la possibilité d'une prise de distance à l'égard de toute autre forme d'ordre grâce à laquelle il se trouve impliqué dans les relations réelles à l'intérieur de son monde et à d'autres sujets qui en font partie. C'est pourquoi il n'y a pas d'ordre dans son monde que le sujet ne puisse dépasser à travers des pensées sur soi-même, même s'il y reste inextricablement lié.

Cela vaut aussi bien pour des ordres à grande échelle que pour les ordres de notre environnement de vie immédiat qui, chacun à sa façon, résultent de ce que le sujet ne se trouve pas seulement devant le monde dans son ensemble comme corrélat de sa connaissance de soi, mais qu'il occupe en même temps une position à l'intérieur de ce monde qui est le sien. Il faut distinguer entre l'idée d'un tout de ce monde et le chemin sur lequel chaque sujet accède aux contenus mondains. L'idée d'un tout de ce monde implique qu'il y aura une multitude innombrable de tels chemins vers sa compréhension et que chacun de ces chemins peut correspondre à un autre sujet. Dans la mesure où ces chemins se croisent, les sujets peuvent se rencontrer. Mais chaque chemin a déjà un point de départ dans le monde. Dans cette leçon, nous avons déjà montré que c'est grâce à leur incarnation que les sujets sont liés à ce chemin et à son point de départ.

215 | Un sujet réel ne peut rencontrer d'autres sujets réels que par l'intermédiaire de l'incarnation, la sienne propre aussi bien que celle de l'autre. Nous avons constaté l'échec de toutes les tentatives de contourner ou de trancher le nœud gordien des problèmes qui résultent du fait qu'une présentification de l'autre soit possible sous le mode de la certitude et en même temps uniquement dans un processus complexe dans lequel inter-agissent bien des aspects qui sont liés à l'existence corporelle de la subjectivité. Cela signifie que toute relation d'un sujet à d'autres sujets doit prendre pour point de départ la présence corporelle d'autrui. Ensuite seulement elle peut aussi assumer l'une des formes de présence médiate. Mais la relation à soi des sujets comporte une protention vers la coexistence de sujets dans des formes d'ordres totalement différentes de celles de l'interaction dans un face-à-face.

Des animaux peuvent vivre en troupeaux qui se délimitent d'autres troupeaux. Certaines espèces, par exemple les abeilles et les fourmis, sont à même de communiquer grâce à des systèmes d'information très performants, malgré un partage de travail complexe, et les individus de certaines espèces sont capables de se rassembler à un endroit précis de la terre. Mais aucun autre être vivant dépasse dès le début, à l'instar de l'homme, toutes les expériences dans son environnement grâce à sa relation à un ordre social. Il est donc flexible dans son orientation sur des ordres sociaux de toutes sortes et capable de coordonner beaucoup d'ordres de type différent, ordres dont il est depuis longtemps dépendant.

On ne saurait expliquer ce fait simplement comme l'un des nombreux effets de sa rationalité propre. La rationalité lui permet de saisir et d'identifier des faits singuliers par rapport à tous les faits possibles en général. Mais si le sujet pense et se comprend soi-même dans des ordres, la protention vers ces ordres doit être enracinée dans sa relation à soi. Cette
216 relation à soi | est certes liée à sa rationalité dans une relation fonctionnelle unique. Toutefois, sur la base de conclusions rationnelles, le sujet ne pourrait parvenir qu'à des conclusions concernant des ordres qui ont une

influence très lointaine sur sa vie. Il n'est pas nécessaire que la relation à de tels ordres soit mise en lumière à travers une démarche réflexive. L'ouverture vers eux s'est plutôt déjà produite à partir du moment où l'homme en tant que sujet se positionne face à un monde et apprend à se faire valoir comme un singulier dans son monde environnant.

C'est pourquoi l'opinion est erronée selon laquelle le fait que des hommes vivent dans des empires et des cultures développées et par la suite aussi dans des sociétés modernes complexes puisse s'expliquer uniquement par des processus historiques et des dynamiques sociales. Ces processus eux-mêmes seraient en effet inintelligibles s'ils ne correspondaient pas à un potentiel qui s'est formé dans les hommes à travers leur relation à soi. Cela ne contredit pas le fait que l'activation de ce potentiel est liée au processus d'un développement historique et à la formation réelle d'ordres sociaux plus vastes.

Là où ce potentiel est activé, l'homme est aussi marqué par les tensions qui naissent entre le domaine de proximité de sa vie dans la présence corporelle et un sens d'ordre plus étendu. Ce sens d'ordre pourrait même comprendre des mondes, mais en même temps il lui fait comprendre que le fait d'être lié par des ordres réels à effet lointain est autre chose qu'une contrainte imposée de l'extérieur. Car c'est précisément en accédant à son indépendance qu'il sait aussi qu'il n'y est pas unique ni tout-puissant. Cela crée un lien entre sa connaissance de soi et des idées qui ouvrent sa sphère à une relation à des ordres qui ne peuvent pas se révéler à lui dans le domaine de proximité de son existence corporelle, une relation à des ordres dans
lesquels il est | compris avec son indépendance, mais également à des **217**
ordres qui peuvent limiter cette indépendance par leurs effets à distance.

Comme nous l'avons déjà dit, la doctrine méthodologique développée par les sociologues sur la base des fondements de leur propre science, qui continue de faire l'objet de nombreuses controverses, part de l'idée que le problème clé consiste en la détermination du rapport entre *l'action* et l'ordre. Cette coordination entraîne nécessairement une restriction du regard sur la problématique si l'on conçoit l'agir comme une activité consciente visant des buts, grâce à laquelle l'homme réalise quelque chose dans le monde. Mais dans l'homme en tant que sujet s'accomplit aussi une autre activité qu'on ne peut guère ou pas du tout caractériser par le mot "agir". Elle n'emploie aucun moyen pour atteindre un but, et elle ne vise aucun but à réaliser dans le monde. Si tant est que but il y a, celui-ci coïncide avec la stabilité de ses relations complexes à la réalité et à la multiplicité des ordres auxquels appartient notre propre vie. Un tel agir ne se réalise pas comme une activité planifiée mais comme une mise en équilibre et une formation d'attitudes qui doivent se déployer sans toutefois pouvoir être produites. Mais il faut des efforts et un contrôle vigilant pour éviter que ce qui est davantage processus qu'action ne s'accomplisse sous une forme réduite, affaiblie ou déformée. Ainsi, ce qui s'appelle ici agir ressemble davantage à l'acquis spontané de connaissances qu'à la praxis circonspecte. Cependant, la relation au Moi y est encore plus prééminente que dans cette praxis. Car l'activité ne vise rien d'autre que la stabilité de l'être-sujet par rapport à toutes les dimensions de la vie et de l'être-avec de la personne dans le monde dans lequel elle est positionnée.

Néanmoins, ce processus intervient dans tous les modes de l'agir social au sens propre et étroit de l'agir. Beaucoup de modes d'action et d'inter-
218 action ne peuvent pas | être compris sans référence à des ordres qui surgissent de la même source qui nous entraîne aussi dans le processus de la stabilisation de l'être-sujet. Il faut donc accepter ce processus, qu'on ne peut pas non plus qualifier précisément d'agir interne si l'on veut comprendre en un sens plus large tout ce qui est impliqué par le fait qu'une personne accepte un rôle ou se trouve dans un rôle.

Déjà dans la deuxième leçon, nous avons parlé de l'équilibre d'identités vers lequel tend la vie consciente qui doit s'affirmer dans le monde. C'est le même processus qui est maintenant à nouveau envisagé du point de vue de la subjectivité dans son être-avec et dans son rapport aux ordres de cet être-avec. Si l'on définit l'agir uniquement à partir de la décision rationnelle sur des buts et des moyens sous la prémisse d'un certain cadre de conditions qui, elles aussi, se réfèrent à de telles décisions en en limitant et orientant les possibilités, le sujet de cet agir lui aussi ne sera thématisé par ces analyses que sous une forme sous-développée : quels que soient les efforts qu'on fait pour y inclure ses propres motifs et intérêts dans toute leur complexité – la dynamique de sa subjectivité est déjà définie dans la perspective réductrice de la problématique scientifique.

Tout cela ne revient pas à suggérer qu'il faut essayer, au contraire, d'expliquer tout agir ciblé uniquement à partir de la dynamique de la subjectivité. Car cet agir est la conséquence de l'incarnation de la personne qui doit se maintenir elle-même, ainsi que son positionnement dans le monde, si bien que, dès que la personne agit, les raisons et les forces spécifiques en vue de l'agir sont elles aussi mises en œuvre, ce dont il faut avant tout tenir compte dans l'explication de l'agir. Ainsi, il faut donc éviter toutes sortes de réductions. Pour ce faire, il faut diriger notre atten-
219 tion sur l'ajointement des différentes dimensions afin de mieux | cerner la façon dont la subjectivité des personnes a ses effets sur l'organisation de leur agir, sans que tout agir soit dérivé de sa dynamique.

C'est pourquoi les ordres de l'agir social doivent toujours être considérés de deux points de vue : selon l'entrelacs des modes d'interaction dans lesquels ils se forment et se stabilisent et selon les fonctions qu'ils remplissent. Cela a pour conséquence qu'ils ne sont pas simplement à accepter comme des forces de la nature, mais qu'ils peuvent être voulus pour de bonnes raisons et parfois même, comme c'est par exemple le cas des établissements, faire l'objet d'une création planifiée. La combinaison des deux aspects explique aussi les normes instituées en même temps que l'ordre. Un exemple en est le commerce monétaire établi depuis longtemps comme forme d'ordre à grande échelle qui, pour être inévitable, a besoin de beaucoup d'instances régulatrices, et qui a néanmoins été accepté pour de bonnes raisons, notamment à cause de son efficience dans l'échange des biens et des services.

Mais il ne s'agit pas ici d'amorcer la tentative d'une esquisse d'une typologie des ordres sociaux. Ces ordres n'ont été thématisés que par rapport à la dynamique qui surgit de la subjectivité. Cette dynamique est particulièrement sollicitée dans l'être-avec des hommes, qui doit s'orienter et se positionner dans la multiplicité de ces ordres sociaux, alors que les ordres dans leur complexité n'auraient pas pu naître sans les relations multiples des sujets singuliers à un ordre.

Chaque mode de l'être-avec implique un ordre – de l'intimité symbiotique jusqu'à l'idée indéterminée mais universelle d'un concept inclusif de tous les sujets, qui est lié à l'indépendance du sujet singulier. Entre ces deux extrêmes, le sujet peut se connaître et s'expérimenter
comme | impliqué et aussi agissant dans des ordres de dimensions très **220**
différentes. Cela est indiqué par sa propre conscience de soi, dans la mesure où il sait que sa propre position dans son monde est une parmi un nombre indéfini d'autres, et qu'il sait en outre que les chemins à travers le monde peuvent se croiser et s'entrelacer dans une multiformité innombrable, de façon à inclure ou exclure le sujet lui-même. La structure fondamentale d'une telle multiplicité doit être préformée et préparée dans la relation à soi elle-même. Ainsi seulement elle peut être développée en vue de l'expérience du monde social à chaque fois réel.

L'ordre qui est toujours impliqué dans l'idée de l'être-soi indépendant a l'effet d'un concept limite. En vertu de cet ordre, les sujets sont rendus capables de façon immédiate, c'est-à-dire sans recourir à des conclusions de déductions, de se considérer comme positionnés dans des ordres sociaux agissant à distance. Car le fait que les sujets se comportent toujours vis-à-vis d'un tout d'un monde ne permet pas de conclure immédiatement qu'ils ont aussi accès à l'horizon de vie et d'action qu'on appelle "société"

– même s'il dépasse largement la sphère dans laquelle des sujets interagissent directement avec d'autres sujets. À partir de l'implication d'ordre dans le sens du sujet, les sujets peuvent aussi se savoir positionnés dans de tels ordres de bien des façons différentes : en tant qu'ils sont exposés à leur surpuissance, en tant qu'ils y sont intégrés, en tant que leurs profiteurs, en tant qu'agissant en eux ou encore en tant que leurs porteurs et fondateurs.

La conscience d'être soumis passivement à des ordres d'une des façons susmentionnées aura d'autant plus de chances de constituer le point de départ que l'ordre est plus vaste, plus anonyme dans son mode d'agir et plus opaque. Le commerce monétaire en est à nouveau un exemple saillant. Mais le concept limite d'ordre des sujets suggère que la tendance peut
221 naître, dans | les sujets, à se retrouver dans un ordre plus vaste, donc de se savoir identifiés à lui en tant que ses membres. Il n'est donc pas nécessaire d'accéder pas à pas à la construction des ordres sociaux suivant la hiérarchie de l'ampleur de leur efficacité. Déjà pour un enfant, il est plus facile d'imaginer sa propre existence dans un royaume fictif que de comprendre les degrés et les liens de parenté à l'intérieur de sa propre famille et de savoir qu'il en fait lui-même partie.

L'auto-identification à l'intérieur de l'ordre plus vaste est en concurrence permanente avec l'intégration dans le petit groupe. Mêmes les personnes dont la vie semble se dérouler exclusivement au sein de leur famille ne sont pas dépourvues de tout rapport avec les ordres à grande échelle; simplement, ce rapport est marginalisé par rapport au centre de leur attention. Mais toute activité salariale entraîne les hommes dans des ordres qui dépassent leur propre microgroupe. Ces ordres se situent dans le vaste domaine entre l'être-avec dans lequel tous agissent dans un face-à-face avec tous les autres et l'ordre qui possède l'ampleur la plus grande dans la réalité empirique et qui pour cette raison s'approche autant que possible de l'ordre de tous les sujets. Par rapport à ces ordres dans le domaine intermédiaire, du "peer-groupe" au magistrat et à l'armée en passant par l'association, l'entreprise et la commune, se forme un spectre multiforme de grades et de modes d'intégration dans des ordres qui ont besoin d'être toujours à nouveau mis en équilibre les uns par rapport aux autres. Ainsi, la personne peut en même temps accomplir sa tâche d'acquérir et de maintenir l'équilibre d'identités dans ses différents rôles. Et c'est ainsi également qu'elle développe son profil individuel dans les ordres de son être-avec.

On voit aisément qu'à mesure qu'on est intégré dans des ordres, on prend aussi de la distance par rapport à d'autres possibilités et degrés
222 d'identification. Les deux | présupposent la relation à soi de la subjectivité.

Dans la mesure où les intégrations sont soumises à un processus constant de développement et de pondération, ce processus augmente aussi la distance à soi de la personne dans ses différents rôles et dans les ordres dont ceux-ci relèvent. La façon qu'a la personne d'agir et de comprendre son propre agir n'est pas moins déterminée par ce processus de recherche d'un équilibre intérieur dans les modes de son être-avec que par les buts qu'elle cherche à atteindre en accomplissant ses rôles. Cette recherche est en même temps un événement dont les sujets font partie et une entreprise qui exige sans cesse leur capacité de penser et de frayer des chemins afin d'établir un ordre propice à leur propre vie.

Cela nous laisse entrevoir l'esquisse d'une recherche portant sur les modifications de la subjectivité, qui se forment dans le changement d'équilibre entre les multiples façons de son être-avec. Cette recherche pourrait être poussée très loin car elle doit accéder à un terrain qui jusqu'ici a été élucidé de deux autres points de vue, à savoir par la littérature et la psychiatrie, mieux que par la philosophie elle-même. Le procédé méthodo-logique d'une telle recherche devrait lui aussi être spécifié davantage. Car le processus de la vie consciente n'est pas un fait qu'on pourrait expliquer par une description patiente ou par des recherches statistiques. Il faut se placer à l'intérieur de ce processus lui-même et commencer les recherches à partir des tendances à l'auto-élucidation et à l'autodistanciation qui caractérisent le processus comme tel d'un bout à l'autre.

Mais il faut nous arrêter sur le seuil d'une telle entreprise. Nous n'ajouterons qu'une dernière réflexion concernant la tendance à l'intégration dans des ordres, qui est placée sous le signe du rapport conflictuel entre les ordres à échelle supérieure et les ordres de proximité. La mise en
rapport | du singulier avec l'ordre de grand format surgit immédiatement de 223
l'indépendance des sujets, non seulement en tant que possibilité, mais aussi en tant que tendance. Elle a aussi la signification d'élargir non seulement le regard mais aussi les mouvements vitaux au-delà d'une multitude de liaisons. Aucun des actes fondateurs de modes plus vastes de l'être-avec, dont font aussi partie les grandes religions, n'aurait été possible sans elle.

Plus récemment, nous avons surtout fait l'expérience d'une force destructrice qui peut surgir de l'identification avec un ordre d'échelle supérieure. Cette identification peut naître de la tentative d'échapper au conflit entre la force de cohésion de la proximité et la protention vers un ordre englobant tout être-soi, et amener donc à la tentative de transférer l'intimité de la vie dans un face-à-face à l'ordre supérieur. Cela entraîne immédiatement le caractère fallacieux du résultat d'un tel transfert, mais aussi la tendance tenace à ne pas permettre qu'on y touche, jusqu'à ce que le

produit de la synthèse imaginaire entre l'intimité et le pouvoir globalisant se décompose de son propre chef. Déjà à l'époque de la formation des empires, les conquérants pouvaient s'appuyer sur une tendance à l'universalisation du pouvoir ordonnant chez les peuples subjugués. Les idéologies des XIXe et XXe siècles ont renoué avec cette tendance en la poussant à son extrême et en exigeant que tout être-avec s'accomplisse désormais à partir de l'ordre supérieur. On ne peut pas vaincre cette possibilité destructrice sans recourir à la capacité de la subjectivité à la prise de distance, et ce, dans une mesure bien plus grande que cela se fait toujours déjà dans le dépassement des ordres de proximité. Elle offre la possibilité de sortir du cercle limité de l'efficacité des sujets finis, grâce à leur intégration dans l'effica-
224 cité d'un grand | pouvoir ordonnant qui peut aussi être un contre-pouvoir. Il n'est pas nécessaire de recourir à une mission religieuse pour déclencher ce mécanisme destructeur. Mais celle-ci peut servir de justification pour le comportement qui résulte de ce mécanisme, vers l'extérieur aussi bien que vers l'intérieur.

Une perspective qui nous donne aussi de l'espoir s'appuie sur le fait qu'une civilisation mondiale est en train de naître, qui part de la prise de conscience de la position marginale de l'homme dans l'univers et de la menace qu'il constitue pour lui-même. Si elle donne origine à un ordre réel d'autoconservation de la vie humaine, elle diminuera le potentiel de surcharge idéologique des ordres d'échelles inférieures et deviendra elle-même un ordre qui ne se prête pas à devenir un substitut pour l'expérience de l'être-avec de proximité. Elle ne sera pas forcément expérimentée dans la froideur d'une mégalopolis globale car, en dernière analyse, tous les ordres de proximité ne sauraient être conservés qu'à l'intérieur d'un tel ordre global. En tant qu'organisation d'autoconservation et non d'auto-accroissement, et à partir de l'autopositionnement de l'humanité dans un processus cosmique, elle pourrait bien réaliser la possibilité d'intégrer en elle la vie des hommes. Et seulement à partir d'une telle fondation dans l'expérience, elle transformerait l'idée limite assez vague d'un ordre de tous les sujets en un ordre social qui se réalise dans toutes les formes de l'agir social.

De telles réflexions nous font comprendre en quoi consistait autrefois la grande tâche accomplie par la formation de nations : dépasser les limites du pays natal et créer un contexte de l'agir et de l'autocompréhension dans son propre agir, qui donnait aux ordres économiques et politiques anonymes de la modernité un ancrage dans la vie des personnes. Sinon, ces ordres
225 | n'auraient été compris qu'à partir de leur fonction, mais expérimentés par ailleurs comme des "cages métalliques" étrangers à la vie. Ce que les

nations ont accompli autrefois, et dans la plupart des cas de façon spontanée, est censé être réalisé aujourd'hui par l'Union Européenne grâce à un effort de transmission de connaissances historiques. Ce qui, pris isolément, resterait une tentative vaine, ne peut être réalisé que si l'Europe se comprend comme intégrée dans un processus auquel l'humanité est soumise, afin de se reconstruire à partir de lui.

Si l'ordre qui autrefois constituait le cadre le plus englobant de la vie perd sa force d'intégration sans avoir été remplacé par un ordre social plus englobant, cela ne reste pas sans conséquences pour les modes de réalisation de l'agir social. À mesure que la vie s'accroche à un ordre situé à l'échelle qui correspond à la protention la plus vaste de cette vie, la distance des sujets à l'égard des multiples ordres d'échelles moyennes s'accroît elle aussi. On pourrait penser que l'anonymat de la dernière dimension d'ordre et l'étrangeté dans laquelle elle est expérimentée devraient augmenter la tendance à orienter notre propre agir davantage sur des ordres de dimension limitée. Mais le contre-choc exercé par la facticité étrangère de l'horizon ultime renvoie les sujets à leur domaine de proximité et à leur capacité de manœuvrer et de manipuler leur vie aussi bien que possible à travers les contraintes des nécessités facticielles. Ce qui pourrait être la sphère d'un ordre d'agir indépendant se transforme alors en l'un des multiples domaines dans lesquels il faut pratiquer des capacités stratégiques dans un but de maximalisation du profit. La tâche d'un équilibre d'identités s'en trouve même grandement facilitée, mais le prix à payer est un blocage de la dynamique de la subjectivité qui doit cacher à elle-même son propre état derrière la mobilité que lui imposent ses différents engagements.

| 9. ORDRE SOCIAL ET ORDRE MORAL 226

Les réflexions des deux derniers paragraphes étaient rattachées au problème du fondement des sciences sociales, c'est-à-dire à la question de savoir comment il faut comprendre les relations entre l'agir social et l'ordre. Elles avaient pour but de rendre visibles, derrière et à l'intérieur de ce qui s'appelle "action", les processus de la subjectivité – et en même temps l'ajointement entre ces processus et la relation des personnes à des ordres sociaux.

Le sens de "personne" qui était alors présupposé avait été emprunté à la perspective des sciences sociales, sans avoir été à son tour remis en question. La dynamique de la subjectivité, dont nous avons parlé, a donc toujours été telle qu'elle aurait tout aussi bien pu être thématisée sur la base des présupposés méthodologiques de la psychologie sociale. Dans le cadre de ces dernières réflexions, nous n'avons donc pas encore eu à nous occuper de problèmes proprement philosophiques, même s'ils étaient tous destinés à trouver leur place dans la théorie de la subjectivité, qui argumente d'un point de vue philosophique. Afin de renouer avec la leçon précédente et d'arriver à des réflexions qui préparent la leçon suivante, il faut d'abord rappeler l'explication de la conscience morale à laquelle la troisième leçon avait été consacrée.

Les questions fondamentales de l'éthique peuvent elles aussi être traitées de points de vue normatifs pour la psychologie sociale, donc sous des prémisses naturalistes. Mais la troisième leçon avait pour objectif de montrer qu'un tel type d'analyse ne nous permet pas de thématiser et d'expliquer la conscience morale de manière satisfaisante. Nous avons intégré son analyse dans l'argumentation de la théorie de la subjectivité, qui
227 a toujours animé la réflexion philosophique sur | le bien moral : la facticité indissoluble propre à la conscience morale peut être comprise, à condition de voir dans cette conscience en même temps un éclaircissement sur la constitution essentielle du sujet qui sait que son propre fondement lui est soustrait. Ainsi seulement la facticité irréductible de la connaissance morale est conciliable avec le fait qu'elle n'impose à la personne ni une loi extérieure ni une nécessité naturelle, qu'elle se saisit et se comprend donc plutôt dans cette même facticité que nous avons toujours déjà attribuée à la conscience.

De telles argumentations dépassent visiblement les limites qui définissent encore le concept d'un sujet dont il faut partir si l'on veut, comme nous l'avons fait plus haut, inclure une dimension de la subjectivité dans la définition de l'agir social. Les conclusions qui résultent de ces argumentations doivent désormais être mises en rapport avec la relation à l'agir social et à ordre social.

Tout d'abord, il faut remarquer que l'analyse de la conscience morale a été centrée sur la subjectivité de la personne dans sa singularité. Contrairement à une opinion partagée par bien des écoles philosophiques, la continuité de la validité de la norme fondamentale pour l'agir ne se laisse pas comprendre comme une institution sociale. Même si le code moral dans une société peut être décrit comme une telle institution, il est, en dernière analyse, lui aussi ancré dans la constitution de chaque personne singulière. Seules la force facticielle pour réaliser la norme et les configurations à chaque fois particulières de la conscience des normes se laissent expliquer comme une conséquence de l'institutionnalisation de la morale et de ses conditions historiques, mais non pas la norme elle-même.

La conscience morale présuppose un sujet développé qui soit
| conscient de son indépendance. Ainsi, elle présuppose aussi que se soient 228
développés en lui les modes de l'être-avec qui mettent de tels sujets en relation les uns aux autres. À travers la norme morale fondamentale, ces sujets sont réellement mutuellement coordonnés d'une façon neuve et particulière. Mais cela se fait à partir de la conscience morale de tous les singuliers qui savent, chacun pour soi et donc aussi mutuellement, que leur agir est soumis à cette norme, et qui en tirent des conséquences. Il faut admettre que les personnes ne seraient pas devenues les singuliers qui interagissent de cette manière-là si, pendant leur enfance et leur adolescence, elles ne s'étaient pas intégrées dans les institutions d'une culture. Ainsi, elles ont successivement acquis un être-avec qui, comme toute évidence de la présence réelle de l'autre, se réalise dans l'immédiateté du face-à-face. Dans la genèse des sujets, la relation face-à-face est donc fondamentale, tandis que les institutions modifient la façon dont ces rencontres se réalisent.

Tout ordre moral part également de la conscience du singulier, et néanmoins il devient du même coup tel qu'il ne se laisse pas réduire à l'interaction de chaque face-à-face isolé. Il fait plutôt en sorte que toute interaction de ce type soit comprise par la continuité et l'universalité de son principe d'ordre qui résulte de cette continuité. Ainsi, ce principe d'ordre est en conformité avec l'idée d'un ordre de tous les sujets, qui est déjà impliquée dans la conscience de soi simple de chaque sujet singulier. Mais dans la conscience morale, cette idée se présente sous une tout autre forme. Elle n'est pas un concept limite mais d'emblée conçue comme forme interne d'un mode du comportement. C'est pourquoi elle n'a pas besoin d'être transformée en une idée qui lui attribuerait un contenu, à savoir l'ordre social le plus englobant possible sous les conditions de la vie réelle.

On peut donc dire qu'au passage de l'éthique à la théorie sociale, | les 229
relations entre la situation et l'ordre, ainsi qu'entre la singularité et l'être-avec, se trouvent inversées. Cette inversion n'amène pourtant pas à des contradictions car il faut la comprendre à partir des points de départ et des perspectives différents qui comptent pour l'éthique et pour la théorie sociale. Aux yeux de l'esprit moderne, l'éthique n'est plus, comme pour Aristote, une théorie universelle de l'agir. Et la théorie sociale est tout aussi peu à considérer comme une explication monodimensionnelle de l'être-avec et de l'agir, qu'on puisse achever à partir d'elle-même. Afin d'expliciter leur relations, il faudrait à nouveau mener une recherche à part.

Or il faut également rappeler que nous avons attribué une dynamique propre à la conscience morale. L'examen de cette conscience partait de la

question de savoir comment on pouvait comprendre le type particulier d'obligation propre à la norme fondamentale, et donc la question concernant son origine. La réponse donnée n'a pas encore entièrement résolu le problème. La norme fondamentale concerne des situations d'agir en général, c'est pourquoi elle a quelque chose en commun avec le sens d'ordre qui est présupposé dans la conscience de soi du singulier. Mais la personne incarnée qui mène sa vie à partir de sa conscience de soi s'expérimente encore comme positionnée dans des ordres d'un tout autre type. Conformément à ce fait, la troisième leçon avait donné une réponse à la question de savoir pourquoi la conscience morale comme telle incite la personne à ne pas orienter son propre agir uniquement sur la validité universelle de la norme fondamentale. Elle doit se soumettre à certaines obligations et se reconnaître liée par elles de façon particulière. Nous avons montré que cela ne signifie pas qu'une telle liaison suspende la validité de la norme fondamentale ou qu'elle la relègue à un rang inférieur. En revanche, leur
230 relation conflictuelle à | l'intérieur de la conscience morale elle-même donne origine aux dilemmes les plus graves dans lesquels la conscience moral peut se trouver impliquée, mais également à un approfondissement qui seul fait en dernière analyse de la capacité du jugement moral sous la norme fondamentale le point d'orientation lumineux dans la dynamique complexe de la vie.

Le lien entre la conscience morale et des circonstances particulières entraîne immédiatement son intégration dans des ordres sociaux qui relèvent du domaine de proximité de l'agir social. Il faut reconnaître que le singulier, même s'il devait se considérer déterminé uniquement par la norme fondamentale, doit orienter son agir sur les situations particulières qui se produisent dans sa vie. En outre, c'est à lui de se fixer des buts d'action particuliers sous cette norme, par exemple de promouvoir la justice ou de soulager la misère. Ainsi, sous cette norme, il peut aussi être amené à donner origine à des sphères d'agir et des institutions propres, comme l'a fait Albert Schweitzer à Lambarène ou comme le fait Amnesty International. Cela aussi implique une intégration dans des situations particulières. Mais ces institutions doivent alors être comprises comme des concrétions grâce auxquelles la norme fondamentale devient efficace avec une insistance particulière. C'est pourquoi elles ne constituent pas – du moins de façon immédiate – un potentiel de conflits par rapport à l'universalité de la norme mais peut-être même, par la suite, un approfondissement de la conscience morale.

Par contre, l'autre lien qui découle de la conscience morale implique une restriction de la validité de la norme fondamentale dans la mesure où tous les contextes d'action sont censés lui être soumis dans une universalité totalement neutre. Et une limitation de ce type prend toujours la forme d'un privilège accordé à une certaine sphère de l'agir. Cela dit, ces sphères peuvent être limitées de différentes manières.

Une possible limitation résulte de la prise de responsabilité pour une situation dans laquelle | il s'agit de préserver de grands ordres sociaux de 231
l'écroulement ou de les transformer en des formes de vie meilleures. L'acteur politique (il peut aussi par hasard se trouver dans une situation qui le fait tel) devra alors pondérer, au nom de cette responsabilité, des infractions de la norme fondamentale et des exigences qui découlent du but de son action. Une autre forme de limitation résulte du fait qu'une vie est placée devant une tâche ou une mission particulières, par exemple la création d'une institution ou la préservation et la transformation d'une entreprise, qui pourrait alors justifier l'usage de moyens par ailleurs suspects. Encore plus compliquée est la tâche de comparaison s'il s'agit de persister dans la vocation de toute une vie, par exemple une œuvre artistique, dans laquelle on peut encore plus difficilement séparer l'intérêt propre de l'estimation de sa valeur intrinsèque et de sa signification pour les autres et pour le monde. La signification la plus grande pour la vie morale revient pourtant à l'intégration dans des contextes de vie à l'intérieur desquels une personne est liée durablement à d'autres hommes sous le mode du donner et du recevoir, qui les rend dépendants les uns des autres. Dans toutes les cultures, le ménage, l'équipe et la famille sont de telles réalités englobantes qui se caractérisent par une force de cohésion qui crée une distance à l'égard des normes générales.

Ainsi, par rapport aux ordres sociaux, les personnes se trouvent dans des relations d'origines différentes, qui sont toutes enracinées dans leur constitution de sujets, mais dans un aspect à chaque fois différent de leur subjectivité. La dimension de l'être-avec qui découle de la relation à soi comme telle doit être considérée comme la plus fondamentale parce que c'est à partir d'elle qu'on comprend pourquoi des sujets peuvent se savoir intégrés dans des ordres de n'importe quelle échelle, même très grande, sans aucune autre médiation. De toute évidence, l'importance qu'ont les ordres sociaux pour la vie ne se comprend pas sur la base de la genèse de l'être-avec à partir de la relation à soi.

| Nous avons traité explicitement du rapport entre la conscience morale 232
et l'ordre social parce que la compréhension de cette conscience a d'abord été le thème de ces leçons. Si nous voulions revenir sur toutes les sources de motivation qui confèrent une importance à l'être-avec des personnes, il nous faudrait tout reprendre dès le début. Dans ce cas, le point de départ

commun serait l'existence finie des hommes qu'il s'agit de faire accéder à leur indépendance. À partir de cette situation fondamentale se déploient une multitude de dimensions de l'être-avec, à commencer par la sexualité jusqu'à l'obtention d'une reconnaissance qui peut rester inaccessible à des sujets. Il est évident que la sexualité est située dans un être-avec qui relève du domaine de la proximité et qu'elle tend d'elle-même à menacer d'autres ordres, tandis que la lutte pour la reconnaissance se déroule en revanche en relation avec le positionnement des personnes dans des ordres plus vastes. Tout cela entraîne des complications dans la dynamique de la vie, qu'il nous faut ici laisser de côté. C'est pourtant à cause s'elles que la dimension morale de la vie elle aussi, malgré son irréductibilité à ces autres dimensions, se trouve impliquée dans beaucoup de conflits qui lui sont propres. Mais notre fil conducteur ne nous permet pas de thématiser ultérieurement cette interdépendance.

En jetant un regard rétrospectif sur toutes les leçons passées, on remarquera comment, dans la considération de tous les modes et ordres de l'être-avec que nous avons discutés jusqu'ici, nous avons réellement fait valoir les deux thèses fondamentales concernant la subjectivité : la singularité du sujet et sa double protention inverse vers son monde et vers son propre fondement.

En ce qui concerne la première de ces thèses fondamentales, la dynamique de la vie dans l'être-avec a toujours été comprise comme celle
233 de chaque sujet singulier – abstraction faite des différentes | façons dont les sujets se comprennent et agissent les uns par rapport aux autres. Ils agissent par rapport aux autres et en interaction avec eux, mais dans tout cela se réalise en dernière analyse la vie des personnes à chaque fois singulières, à partir des raisons qui déterminent chaque vie singulière. On le voit le plus clairement là où l'on pourrait s'attendre au contraire : dans le cas de la moralité dans laquelle le sujet, qui se comprend soi-même d'une nouvelle façon, reste toujours le sujet du singulier. Et son obligation à laquelle il se soumet en tant qu'être moral est elle aussi tout entière la sienne. C'est l'obligation sous laquelle se réalise sa propre vie, même si cette vie sait qu'elle est rendue possible par l'ordre à l'intérieur duquel l'homme agit.

Dans toutes les argumentations, l'autre thèse élémentaire, par contre, n'a pas encore été traitée en conformité avec l'importance qui devrait lui revenir d'après toute la construction de notre réflexion. Elle concerne la présupposition d'un fondement pour toute subjectivité, à laquelle toutes les analyses précédentes ont toujours à nouveau dû recourir. Toutes les interprétations des modes de l'être-avec avaient pour but de mettre en relief la significativité constitutive de la subjectivité de l'homme pour les modes de son être-avec. Jusqu'ici, il avait suffi de partir de ces moments dans la constitution des sujets, qui sont liés à l'idée d'un sujet positionné dans un monde. Déjà dans la première leçon, nous avons pourtant montré que les sujets se caractérisent en outre par un autre mouvement de proten-tion à côté de celui qui tend vers le monde. À la protention vers un monde dans lequel il sont eux-mêmes positionnés correspond inversement l'examen du fondement à partir duquel les sujets peuvent se comprendre *en tant que* sujets.

Jusqu'ici, nous n'avons pas encore tenu compte de ce deuxième mouvement dans nos explications concernant les modes de l'être-avec.
Face à la corrélation des mouvements de protention | inverses, il faudra sans **234**
doute supposer qu'afin de comprendre les modes de l'être-avec, il ne faut pas seulement recourir à la subjectivité mais également à celles parmi ses pensées qui se tournent vers son propre fondement. C'est pourquoi on pourra s'attendre à ce qu'il soit nécessaire de reprendre encore une fois quelques-unes des argumentations précédentes, à partir du moment où nos réflexions sur l'être-avec incluront désormais aussi l'autre mouvement de protention du sujet, dont la direction est opposée à celle de sa relation au monde.

10. L'ÊTRE-AVEC ESSENTIEL

C'est un trait fondamental de la subjectivité que les personnes sont des êtres d'une grande complexité. Elles peuvent se comprendre et s'orienter dans différents ordres en même temps et elles sont extrêmement modifiables dans leur compréhension et leur autopositionnement. Elles sont toujours en train de trouver une coordination et un équilibre entre les motifs qui déterminent leur vie. Même si elles se retranchent, comme c'est souvent le cas, derrière une attitude une fois acquise, cela aussi se fait en réaction à un surmenage dû à la multitude de leurs motifs. Souvent des exigences ne peuvent les submerger de l'extérieur que parce qu'elles trouvent une résonance dans les sujets. Dans cette attitude de défense, la subjectivité se fige pour ne pas être tenue de suivre un processus dans lequel la conscience ininterrompue d'être le même et identique sujet doit faire ses preuves à travers l'expérience et le développement d'autres modes plus complets de la compréhension de soi. Le chemin du développement vers la vie adulte s'appuie nécessairement sur cette modificabilité de la conscience. C'est un chemin très long et sinueux que celui qui mène
de l'expérience symbiotique dans le ventre maternel jusqu'à | l'autoposi- **235**
tionnement en tant que citoyen de l'Etat et de la nation et en tant que

membre dépendant d'ordres dont quelques-uns existent à échelle planétaire. À travers les différentes étapes de ce chemin, la conscience change : d'une part en direction d'une stabilisation de la position de sujet de chaque vie singulière, d'autre part à travers la façon dont elle est capable de se voir et de se comprendre comme étant intégrée dans des ordres.

En vertu de sa réciprocité, chaque relation sociale implique une dépendance. La conscience de se trouver dans un ordre s'accompagne toujours aussi de la conscience de ne pas être fondé à partir de soi-même. Cela vaut pour celui-là même qui crée un ordre de toutes pièces, à moins qu'il essaie en même temps de se tenir complètement à l'écart par rapport à lui. La dépendance se manifeste aussi dans la façon dont une vie intégrée dans un ordre s'en trouve augmentée ou limitée par rapport à ses possibilités ou transposée dans des contextes qui lui resteraient inaccessibles sans cet ordre. De ce point de vue, on peut sans doute dire que des personnes peuvent être profondément changées par leur appartenance à des ordres. Mais ces changements ne concernent pas leur être-sujet comme tel. La conscience morale elle aussi ne fait que mettre les sujets dans une perspective différente à l'égard d'eux-mêmes. Dans la mesure où l'idée du fondement dont surgissent des sujets devient importante pour la compréhension de leur appartenance à des ordres, elle s'articule comme l'idée de la déterminabilité des sujets, plus précisément, comme conséquence du fait qu'ils ne sont pas des sujets par leur propre pouvoir. Cette idée joue certes aussi un rôle quand des sujets s'identifient avec un ordre plus large. Mais là non plus, l'idée du fondement de la subjectivité ne détermine pas la façon dont ils se tiennent et agissent, en tant que sujets, dans leur être-avec.

On ne pourra parler d'une transformation qui s'accomplit dans l'être-
236 sujet lui-même que lorsque, chez des personnes, | surgit spontanément l'idée, à partir du contexte de l'expérience de leur être-avec, qu'elles parviendront à une réalisation de leur être-sujet à partir du fondement de leur subjectivité. Cette idée ne peut pas naître uniquement d'une expérience dans l'être-avec. Il y a aussi des expériences de transformation de la subjectivité qui s'accomplissent dans la vie d'une personne singulière. Mais si cette expérience est tout entière liée à un mode de l'être-avec, elle implique que les sujets de cet être-avec ne peuvent plus se comprendre uniquement comme des sujets qui se trouvent entraînés ou motivés, dans des déterminations et des trajectoires quelconques, par d'autres personnes ou par un ordre de l'être-avec. Ils comprennent alors leur être-avec comme un processus ou un événement dans lequel ce qu'ils sont eux-mêmes, au même titre que ce qui constitue l'être-sujet des autres, est mené au-delà de la singularité de

chaque sujet isolé, de telle sorte qu'ils ne sont pas anéantis en tant que sujets mais accèdent au contraire à un degré élevé de leur être-soi propre.

Quelques philosophes du XXe siècle ont reconnu à de telles expériences une signification clé pour toute leur pensée, en reprenant des motifs de la philosophie unitariste qui – nourrie de sources platoniciennes et remise en valeur pas Shaftesbury – a déjà formée un contre-courant à la philosophie purement académique du XVIIIe siècle. Ce courant a eu pour effet qu'on a poursuivi la question de l'être-avec des sujets parallèlement à la réflexion sur leur subjectivité. Par l'intermédiaire de Jacobi et de Herder, cette philosophie unitariste telle qu'elle s'exprime dans les écrits de jeunesse de Hegel et de Hölderlin, a même essayé de ramener la philosophie académique au-delà des limites de son érudition et de sa réflexion théorique.

Au XXe siècle, ces motifs platoniciens ont été davantage développés dans une plus grande distance à l'égard de l'enthousiasme de la philosophie unitariste, mais dans une | opposition semblable aux écoles philosophiques 237
établies. Qu'il suffise de mentionner deux exemples : Karl Jaspers a introduit le mot "communication", devenu aujourd'hui tellement courant et banal, pour désigner le processus de confirmation réciproque dans lequel des hommes deviennent ensemble conscients de ce qui constitue et sous-tend leur vie. Pour Jaspers, la relation de la pensée philosophique à la vérité est, en dernière analyse, fondée dans une telle communication et ne peut être confirmée que par elle. Martin Buber a décrit la relation entre des hommes, qui se rencontrent en s'expérimentant et en s'adressant la parole en tant que "tu", comme un événement qui ne peut surgir du "je" d'une personne, ni non plus de celui des autres. Il s'agit d'un événement qui surgit entre elles, dans lequel elles sont changées par rapport à leur relation à soi et dans lequel elles font l'expérience que c'est lui qui les rend possibles et les assure dans tout ce qui leur est propre.

Ces deux modes d'explication de l'être-avec authentique sont essentiellement liés à une relation à la transcendance. Les explications de Jaspers peuvent facilement se mettre en rapport avec la signification essentielle pour la compréhension de la vie, que Platon avait attribuée au dialogue philosophique, et avec la signification éthique de l'amitié décrite par Aristote. La conception de Buber, en revanche, reprend la théologie de l'amour qui naît de Dieu et qui seule permet d'expérimenter Dieu lui-même sous une forme adéquate dans l'être-avec des hommes.

En les comparant, on peut donc se demander si Jaspers, contre son intention, n'a pas trop assimilé le dialogue comme mode de réalisation de la communication à une réflexion commune sur des idées. Avec Gadamer, il faudrait au contraire le comprendre comme un événement dans lequel

l'ouverture à la vérité se réalise en même temps que la modification des horizons d'une compréhension qui est portée par les mouvements de la vie. Par rapport à Buber, on pourrait objecter qu'il a toujours tendance à
238 | négliger la relation à soi de ceux qui ouvrent leur vie les uns aux autres.

Si les tentatives d'explication d'une expérience s'éloignent à ce point les unes des autres tout en se penchant sur le même domaine de phénomènes et étant animées par la même intention fondamentale, c'est qu'elles portent sans doute sur une réalisation extrêmement complexe de la vie. Nous avons entre-temps élaboré les présupposés permettant d'analyser cette complexité de façon plus différenciée sans diminuer l'importance pour la vie, que tant de philosophes ont reconnue à l'expérience clé de l'être-avec.

Cette importance vitale implique et est elle-même impliquée par le fait que cette expérience donne accès à une dimension profonde de l'être-avec qui est soit complètement absente des autres modes de l'être-avec, soit à l'œuvre de façon indirecte et implicite. Elle concerne et modifie la conscience d'être un sujet dans la mesure où elle exclut totalement la possibilité de s'expérimenter, en tant que sujet à chaque fois singulier, comme plus originaire par rapport à l'être-avec et encore plus originaire et distancié face à un tout dans lequel on est en même temps compris. Cet être-avec surgit de l'autre au même titre que de moi-même. Et puisque cela vaut pour les deux de la même façon, cette expérience doit les affecter d'une manière qu'ils ne sont en aucun cas à même d'amorcer et d'effectuer. Néanmoins, l'être-avec n'est pas étranger à et même pas différent de leur être-soi et être-sujet car il ne se borne pas à affecter la subjectivité de l'extérieur. Celle-ci s'expérimente et se comprend plutôt dans ce processus comme elle-même, et ce, dans sa totalité et même dans une plus grande mesure.

S'il s'agit maintenant de rendre justice à ce mode d'expérience dans le cadre de l'explication de la subjectivité, le seul moyen possible d'une explication théorique est la relation au fondement de la subjectivité. Dans
239 un mouvement inverse à leur accès au monde, les sujets sont | tenus de
poursuivre des réflexions concernant leur fondement qui ne peut pas être montré et démontré comme une donnée intramondaine. En tant que fondement des sujets et en tant que fondement qui rend possible, de façon continue, le processus de leur subjectivité, ce fondement ne peut pas être conçu comme une cause déclenchante ou constamment productrice. Cela implique d'abord la possibilité d'attribuer aux sujets, non pas un fondement à chaque fois singulier mais un fondement commun. Un tel fondement sera alors présent dans chacun d'entre eux au même degré. Mais cela

nous donne en même temps la possibilité de concevoir les sujets dans une relation mutuelle qui relie les processus de leur subjectivité et qui leur permet d'être entrelacés les uns avec les autres, de telle sorte qu'ils sont eux-mêmes dans la mesure précisément où ils se réalisent mutuellement dans leur être-avec. Ainsi seulement on peut comprendre qu'ils sont capables de s'expérimenter dans cet être-avec dans leur intégralité et même à un degré supérieur.

Cette pensée relie un processus qui rend possible la subjectivité avec la réalisation de la subjectivité. Mais il ne s'agit pas là d'une simple pensée *sur* un mode de l'être-avec. Elle peut se dérouler parallèlement à l'expérience d'un être-avec authentique. Plus encore, il faut dire que la pensée appartient essentiellement à la réalisation de cet être-avec car elle relie l'expérience d'être arrivé auprès de soi-même à l'expérience de l'indisponibilité de ce qui est expérimenté et à la conscience d'une intuition profonde sur le fondement et le sens de la vie, à tel point qu'elle donne en même temps à cette expérience sa forme stable et explicite. Ainsi, c'est dans cette idée que s'articule la relation à la transcendance dans l'expérience d'un tel être-avec. Cela se fait encore en amont de tout ancrage dans une religion codifiée; celle-ci peut et doit à son tour invoquer la réalisation d'une telle expérience réfléchie comme source de sa propre authenticité.

| À partir de ce contexte, on peut également comprendre en quoi **240**
l'expérience de l'être-avec authentique se distingue à la fois de l'intégration dans un ordre de tous les sujets et de la conscience morale. La relation à un ordre est posée avec l'être-sujet lui-même, elle fonde un être-avec qui présuppose pourtant la relation à soi complète et intacte de chaque sujet. La conscience morale se forme dans une connaissance approfondie du sujet sur soi-même. Cela a également des conséquences pour son être-avec. Mais seulement si le lien entre les sujets, qui naît également de la conscience morale, se fait sous le mode de l'être-avec authentique, l'expérience de soi nous amène, à travers l'être-sujet lui-même, au fondement commun de tous les sujets.

Ces quelques remarques ont sans doute déjà fait comprendre que nous avons atteint un point où il devient nécessaire d'élargir l'horizon de nos recherches. Il faudrait désormais approfondir ultérieurement l'idée du fondement au sein de l'être-soi. Dans leurs explications, Buber et Jaspers font surgir la dimension de la transcendance de l'être-avec authentique, sans aucune autre médiation. Cependant, il devrait aussi être possible de développer cette dimension à travers des pensées qui ne sont pas formulées ad hoc mais déjà ancrées dans le contexte de la fondation de l'analyse de la subjectivité. Alors une expérience clé de la subjectivité qui se comprend elle-même pourrait, à partir d'elle-même, être décrite et comprise comme intégrée dans et appartenant à un tel contexte, comme Hegel avait déjà l'intention de le faire en développant sa logique spéculative.

Arrivés à cette perspective, il nous faut cependant nous arrêter. Seulement la leçon suivante, qui est en même temps la dernière, s'avancera dans le domaine de la pensée, de façon à donner au retour des sujets à leur
241 fondement | la forme d'une construction transparente et fondée dans l'ordre. Là aussi, la perspective que nous venons d'esquisser ne pourra être atteinte qu'à la fin car la dernière leçon aura également pour but de déterminer un sens de liberté susceptible de se laisser intégrer dans une idée développée du fondement de la subjectivité – un sens de liberté premier mais aussi fondamental dans la succession des possibles significations de liberté. Or, ce sens de liberté est lié à l'agir du singulier, non pas à son être-avec.

Cependant, cette leçon a encore une autre tâche. Jusqu'ici, nous n'avons dit que peu de choses sur l'être-avec dans lequel les sujets sont pourtant eux-mêmes à un degré supérieur. La tâche d'expliciter cette façon de l'être-soi en implique cependant une autre qui consiste à comprendre un tel être-avec à l'intérieur du contexte de tous les modes de l'être-avec, qu'on a souvent tendance à confondre avec lui. La vie consciente des hommes finis et incarnés se réalise sous des conditions multiples. Nous nous sommes efforcés d'emblée d'en tenir compte dans l'explication des modes de l'être-avec. La façon dont l'être-avec authentique peut se former et réaliser ne reste pas intouchée par ces conditions. Il en résulte des différenciations dans l'expérience et dans les idéaux de l'être-avec accompli, que l'histoire de la philosophie unitariste a toujours eu tendance à négliger. La théorie de l'intersubjectivité du siècle dernier a elle aussi été caractérisée par un manque d'attention à ces différences.

L'amour est un mot à la signification très élevée mais dont la référence n'est qu'apparemment univoque. Ainsi, déjà les cultures anciennes ont distingué différents noms pour les divers types d'amour, en les attribuant à des divinités différentes. Visiblement, il faut partir d'une approche qui vise d'emblée à une différenciation, afin de comprendre non seulement les
242 configurations de l'amour mais aussi leur | relation interne. La vie humaine est caractérisée par les deux aspects : leur différence, leur contraste parfois vif, mais aussi la possibilité de leur unification.

L'introduction à une culture amène les hommes de leur forme de vie symbiotique à leur vie de sujets. Pendant les premiers stades de ce chemin, ils connaissent aussi leur précarité et leur besoin de soins constants. Ils expérimentent ainsi la clôture protectrice d'un monde dans lequel ces soins les entourent et les abritent sans question. Ils sont intégrés dans ce mode de l'être-avec, c'est lui qui les encourage et les porte en direction de ce qui leur est propre. Dans la psychologie du développement, il est hors de doute que toute perturbation persistante de la confiance dans le lien sur lequel repose cet être-avec entraîne un traumatisme permanent, avec pour conséquence des perturbations à vie. Mais aussi la tentative de retenir un adolescent dans l'être-avec protecteur de l'enfance entraîne des perturbations, à savoir le blocage dans une relation qui ne lui permet pas de parvenir à l'élargissement de la vie et à une autre relation à laquelle des sujets ne peuvent accéder qu'à partir d'une relation au monde acquise de leur propre chef.

Sans doute, ces faits font depuis bien plus longtemps partie du savoir quotidien fondé dans l'expérience que des connaissances fondamentales d'une psychiatrie qui devait d'abord dépasser Freud pour y arriver. Ils permettent cependant de comprendre encore un autre aspect, à savoir pourquoi l'homme ne peut jamais relayer l'expérience relationnelle de son enfance à un souvenir distancié et ainsi s'éloigner de lui. Il faut toujours pouvoir réaliser le souvenir de façon à ce qu'on puisse espérer que ce dont on se souvient n'appartient pas uniquement au passé, en d'autres termes, qu'on puisse regagner un être-avec qui unisse la | protection initiale de la **243**
vie dans son ensemble à la liberté de l'être-soi.

Cet espoir a conféré une plausibilité aux nombreuses doctrines d'un progrès triadique dans l'histoire de l'humanité. D'après ce schéma, le développement des cultures, tout comme celui des individus, mène d'une origine dans l'immédiateté accomplie, à travers sa scission et le déploiement des potentiels contenus en elle, à une unité nouvelle à un stade supérieur – une triade qui a caractérisé et souvent dominé la philosophie de l'histoire de Hésiode à Hegel. Dans l'arbre généalogique de la théorie de la subjectivité, cette triade fait également partie des figures de pensée les plus courantes. Il faut donc être d'autant plus vigilant à ce que la fascination qui émane de ce schéma ne nous amène pas à considérer la dynamique de la vie humaine comme unidimensionnelle – sans que l'idée d'un progrès triadique au cours de la vie doive nécessairement être abolie. En la concevant comme une succession de stades unidimensionnelle, elle ne rendrait cependant pas justice aux complications et aux potentiels de cette dynamique. L'espoir de l'homme ne vise pas un but dans lequel il se serait complètement affranchi de son origine, mais il aspire tout aussi peu à une restitution de l'origine dans une sphère supérieure.

L'être-avec des personnes dans leur subjectivité développée ne peut pas consister en une unité sans question. Il faut qu'il trouve son équilibre à travers un va-et-vient conflictuel entre des chemins vers le monde et des

chemins de l'autocompréhension pour atteindre d'abord un équilibre et un enrichissement mutuel et ensuite un accord dépassant la différence, auquel on parvient à travers l'idée du fondement de la vie. Dans un tel accord, cet être-avec reçoit un consentement interne sans réserve. Il devient une réalisation de la vie par rapport à laquelle aucune autre possibilité de la vie ne
244 pourrait être expérimentée comme secondaire et dépourvue | d'accomplissement. Mais cette certitude naît d'un dialogue au sens large du terme, qui inclut la volonté de réaliser et de comprendre le mouvement de vie de l'autre. D'abord il faut sonder et chercher la possibilité d'une telle rencontre pour qu'elle puisse réussir, souvent de façon surprenante, et se confirmer toujours à nouveau. Par la suite, ce dialogue peut être porté par l'expérience d'une proximité confirmée qui lui permet de croître et de s'élargir encore davantage.

Un tel être-avec ne nous transpose pas dans un au-delà de l'union dans et à travers des idées. Ce sont des personnes fragiles qui, en tant que sujets, accèdent à un tel être-avec. Elles ont donc une connaissance de leur expérience de protection pendant leur première enfance. C'est pourquoi elles ont aussi la possibilité de se diriger ensemble et l'une pour l'autre vers une situation dans laquelle le souvenir de la protection enfantine trouve un écho et une espèce de répétition. La forme et l'atmosphère, que des personnes mûres donnent à leur fiabilité présente, peut néanmoins être un équivalent de ce qui, en tant que souvenir, ne peut pas se répéter à l'identique.

Mais cela n'est pas une simple compilation de motifs complètement hétérogènes de l'être-avec car l'enfant a expérimenté sa protection grâce à l'attention de personnes qui se trouvaient elles-mêmes au stade de la vie d'adultes. L'enfant peut sentir le mode de l'être-avec des parents et des autres membres du foyer dans le don mutuel de protection et anticiper ainsi quelque chose avec lequel il pourra plus tard renouer lui-même, en tant que sujet, dans un être-avec authentique. Le souvenir de la protection de la première enfance dans une relation interhumaine est aussi un souvenir de l'intensité qui a marqué la vie de ceux dont cette attention protectrice a émané. La force et la crédibilité d'une culture ne se réduisent certes pas à cet événement de la formation d'une tradition, mais elles ne peuvent pas non plus en être complètement détachées.

245 | Une multitude d'autres facteurs peuvent intervenir dans cette façon de réaliser l'être-avec des sujets. Des tensions et des attractions sexuelles peuvent entraîner une sorte d'addiction, mais aussi devenir l'occasion d'intensifier la subjectivité à partir de l'expérience de l'être-avec corporel et de l'ouvrir ainsi à des différenciations. Si l'être-avec mûr amène à un

accord entre des gens indépendants et différents, la tension entre les sexes, qui implique pourtant la connaissance d'une corrélation et d'une dépendance mutuelle, lui ouvre le champ le plus proche et aussi le plus riche de sa formation.

Mais il y a aussi d'autres tendances dans la vie de l'homme, qui peuvent se concentrer et en même temps se lier dans un tel être-avec mûr. Cela se comprend très facilement par rapport à deux de ces tendances dont nous avons déjà parlé et dont on peut aussi dériver un mode propre de l'être-avec : la constitution des sujets inclut la tendance à s'identifier avec des ordres. Cette tendance peut aussi se tourner vers le microgroupe dans lequel l'être-avec authentique peut se réaliser. La conscience morale donne origine à la tendance à établir un lien responsable avec la réalité. Elle aussi peut s'accomplir dans cet être-avec. L'être-avec authentique fonde d'ailleurs déjà en lui-même une responsabilité qui lie ceux qui vivent dans cette relation dans une prise en charge mutuelle.

Cependant, on peut dire aussi qu'il ne serait pas conforme à la vie consciente de concentrer toutes ses tendances dans une seule réalité. La protention de la subjectivité vers le monde, et donc aussi la richesse de cet être-avec, s'en trouveraient diminuées. Et l'équilibre d'identité que cette vie doit accomplir aussi dans l'expérience de l'être-avec le plus essentiel perdrait sa flexibilité et serait confiné à une identité rassemblée à un seul point, identité par rapport à laquelle il ne resterait plus | qu'à équilibrer les **246**
rôles dans la prise en charge de l'existence et les devoirs de la personne, qui découlent de la norme fondamentale.

Les sujets vivent toujours dans la conscience d'un fondement qui n'est pas à leur disposition. Ils peuvent considérer ce fondement comme un événement facticiel, par exemple comme un processus très complexe dans leur corps dirigé de façon neuronale. Ils peuvent aussi s'ouvrir à ce fondement à travers une pensée qui confère au déroulement de leur vie une signification qui ne se réduit pas au simple fait de l'inéluctabilité de sa réalisation. Une telle pensée est indispensable si l'on veut comprendre seulement la conscience morale au sein de la compréhension de cette vie, sans distorsion interprétative ni diminution. Mais cette relation au fondement est celle qui va vers le fondement de chaque vie singulière d'un sujet. Bien des modes de l'être-avec n'exigent aucune autre relation fondamentale. Ainsi, c'est à sa propre vie qu'un homme confère une signification, en la subordonnant à une grande cause. Cela n'est pas changé par le fait que tous les sujets restent libres de considérer leur vie ancrée, d'une façon ou d'une autre, dans autre chose que dans les lois qui règlent la reproduction de l'espèce *homo sapiens*.

Mais si des personnes se sont rencontrées dans l'accès commun à un monde et dans la fondation d'une sphère de vie commune dans ce monde, elles ne peuvent comprendre ce qui leur a réussi ou ce qui leur est arrivé, à partir du seul fondement individuel de leur vie. Il faut qu'elles comprennent et expérimentent le fondement de leur vie comme lié à celui de l'autre. Que cela leur soit suggéré par leur expérience est à nouveau un motif particulièrement convaincant pour ne pas considérer notre propre vie dans toutes ses réalisations comme un événement inéluctable, mais à la lumière et à partir de l'expérience d'un fondement qui appartient à une tout autre catégorie.

247 | Des rencontres essentielles susceptibles de modifier une vie et les relations qui en naissent ne sont certes pas la règle dans les multiples façons de l'être-avec des hommes. Dans la vie quotidienne du monde social et également dans la dynamique complexe de la vie consciente, elles pourraient faire figure de phénomène marginal et d'expérience exceptionnelle. Mais c'est à partir de leur possibilité que tous les autres modes de l'être-avec peuvent être envisagés et considérés sous un autre jour. Dans quelle mesure un mode de l'être-avec se réalise seulement sous contrainte ou reste occasionnel et marginal se décide en dernière analyse sur l'arrière-plan de la possibilité de l'être-avec essentiel.

Une dimension de profondeur et d'accomplissement possible s'étend ainsi à l'arrière-plan de tout être-avec quotidien, accomplissement auquel la plupart des hommes ont déjà été sensibilisés par l'expérience de leur enfance. Seule une résignation muette permet de supporter des situations dans lesquelles cette possibilité a été soustraite ou perdue à jamais. Tout homme que nous rencontrons peut et devrait être perçu par nous comme quelqu'un qui peut se trouver, ou se trouve réellement, dans l'expérience d'un être-avec authentique d'une façon qui lui correspond. Certes, le discours sur les droits de l'homme est susceptible d'être fondé autrement, par exemple sur la base d'arguments éthiques. Mais ceux-ci auront toujours un son creux et déclamatoire tant que le concept d'homme n'inclut pas l'idée que sa subjectivité doit se réaliser dans un être-avec qui lui est propre de façon inaliénable, et qu'elle a le droit de pouvoir se réaliser de cette façon.

|CHAPITRE V 249

UNITÉ, SINGULARITÉ ET LIBERTÉ

1. LA PENSÉE EXTRAPOLANTE

Dans les leçons précédentes, nous avons traité de modes de connaissance qui, pour être des présupposés nécessaires à tout raisonnement théorique, ne peuvent pas eux-mêmes être transformés en connaissances théoriques. Leur point fondamental commun consiste en la connaissance que chaque homme a de soi-même grâce à sa conscience de soi.

Cette connaissance de soi ne peut pas se comprendre à partir de composantes qui la constituent, ni s'expliquer à partir de conditions dont elle surgit. Pour en parler, il faut se rapporter à une connaissance effectivement réalisée. Celle-ci ne peut pas être produite, mais l'attention doit se régler et se concentrer sur cette connaissance qui est déjà à l'œuvre. Elle est en elle-même une réalisation dans la mesure où elle donne, sans aucune rupture, origine à des modes de pensée et de connaissance qui – à l'instar de la pensée portant sur des objets – ne peuvent être compris que comme des activités. En même temps, elle peut être qualifiée d'état puisqu'elle est une connaissance tout à fait invariante qui se maintient comme identique à travers toutes ses réalisations, sans être le fruit d'une activité visible.

Dans la troisième leçon, nous avons parlé de la conscience morale qui, elle non plus, ne se laisse ni transformer en connaissance théorique ni dériver de la conscience de soi à partir de laquelle se forme la connaissance théorique. Mais l'homme en tant que sujet qui se constitue dans sa conscience de soi acquiert dans sa conscience morale une compréhension approfondie de lui-même, de telle sorte que dorénavant, dans son agir en tant que personne, il se comprendra et se réalisera comme sujet en un autre sens. Que toute connaissance | de soi implique une facticité inéliminable 250 devient donc une fois de plus évident à propos de la conscience morale, quoique de façon différente.

Cette facticité fait partie de la connaissance qui se réalise dans la conscience de soi au même titre que dans la conscience morale. En même temps, elle est un fait qui peut être retenu dans la réflexion théorique pour être pesé par rapport à ses implications et ses conséquences De telles réflexions nous ont également amenés à quelques-unes des conclusions que nous avons tirées dans les leçons précédentes : 1) Il faut que la conscience de soi soit précédée par un fondement. Toute autre pensée portant sur ce fondement ne doit pas perdre de vue la situation particulière qui consiste en ce que la conscience de soi se soustrait à toute dérivation comme à toute explication exhaustive. 2) Dans la conscience morale, le sens du sujet, auquel on accède grâce à la conscience de soi, se trouve élargi et approfondi sans que cette conscience puisse être ramenée à un fondement ultérieur. Ce fondement unique rend le sujet possible dans toutes les perspectives qui le constituent, donc aussi sa liberté, quel que soit le sens qu'on donne à celle-ci.

Ainsi, nous avons fixé des conditions de base pour la compréhension de la subjectivité de général. En revanche, nous n'avons pas encore abordé une réflexion qui *dépasse* encore le fait de la connaissance de soi du sujet et les modes de pensée s'appuyant sur cette connaissance. Mais nous avons également vu déjà que la pensée qui tire son origine de la subjectivité réalise réellement une telle protention dépassante, et ce, pour plusieurs raisons qui se manifestent à l'intérieur de sa propre dynamique. Qu'il suffise d'en rappeler quelques-unes. 1) À l'intérieur du tout d'un monde qui s'ouvre au sujet dans le contexte de la continuité de sa conscience de soi, le
251 sujet en tant que personne | possède bien une position occupée par son corps-de-chair. Cependant, il ne saurait se comprendre à partir de celle-ci *en tant qu*'il est sujet. Il lui faut donc réaliser en même temps la protention dans deux directions inverses, c'est-à-dire vers le fondement et vers le tout d'un monde comprenant les sujets et dont on n'a pas, comme c'est le cas pour la construction formelle de l'image du monde scientifique, complètement éliminé le concept de sujet. 2) Cette protention devient d'autant plus urgente que le sujet est travaillé par la question sur le sens de sa vie et impliqué dans des conflits d'orientation. Cette question vise à savoir si le tout, auquel appartient ce fondement que le sujet sait inscrutable, se trouve en concordance avec la réalisation de sa vie ou s'il est totalement indifférent à l'égard de cette vie, de telle sorte que toute affirmation sous le signe de laquelle la vie peut se dérouler devrait être tirée d'elle-même à travers une réflexion. 3) L'agir moral sous la norme fondamentale implique la

conviction que l'acteur peut répondre des conséquences de ses actes. La conscience morale transformée et approfondie se sait en outre impliquée dans des situations de vie auxquelles elle attribue une significativité qui ne peut pourtant pas être ramenée aux intentions des hommes qui se trouvent dans ces situations. Ainsi, la dimension morale de la vie renforce l'impulsion vers une forme de compréhension grâce à laquelle le fondement de la subjectivité et son orientation vers un tout sont unis au-delà des limites du monde connaissable dans une compréhension unique close en elle-même. Et la conscience du fondement commun de la vie des hommes dans leur être-avec authentique indique ce même fait et agit dans cette même direction.

Dans l'histoire de l'humanité, cette tendance s'est toujours déjà manifestée avec une puissance irrésistible. On peut interpréter les mythes comme des conceptions de l'origine, du sens de la vie consciente et des
| institutions qui se fondent sur elle. De la même façon, les religions sont des 252
tentatives de s'assurer de cette origine et des puissances qui confèrent à la vie une signification et une force de conservation. La pratique d'autocompréhension qui y est à l'œuvre se réalise toujours aussi en vue de l'assurance, de l'approfondissement et de l'accroissement de la vie face à des destins humains souvent incompréhensibles. Dans son essence, elle est cependant une *pensée*. Il n'existe aucun mythe et aucune religion qui n'aient recours à cette même pensée qui s'enracine dans le processus de la subjectivité. Certes, dans la religion et dans le mythe, cette pensée opère de façon implicite, sans se connaître elle-même. Elle se forme dans le milieu de projets d'histoires qui, précisément en vertu de leur signification explicatrice et conservatrice de la vie, peuvent être instituées et reçues comme des fondements obligatoires de la réalisation de la vie. Mais si la pensée qui les anime de l'intérieur devient indépendante et amorcée comme telle, elle devient philosophie et perd du même coup l'autorité des textes sacrés et du mode de compréhension religieux, qui restent imperméables à toute alternative.

Cette pensée ne se transforme pas en une connaissance théorique pour autant. Tout d'abord, la motivation qui la sous-tend reste la même. Elle continue d'être une pensée déterminée par la dynamique de la vie consciente et des situations problématiques dans lesquelles celle-ci nous entraîne, sauf qu'elle rend désormais explicites ces situations problématiques. L'une des conséquences en est que, contrairement à la religion, elle ne peut pas prétendre avoir décidé de la vérité d'un concept du simple fait de l'avoir développé. Une telle décision ne peut être prise que si des sujets se reconnaissent dans ce concept et sont prêts à l'intégrer dans leur propre vie, du moment où ils peuvent accepter son auto-interprétation dans la réalisation de leur vie sans contrainte ni refoulement.

253 | En outre, la constitution de cette pensée elle-même diffère de celle de la pensée théorique. Certes, cette pensée se réalisera dans les mêmes fonctions fondamentales dans lesquelles se forment la pensée dans le processus de la subjectivité et ensuite la connaissance théorique. La pensée visant à unifier les protentions inverses de la subjectivité utilise pourtant ces fonctions d'une autre manière. Ainsi, elles ne pourront ni servir à expliciter et à analyser la dynamique de la subjectivité, ni donner lieu à la construction d'une connaissance d'objets. Elles dépassent tout ce qui est donné au sujet en tentant de parvenir, d'un seul coup et dans un concept inclusif, à une compréhension de la subjectivité, de son fondement et d'un tout auquel celle-ci appartient. De ce point de vue, cette pensée est nécessairement *synthétique* et par là même *extrapolante*. Car son concept ne peut pas être tiré d'un quelconque domaine de la réalité, ni s'adapter à lui. Il ne peut être acquis qu'en tant que projet fondé. En outre, il est *postulant* dans la mesure où il ne peut pas avoir pour but de prouver lui-même sa propre vérité. Il ne peut que s'avérer cohérent et acceptable face à toutes les alternatives en donnant à la subjectivité la possibilité d'une autocompréhension qui rend justice à tous les aspects mis en lumière dans son explication, en les intégrant dans un contexte compréhensible.

La quatrième qualité d'un tel concept résulte du fait qu'il dépasse la réflexion sur soi de la subjectivité sans pouvoir simplement renouer avec les formes du monde des objets ou du monde de l'agir. Là où il faut unir le fondement de la subjectivité avec un tout qui n'est pas soumis aux conditions qui président à la formation des mondes des objets, il faudra aussi
254 partir d'autres configurations formelles que celles | qui rendent possible l'orientation de la pratique quotidienne et la connaissance objectivante. Etant donné qu'un tel concept doit néanmoins partir de la forme du monde familière au sujet sur la base de sa relation au monde primaire, il faut qu'il résulte d'une révision réfléchie de l'application de ses fonctions fondamentales. Un tel concept doit donc, afin de pouvoir être synthétisant, être intégré dans l'usage de formes conceptuelles *révisionnaires.*

Ces quatre qualités font à nouveau comprendre que les mythes et les religions ne peuvent pas être compris comme des créations d'une pensée sans discipline qui, animée par ses seuls désirs, a recours à une imagination débordante. L'esquisse fondamentale sur laquelle ils se construisent résulte plutôt des impulsions d'une pensée préformée dans la constitution de la subjectivité. Si cette pensée prend la forme de philosophie, les capacités imaginatives de l'homme ne peuvent plus, comme auparavant, se lier avec

ces impulsions sans aucune rupture. Ce qui possède essentiellement le statut de pensée n'est donc plus susceptible d'être surpassé par un système de symboles dense, qui domine l'image du monde quotidienne en la dépassant par sa richesse et qui, tout en stabilisant la vie du groupe, intègre également en lui l'image de soi de tous ses membres. L'explicitation symbolique cède désormais la place à la réflexion sur soi méthodique dans l'extrapolation de pensées. L'autocritique qui en est inséparable doit faire en sorte que le concept dans lequel la subjectivité se dépasse elle-même renonce encore à une autre tentation : elle ne peut pas remplacer la transformation symbolique de la vie quotidienne par une science métaphysique qui essaierait de se mettre en harmonie avec l'image du monde scientifique. Cela signifie à son tour que les pensées visant à une conception qui rend possible une autocompréhension de la vie consciente ne peuvent pas parvenir à une différenciation interne qui | dépasserait la richesse de 255
contenus du monde quotidien ou du monde scientifique. Cela ne paraîtra comme un manque qu'aussi longtemps qu'on ne considère pas que les pensées d'un tout, qu'on acquiert à travers ce dépassement, restent rattachées à la forme et au processus de la subjectivité. À travers ces pensées qu'on peut aussi appeler des "idées", la subjectivité gagne l'horizon le plus large à l'intérieur duquel elle peut parvenir à l'autocompréhension dont la recherche est inscrite dans sa propre constitution fondamentale. Le degré de différenciation de la façon dont cet horizon est articulé comme tel n'est cependant pas forcément inférieur à la constitution fondamentale formelle qui comprend en elle la multitude innombrable de contenus des mondes quotidien et scientifique.

2. Fondement et sens

Il nous faut désormais commencer à développer davantage le mode de pensée qui se rattache à la forme fondamentale de la subjectivité sous forme d'extrapolation. Ainsi on verra également pourquoi elle doit, dès le début, prendre une forme conceptuelle révisionnaire et quelles sont les formes de fondation qui en découlent.

La connaissance de soi constitutive du sujet ne peut être comprise à partir d'elle-même car son analyse montre que chacun de ses éléments sur lesquels l'analyse peut se concentrer présuppose déjà la relation à soi dans la connaissance de soi du sujet. Si cette relation à soi exige donc en outre le présupposé d'un fondement, celui-ci doit alors correspondre à ce qui constitue le propre de la relation à soi. Ce qui veut dire qu'il faut attribuer à ce fondement des propriétés particulières et inhabituelles. Il ne peut pas

256 rendre possible la forme de la | connaissance de soi comme une construction qui, une fois instaurée, persisterait d'elle-même. Car dans ce cas, celle-ci devrait elle-même rendre évidente, non pas la genèse mais la persistance de la forme de la connaissance de soi. Le fondement ne peut donc pas être conçu comme un événement qui en entraînerait un autre, lequel à son tour continuerait d'exister par lui-même en sous-tendant toute pensée. Car la connaissance de soi est une connaissance stable dont la forme persiste comme une invariante. Si elle a besoin d'être fondée quant à sa forme, ce fondement doit être effectif de façon tout aussi continue que l'existence de cette connaissance elle-même. C'est pourquoi on ne peut pas l'imaginer comme un événement causal qui se répéterait avec une fréquence plus ou moins soutenue.

Dans la mesure où il est à la fois le fondement de la forme et de la réalité de la conscience de soi, il ne peut correspondre à aucun des quatre types de cause dont parle Aristote. Il a ceci en commun avec la cause formelle et la cause matérielle qu'il ne saurait être un fondement extérieur. Ce qu'il fonde ne peut pas être pensé comme détaché de lui. Ainsi, il est présent *en* lui, mais pas de la même façon que la forme ou la matière grâce auxquelles quelque chose est ce qu'il est. Car ces deux causes suffisent à caractériser de façon fondamentale ce qu'elles fondent. Or le sujet est caractérisé par la connaissance de soi et par la spontanéité qui en découle. Son fondement est donc lié à lui sous le mode de l'indisponibilité et néanmoins de façon continue. Ainsi seulement on peut au moins esquisser une pensée qui ne contredise pas le fait que le sujet, sans être fondé à partir de lui-même, n'en est pas moins caractérisé par l'auto-activité et l'autodétermination. De ce point de vue, le fondement doit être pensé comme une possibilisation de l'auto-activité et non pas comme une cause cachée qui ferait de l'autodétermination une simple illusion.

257 | Ces quelques réflexions ont déjà montré une chose : le retour vers un fondement se fait selon une procédure de conclusion tout à fait normale, mais il nous amène à présupposer un fondement auquel il faut attribuer des qualités qui ne peuvent plus être qualifiées de normales de la même manière. Cela n'a rien de surprenant, puisque cette remontée argumentative va au-delà de la conscience de soi de la subjectivité et donc aussi au-delà des modes de fondation à l'intérieur des mondes qui lui sont accessibles. Un tel fondement ne se soustrait donc pas seulement à la possibilité de connaissance ; sa forme elle aussi le rend irrégulier par rapport à ces types d'argumentation. Cela nous laisse entrevoir d'une autre manière encore la raison pour laquelle la forme conceptuelle de la pensée extrapolante, parvenue à une telle limite, ne peut pas ne pas devenir révisionnaire.

Parvenu à cette limite, on a aussi l'impression d'un danger de confusion et de la perte de tout contact avec le sol de la réalité. L'acceptation de la nécessité d'un passage à un mode de pensée révisionnaire peut être facilitée si l'on considère ce que cela signifie que la conscience morale doit être pensée comme faisant partie de l'autocompréhension de la subjectivité. Dans l'avant-dernière leçon, nous avons montré que la conscience morale approfondit la connaissance de ce qui constitue un sujet. Ainsi, le fondement qu'il faut penser comme précédant le sujet doit être pensé aussi comme fondement de la conscience morale. Mais on ne peut pas penser la conscience morale comme un produit de causes qui lui seraient étrangères, sans qu'il faille immédiatement tirer la conclusion que sa propre compréhension de soi n'est pas susceptible d'être vraie. Dans ce cas, on pourrait vouloir comprendre la conscience morale comme le produit d'une subjectivité qui se veut autosuffisante. Mais ce chemin-là est également barré puisque la subjectivité à son tour avait déjà exigé la présupposition d'un fondement. Ainsi, la subjectivité elle-même nous amène du même coup à présupposer aussi | un fondement pour la conscience morale. Toutefois, ce 258
fondement doit être tel qu'il pourrait rendre possible quelque chose comme l'autodétermination. Cela n'est possible que si la présupposition d'un fondement ne nous interdit pas d'emblée de penser la spontanéité et l'autodétermination comme des conséquences. Ainsi, la pensée d'un fondement doit être conçue d'une manière qu'on ne pourrait pas utiliser dans le processus de connaissance normal. Nous pouvons nous imaginer de construire des appareils dont les actions sont causées par un mécanisme intrinsèque ou produites par un générateur de hasard. Mais en ce qui concerne la production d'un sujet autodéterminant, nous n'en avons aucun concept susceptible d'être transformé en un connaissance, pas plus que d'un sujet dont l'autodétermination, dans sa réalisation, est rendue possible par un fondement. Etant donné que nous ne pouvons pas penser des sujets finis comme des autoproductions, l'idée d'un fondement qu'il faut leur attribuer prend nécessairement la forme d'une ontologie révisionnaire, à moins d'accepter comme une vérité banale et comme une prémisse à accepter comme allant de soi que toute connaissance et avec elle, toute connaissance de soi est un fait qui trouve son explication dans la nature telle qu'elle est décrite par la science physique, même si nous ne sommes jamais à même de fournir cette explication.

Nous sommes encore au début des réflexions qui sont censées aboutir à une esquisse de la construction de la pensée extrapolante. Ainsi, ce n'est pas le lieu ici de reprendre la question sur le sens de la liberté. Mais nous montrerons par la suite pourquoi il n'est pas nécessaire d'être d'accord

avec ceux qui pensent pouvoir réduire la liberté à une forme particulière de déterminité, c'est-à-dire à celle dans laquelle le résultat d'une réflexion, donc des raisons bien réfléchies, entraînent directement le mode d'agir
259 | d'un homme. Mais si nous partons d'un sens plus fort d'autodétermination, nous sommes, comme nous l'avons déjà vu, déjà parvenus aux limites du mode d'explication régulier, même si aujourd'hui la plupart des gens pensent devoir échapper à tout prix aux conséquences qui en résultent.

Il faut que ce premier pas dans le domaine de la pensée extrapolante en soit suivi par un deuxième. Le premier procédait du concept de sujet. Mais la pensée extrapolante n'était pas uniquement motivée comme un pas *en arrière* qui remonte en deçà de la conscience de soi. Un autre motif découlait du fait que les sujets ne peuvent pas trouver de place dans les formes qui leur donnent accès au tout d'un monde. De même que les sujets doivent se présupposer un fondement, ils doivent aussi avoir devant les yeux, ne fût-ce que de façon obscure, l'idée d'un tout dans lequel les sujets sont compris comme tels. Ce dépassement se fait dans la *direction inverse* de celle du retour au fondement des sujets – non pas à partir du concept de sujet, mais à partir de la forme du monde et au-delà d'elle. Mais les deux sont des mouvements extrapolants de la pensée, qui se co-appartiennent comme éléments dans l'autocompréhension du sujet. Ainsi, les pensées du fondement du sujet et celles d'un tout comprenant des sujets doivent être réunies. La pensée extrapolante se réalise ainsi, comme on l'a déjà dit, comme pensée synthétisante.

Il faut reconnaître que chaque sujet est un *singulier*. Cette formule reprend, d'abord dans un sens tout à fait courant, une expression à laquelle reviendra par la suite, sous une tout autre forme, un rôle important. Le fondement présupposé dans le sujet est un fondement interne qui est lié de façon continue à la réalisation de la subjectivité. Ce fondement doit donc être pensé comme singularisé dans la mesure où il se trouve dans un rapport
260 constant avec le sujet singularisé. Si | les deux, le fondement et le tout des sujets, sont réunis, il en résulte la tâche de penser comme un contexte unique la façon dont les sujets sont des singuliers et l'unité dans laquelle ils coexistent comme des singuliers.

En essayant tout à l'heure de déterminer plus précisément le fondement qui doit précéder le sujet, nous avons déjà compris qu'il est nécessaire de dépasser le domaine de ce qui est objectivement prouvable et de recourir à des formes conceptuelles révisionnaires. Le passage complémentaire à cette démarche, qui nous mène à un concept de monde comprenant des sujets, se faisait également à une telle limite. Ainsi, le concept d'un tel tout devra lui aussi être conçu sous une forme conceptuelle révisionnaire, sinon il serait impossible d'unir ce concept avec le fondement dans le sujet.

On peut aisément comprendre (et j'ai déjà essayé de le montrer à plusieurs reprises) qu'au-delà de cette limite, la distinction entre la forme du monde et ses contenus, qui est pourtant un présupposé pour le "monde naturel", ne peut plus être maintenue de la même manière. Cette différence s'explique par le fait que la constitution de ce monde présuppose un sujet *pour* lequel un monde s'ouvre sous la forme caractéristique d'un tel monde. La différence doit donc disparaître dès que ces sujets eux-mêmes sont conçus comme compris dans le tout d'un monde. Cela signifie qu'il faut aussi penser différemment la relation entre les singuliers et le tout. La forme ne se situera plus dans une autre dimension que les contenus qui se manifestent en elle. À l'inverse, ce qui constitue les contenus dans leur singularité devra être compris à partir de la forme du monde comme telle. La forme et le contenu du monde sont donc à concevoir comme inséparables et faisant parti d'un même processus. La même relation que nous avons ici développée à partir de | l'idée de subjectivité s'exprime de façon **261**
immédiate dans l'une des pensées fondamentales les plus anciennes de la philosophie grecque. Elle articule ce qu'il y a d'étonnant et d'étrange dans l'idée d'un tout pensé comme non soumis à aucune autre condition, dans une formule prégnante qui sonne cependant aussi comme une formule magique : le monde doit être compris comme un Tout-Un.

Ainsi nous avons accompli la deuxième démarche. Je vous prie maintenant de prêter attention à la constellation qui naît entre cette idée et l'autre à laquelle nous étions déjà arrivés lors du passage complémentaire du sujet à son fondement ! Les deux idées articulent à chaque fois une relation particulièrement étroite entre deux éléments, le sujet et le fondement d'une part et la forme du monde et le singulier d'autre part. Les deux idées sont, par rapport à ces éléments, des idées d'immanence – c'est-à-dire des idées portant sur le fait qu'une différence que nous présupposons par ailleurs en toutes circonstances, ne peut pas valoir de la même façon pour ces deux relations. Dans la réalisation de la subjectivité, le fondement est toujours fondement de possibilisation ; la forme du monde ne constitue aucune autre dimension par rapport à ses contenus.

Les deux idées ne sont pas des idées d'immanence de la même façon. La forme du monde conçue de façon révisionnaire absorbe complètement la différence entre la forme et le singulier ; le fondement dans la conscience n'est que très étroitement lié à la forme et à la dynamique du sujet. Mais les conditions sous lesquelles nous avons accompli ce retour et ce dépassement vers ces deux idées nous placent immédiatement devant la tâche de les unir

dans une même pensée. Ainsi seulement nous sommes arrivés à l'idée d'un tout dans lequel des sujets sont réels. Une telle intégration présup-
262 pose toutefois que la relation entre | l'unité du tout auquel appartiennent les sujets et l'unicité qui doit nécessairement revenir à tout sujet soit susceptible d'être expliquée ultérieurement sous la forme conceptuelle révisionnaire.

Avant d'y procéder dans une troisième démarche, j'aimerais souligner une conclusion qu'on peut tirer des deux idées d'immanence concernant l'autocompréhension des sujets. Nous sommes en train d'expliciter la pensée présupposante et extrapolante comme s'il s'agissait d'un type de recherche théorique quelconque. Cependant, nous avons compris depuis longtemps que cette pensée est étroitement liée à un intérêt vital de la subjectivité. Si les sujets n'étaient pas contraints de s'interroger sur la façon dont ils peuvent intégrer la dynamique de leur vie dans une compréhension fondamentale d'eux-mêmes, la pensée extrapolante qui ignore les limites du prouvable ne pourrait se réaliser qu'à titre de jeu de l'imagination. Un tel jeu lui aussi présuppose qu'il faut recourir à un possible usage de la raison. Mais dans ce jeu, on ne chercherait pas une vérité, ni ne serait placé devant la décision sur l'orientation de la vie des personnes qui sont en même temps des sujets. C'est pourquoi nous avons tout intérêt, en déployant la pensée extrapolante, à ne pas perdre de vue son origine dans la pratique de la vie.

Vous vous souvenez des recherches dans les leçons précédentes, qui ont montré comment la question que nous connaissons comme la “question du *sens*” surgit de façons multiples dans la dynamique de la vie consciente. Dans ce contexte d'usage, le discours du sens ne se réfère pas à la signification d'expressions linguistiques, pas plus qu'à la fonction d'éléments ou d'institutions en vue d'un but que des hommes se proposent ou poursuivent. Dans la vie humaine dans son ensemble, on peut trouver du sens
263 ou, au contraire, en constater l'absence. Or | des hommes peuvent donner un sens à leur vie à travers les buts qu'ils se fixent eux-mêmes. Ce qu'ils sont et ce qu'ils font peut devenir significatif pour la vie des autres, ce qui à son tour peut conférer un sens à leur propre vie. Mais les hommes se demandent en outre si leur vie dans son ensemble doit être prise au sérieux et considérée comme affirmée de la même manière dont ils doivent eux-mêmes la prendre au sérieux. Ils se demandent donc si leur vie a une significativité qui ne surgisse pas ni ne s'épuise dans ce qu'ils réussissent à accomplir et dans ce qu'ils signifient pour eux-mêmes et pour les autres – donc un sens qui précède à la fois leur propre estimation et expérience et les effets facticiels de leurs actions. Cette question dépasse la vie consciente et toutes les relations fondées en elle seule. Il serait possible qu'un tout d'ordre

supérieur, auquel tous les sujets appartiennent, soit déjà lui-même porteur de sens, mais il serait également possible que c'est à partir d'un tel tout seulement que la vie consciente acquière un tel sens. Celui-ci, tout en étant propre à la seule vie consciente, ne serait pas pour autant instauré à partir d'elle.

Déjà dans notre examen de la conscience morale, nous avons vu que les sujets ne peuvent pas posséder un tel sens uniquement en vertu de leur position dans un ordre de fins dans lequel ils se trouvent intégrés et qu'ils tentent de réaliser. Si tant est que le sens puisse devenir évident, il devrait toujours déjà être immanent à la réalisation de la subjectivité elle-même – toujours déjà et indépendamment de ce que nous sommes censés atteindre et atteignons effectivement.

Dans cette perspective, nous voyons tout de suite la significativité d'une autocompréhension pour les intérêts vitaux de la subjectivité, autocompréhension qui est à même de penser une relation immanente de fondation entre un tout comprenant des sujets et ces sujets eux-mêmes. Une telle idée semble être indispensable pour qu'on puisse attribuer à la réalisation de la subjectivité | un sens qui vaille uniquement pour elle-même **264**
sans toutefois procéder d'elle. Car un tel sens ne peut pas être conféré aux sujets de l'extérieur, par quelque chose ou par quelqu'un. L'idée d'un sens de la vie, difficile à concrétiser, néanmoins irréfutable et sans doute omniprésent ne peut, par conséquent, que s'appuyer sur un mode de pensée qui se construit à partir de la subjectivité, dans une démarche régressive vers elle et ensuite dans son dépassement successif.

Il faut sans doute présupposer l'immanence du fondement de sens de la subjectivité si l'on veut comprendre comment il est possible que le fondement de sens de notre propre vie puisse se manifester à un sujet dans des moments d'intuitions instantanées. En faisant allusion à ces moments dans la deuxième leçon, nous avons vu également qu'ils ne peuvent pas en eux-mêmes confirmer l'affirmation de sens sous tous ses aspects et de façon durable. Cela serait d'ailleurs incompatible avec le fait que la pensée extrapolante ne peut jamais se défaire de sa qualité postulante, qu'elle ne peut donc pas se dissoudre dans une certitude intuitive et quasi théorique. Mais si l'on veut reconnaître à de tels moments seulement la possibilité de se stabiliser et se confirmer dans des processus de compréhension, il faut s'appuyer sur la présence immanente de tout fondement de sens affirmatif dans la vie consciente. Et la certitude qu'il en est ainsi devra toujours à nouveau se confirmer dans des moments de transparence qui se renouvellent au cours de notre vie, même s'ils n'auront plus la force ni la clarté subjuguantes du premier surgissement d'une telle intuition. Cela montre à

son tour à quel point le projet du tout d'un monde, qui suit la trajectoire d'une pensée révisionnaire, est lié à la dynamique de vie de la subjectivité.
265 Toute pensée extrapolante puisera dans cette dynamique non seulement | sa motivation, mais aussi et surtout en dernière analyse sa crédibilité. Mais cela signifie aussi que cette pensée qu'on peut appeler, avec la tradition philosophique, une "pensée spéculative" n'est nullement l'affaire d'une spéculation éloignée de la vie. Chaque homme qui a simplement considéré la possible signification d'une religion pour sa vie connaît la constitution fondamentale de sa trajectoire, même s'il ne peut ni formuler ni réaliser correctement une telle pensée et qu'il ne fait pas confiance à la façon dont elle est encore à l'œuvre dans les images symboliques hautement développées de la religion.

3. TOUT-UN ET SINGULARITÉ FINIE

Nous pouvons désormais passer à la troisième étape dans cette pensée extrapolante. Il nous faut examiner la question de savoir comment on peut penser le singulier dans son indépendance à l'intérieur d'un tout par rapport auquel les singuliers et les sujets singuliers ne sont pas indépendants de façon originaire. Que la subjectivité soit continue et, dans son processus, rendue intrinsèquement possible par son fondement ne doit pas aboutir à une négation de sa singularité et de son indépendance, à moins que nous ne soyons prêts à admettre que la présupposition d'un tel fondement nous forcerait à conclure que la façon dont les sujets se comprennent eux-mêmes et ce que nous avons considéré comme caractéristique de la subjectivité doit finalement s'avérer une opinion vide, telle une fiction à laquelle ne correspond aucune réalité. Il faut donc plutôt essayer d'arriver à l'idée de singularité *à partir de* l'idée de l'unité, qui se présente comme Tout-Un, de façon à démontrer qu'elle est compatible avec la singularité.

C'est pourquoi il nous faut maintenant suivre une partie du chemin de réflexion qui a été l'une des voies principales de la philosophie d'Héraclite
266 et de Parménide jusqu'à | Platon et à nouveau de Spinoza jusqu'à Hegel.

Le résultat des leçons précédentes nous oblige à rester attentifs à un danger : si le sujet fini, dans sa singularité, est compris à partir d'une unité originaire qui elle-même ne saurait être singulière ou finie, cela ne doit pas revenir à ce que cette affirmation de sa singularité l'affranchisse aussi de sa fragilité. Il ne doit pas être transfiguré comme un singulier qui tend vers un état dans lequel il se transformerait en l'infini de son fondement d'unité. Si l'on veut comprendre la singularité du fini à partir de ce fondement d'unité de façon à lui conférer aussi un sens pour la vie, cela ne peut se faire qu'en incluant sa fragilité. Il suffit d'examiner l'histoire de l'idée d'un fondement d'unité immanent et néanmoins au-dessus de toute différence pour se convaincre que ce danger est facilement ignoré, même par les penseurs les plus illustres.

Et pourtant il est assez facile de déduire le profil d'une solution de cette tâche de la logique de l'idée initiale. Dans l'idée d'un tout opposé de façon révisionnaire à l'unité d'un tout du monde, la différence entre l'unité et les singuliers ne peut certes plus être celle d'une corrélation originaire. Contrairement à ce qui se passe dans le "monde naturel", il ne faut plus penser l'unité et la singularité comme des membres d'une relation qui, bien qu'inséparables, ont chacun sa propre constitution et provenance. Le côté révisionnaire dans le concept transformé consiste précisément en ceci que c'est désormais à la non-différence de constituer le trait fondamental de la façon dont il faut penser les deux.

Cette non-différence doit être comprise au sens de la non-*originarité*
de la différence, c'est-à-dire elle n'implique pas | que la différence comme 267
telle ait disparu. Celle-ci ne doit pas complètement disparaître pour la simple raison que la conceptualisation révisionnaire ne peut pas contester la réalité des sujets et de ce qui leur est accessible dans leurs mondes, puisque c'est là précisément son point de départ. Elle doit plutôt les comprendre autrement et d'une manière plus profonde. Si, en ce sens, on n'élimine donc que l'originarité de la différence, il faut assumer que les singuliers multiples dans leur ensemble soient impliqués dans l'unité, donc posés en vertu d'elle. C'est précisément ce que signifie la formule traditionnelle selon laquelle l'unité originaire et indépendante doit être comprise comme *Tout*-Un.

Il s'*ensuit* alors qu'il faut reconnaître à tous les singuliers une constitution fondamentale grâce à laquelle ils ne se distinguent en aucune façon de ce qui définit l'unité dans le *Tout*-Un comme tel. Sinon, l'unité ne les comprendrait pas et ne serait, par conséquent, pas tout-comprenant, mais seulement tout-contenant. Il faudrait alors se demander du même coup de quelle façon les singuliers peuvent être inclus dans l'unité, tout en restant en même temps des singuliers *indépendants*.

Devant cette question, on répondra peut-être d'abord que le singulier est indépendant dans la mesure où il est capable de se transformer et de se dépasser lui-même dans le fondement d'unité de tout ce auquel il appartient. Mais non seulement une telle réponse équivaudrait presque à une infinitisation du fini, et ce, sous sa forme négative, elle est aussi déjà exclue par un aspect précis du problème qu'il s'agit de résoudre. Selon l'approche dont surgit l'idée fondamentale révisionnaire, il faut penser que les singuliers *deviennent* seulement les singuliers indépendants qu'ils sont à travers ce qu'ils ont en commun avec l'unité tout-comprenante.

Cela donne origine à un autre type d'argumentation qui est exactement
268 aux antipodes de la réponse qui | paraissait d'abord si évidente : le singulier n'a pas tendance à se fondre dans l'infinitude de l'Un originaire. En vertu de la non-différence, le singulier se distingue plutôt par la tendance à la même *autosuffisance* qui caractérise le Tout-Un comme tel grâce à son originarité au-dessus de toute différence. La dépendance radicale du singulier et son indépendance originaire, à laquelle on peut conclure à partir de la non-différence face à l'Un tout-comprenant, doit être conçue comme un seul et même état de choses dans l'extrapolation de cette pensée.

Etant donné que cette pensée reçoit son impulsion de l'autocompréhension de la vie consciente, elle formulera un tel équilibre toujours en vue de ses possibles conséquences pour et ses confirmations par l'autocompréhension de la subjectivité. En partant de ce critère, il faudra d'abord veiller à la façon dont la pensée révisionnaire pourra concilier l'unité originaire du tout avec la singularité des sujets en particulier. Car la singularité des sujets est avant tout ancrée dans leur conscience de soi. Ils sont des sujets singuliers dans la mesure où chacun d'entre eux subsiste en lui-même, se réalise à partir de lui-même, et également dans la mesure où chacun d'entre eux, en tant que singulier fini, doit se distinguer d'autres sujets. À partir de cette présupposition seulement on peut parler du fondement présent au cœur du processus de la subjectivité et d'une coordination entre le sujet et l'unité qui précède à son tour le fondement et toute singularité finie – une coordination qui doit finalement être réalisée de façon explicite par la conscience morale dans le processus de son déploiement. La tâche consiste donc à parvenir à penser le passage de l'idée d'une unité autosuffisante dépassant toute différence à celle d'une singularité finie mais indépendante.

269 | Selon la logique de la pensée révisionnaire, on peut y parvenir à partir d'un petit nombre d'éléments conceptuels, en revenant à des réflexions que Hegel a déclarées absolument fondamentales pour sa propre pensée. Comme nous l'avons dit, l'unité originaire ne doit pas être pensée comme différence, sans toutefois être complètement exempte de différence. En tant que Tout-Un, elle inclut en elle-même la différence. Cette unité, précisément parce qu'elle n'est pas différente face à quelque chose d'autre, doit être pensée comme "le" Un, qui est donc unique. En outre, du fait qu'elle n'est limitée par rien, elle doit être pensée comme infinie. Il sera donc clair que les êtres différents compris en elle doivent être pensés comme finis. Or, ils sont des inclusions et non des corrélats du Tout-Un infini, c'est

pourquoi, même en tant que finis, ils doivent avoir en commun avec celui-ci dans son ensemble ce qui doit être considéré comme la propriété fondamentale du Tout-Un lui-même.

Point n'est besoin de réflexions laborieuses pour trouver cette propriété car elle est déjà impliquée dans la description du tout comme Tout-Un, de telle sorte qu'il serait inutile de vouloir partir à sa recherche : le Tout-Un est quelque chose d'autosuffisant qui s'est *différencié* soi-même en toutes choses de façon originaire ou qui, en vertu de son essence, *est* originairement différencié en toutes choses. Cette autodifférenciation est la propriété qui remplace la différence originaire entre l'unité et les multiples. La corrélation entre l'unité comme forme et la multiplicité des contenus est caractéristique de l'image du monde normale. Dans cette image, les multiples sont aussi mis en relation les uns avec les autres dans leur unité formelle, mais toujours déjà présupposés comme multiples. Le Tout-Un, par contre, est caractérisé par son autodifférenciation. Les multiples sont inclus en lui en tant que Tout-Un, ce qui leur confère une constitution fondamentalement identique à la sienne. Ce qui implique immédiatement qu'il faut *également*
| attribuer la capacité d'autodifférenciation aux multiples qui se trouvent **270**
inclus dans le Tout-Un.

Or, la propriété de l'autodifférenciation, que possède le multiple en vertu de son inclusion dans le Tout-Un et en conformité avec lui, doit être pensée en relation avec une autre propriété. Chacun des multiples inclus dans le Un se distingue de l'infinité du tout par le fait qu'il est un singulier fini. Sous la condition de sa finitude, son autodifférenciation doit prendre une autre forme car l'autodifférenciation du fini doit en même temps permettre de sauvegarder et de protéger la différence contre les autres singuliers finis. L'un fini, en déployant les différences à partir de lui-même, ne doit pas se dissoudre ou se perdre sous l'influence de l'autodifférenciation des autres. C'est pourquoi son autodifférenciation doit être telle qu'elle lui permet de tenir les autres exclus de lui, tout en continuant sa propre existence dans sa relation à soi. Dans l'autodifférenciation, il est semblable au Tout-Un lui-même qui ne subsiste que dans le déploiement de la différence du multiple dans l'unité qui le caractérise. Mais dans son autoaffirmation fragile s'exprime sa finitude qui, à son tour, doit toujours accompagner l'idée du Tout-Un en tant que propriété de tous les multiples.

Nous avons donc déterminé conceptuellement ce qui constitue la singularité d'un être fini. L'autoconservation est l'autodifférenciation des êtres différents *en vertu d'*une pluralité de processus de différenciation interne. Dans et grâce à cette différenciation se déploie le singulier, et il ne s'affirme pas seulement *dans* la complexité qui lui est propre, mais aussi *à*

travers elle. Cette explication formelle peut, selon les types de domaines des singuliers finis, être concrétisée de différentes manières : comme organisme, comme subjectivité ou comme système émergent, si tant est qu'on puisse, comme le pensait Hegel, légitimement concevoir des
271 | collectivités sous la forme conceptuelle de singularité.

Une telle explication est visiblement foncièrement différente de l'explication sémantique et épistémologique de ce qui constitue un singulier. Cette dernière se définit comme l'attribution de l'identité d'un objet qui peut être désigné comme le même à travers la position qu'il occupe dans le temps et dans l'espace et à travers la trajectoire qu'il y parcourt. Le concept de singulier développé sous la prémisse de la pensée révisionnaire veut au contraire caractériser le singulier à partir de lui-même et non pas à partir de la façon dont on se réfère à lui. On peut qualifier cette approche d'ontologique formelle par opposition à l'approche sémantique. Elle soulève cependant des problèmes particuliers. Ainsi, toutes les choses que l'explication sémantique considérerait comme singulières ne sont pas aussi des singuliers caractérisés par l'autodifférenciation. Des machines et d'autres artéfacts ne sont pas de telles choses singulières, mais tout au plus des complexes d'éléments de telles choses. On peut se demander aussi si des atomes et des molécules, dans la mesure où ils ne se différencient pas eux-mêmes et ne seraient donc pas des choses singulières, pourraient, du point de vue ontologique formel, être conçus, dans leurs relations mutuelles, comme des conditions de possibilité de choses singulières finies. Etant donné que les conditions de départ et l'intérêt de toutes nos réflexions sont déterminés par la théorie du sujet, nous pouvons mettre entre parenthèses toutes ces questions.

Car toutes les démarches visant à déterminer la singularité en ce sens ontologique formel sont placées sous le signe ou la parenthèse de l'analyse de l'idée d'un tout dont la constitution fondamentale se distingue du tout du monde accessible, et dont il faut affirmer deux choses : il doit pouvoir être accepté par des sujets comme horizon de l'autocompréhension dans laquelle ils pensent au-delà d'eux-mêmes et de leur fondement, et cette idée
272 est en même temps censée permettre d'attribuer à la subjectivité | et à sa dynamique un sens qui ne peut pas uniquement résulter du fait qu'il est expérimenté ou acquis par des sujets, mais qui leur est néanmoins immanent et non pas conféré dans un acte spécial extérieur. Ainsi, tout ce que nous avons dit de l'unité et de la singularité doit être compris comme motivé et amorcé par la tâche d'une compréhension de la subjectivité par elle-même. En outre, cela n'est que le noyau ontologique formel et, en tant que tel, le développement initial d'un enchaînement de pensées à travers

lequel la subjectivité peut déterminer ultérieurement l'idée de son propre fondement, en parvenant ainsi à l'idée d'un tout qui n'est pas à son tour fondé sur des corrélations. On voit déjà assez clairement le profil du rapport entre ce contexte problématique et ce que nous avons dit dans les leçons précédentes à propos de la subjectivité comme dynamique fondée dans la connaissance de soi. Il faudra montrer par la suite comment on peut y intégrer des conclusions provenant de la compréhension de la liberté.

Les pensées développées à partir de cette motivation ont été qualifiées d'extrapolantes. Cette désignation est motivée par une autre raison que celle que nous avons déjà mentionnée : tout en transcendant la subjectivité à travers une remontée et un dépassement, elles ne peuvent recourir à aucune autre ressource que celle qui est déjà à la disposition de la subjectivité. Elles dépassent donc les limites de tout ce qui peut être donné ou prouvé par l'analyse de la forme conceptuelle qu'on utilise tous les jours. Mais elles ne peuvent pas donner accès à des sources de connaissance séparées tout à fait nouvelles. Ainsi, elles doivent partir des moyens conceptuels courants, en leur donnant ensuite une autre signification conformément aux conditions d'usage modifiées que leur impose la pensée extrapolante. C'est | ainsi que **273**
nous sommes arrivés au concept révisé de singularité.

Il faut souligner encore une fois que cette façon de penser n'est pas une invention des philosophes. Elle n'est pas étrangère aux hommes, mais leur est familière à partir du sol de leur expérience avec l'obscurité qui caractérise leur compréhension du monde. La philosophie ne fait que stabiliser sous une forme conceptuelle ce qui est déjà à l'œuvre et expérimenté dans la vie consciente, à titre d'impulsion et de tendance. Ainsi, l'histoire de la culture est elle aussi caractérisée par la tendance à considérer que ce qui a une signification pour la vie ne s'épuise pas dans ce qui nous est familier dans nos préoccupations et nos connaissances quotidiennes. Et partout on rencontre une certaine opinion préalable selon laquelle les choses courantes sont comprises dans une dimension qui n'est pas accessible de la même façon que ce qui nous est familier dans la vie quotidienne. Si on ne veut pas laisser cette dimension complètement indéterminée et insaisissable, il faut l'articuler dans un autre type de pensée que celui auquel nous sommes habitués. Une quelconque forme de pensée alternative est à l'œuvre dans toutes les religions. Là aussi, elle est protégée contre l'arbitraire dans la mesure où elle doit s'accompagner d'un mode de compréhension cohérent de l'origine, de la transformation et du but de la vie humaine. Le propre de la philosophie, c'est seulement le contrôle méthodique de la forme conceptuelle et des démarches de son développement. Là où ce contrôle est absent, la connaissance du fait que le mode de compréhension doit changer au-delà de la limite de la compréhension quotidienne peut s'accompagner à nouveau d'images et de représentations qui projettent certains éléments de la compréhension quotidienne dans une dimension à laquelle la pensée ne peut accéder que d'une tout autre manière.

La plupart du temps, les philosophes eux aussi ont reconnu une dimension au-delà du quotidien. Ceux qui ne l'ont pas laissée complètement indéterminée par peur d'y toucher ont dû la traiter en appliquant un
274 contrôle méthodique qui | distinguera toujours la philosophie de la religion codifiée. En revanche, il n'allait pas toujours de soi que ce contrôle dût se réaliser à l'intérieur d'une pensée extrapolante. Il semblait bien plus plausible de tenter de développer une science à part pour la connaissance de l'inconditionnel, soit en la calcant sur une méthode déjà établie, soit en développant une méthode à part. D'une manière ou d'une autre, chacune de ces sciences devait répondre à l'exigence d'aboutir à des preuves de vérité cohérentes. Une fois seulement qu'on avait compris pourquoi cette exigence ne pouvait pas être remplie au-delà des limites de la subjectivité, on pouvait rendre plausible l'idée que la pensée qui transcende les conditions normales de la connaissance ne peut tout simplement pas être conçue comme connaissance. Ainsi, on pouvait formuler le programme d'une pensée présupposante et postulante. Celle-ci ne peut pas fournir de preuve mais néanmoins rendre raison de son chemin et de l'ordre méthodique de ses démarches.

Sur cette base, nous pouvons encore mettre en relief un autre trait qui a depuis toujours caractérisé les tentatives d'un accès réfléchissant à l'originaire : ces tentatives ne peuvent pas atteindre le même degré de déterminité continue que l'élucidation de la connaissance qu'on acquiert sous des conditions normales. La forme conceptuelle de la pensée extrapolante ne peut aller au-delà d'un projet ou d'une esquisse. Cependant, contrairement à l'architecture, ces esquisses ne sont pas non plus des stades intermédiaires ou de moyens de réalisation d'un schéma de construction complet qui constituerait le but principal. Elles sont elles-mêmes le but que rien ne peut dépasser. L'esquisse n'en peut pas moins être caractérisée par de la prégnance et de la cohérence, même si l'on ne peut même pas s'imaginer comment il faudrait procéder pour l'exécuter encore plus en détail. En d'autres termes, on peut seulement avoir une *idée* mais même pas l'esquisse d'une science du fondement de la subjectivité et du tout qui
275 | confère un sens à la vie consciente. Rousseau et Kant, les deux fondateurs les plus significatifs d'une pensée postulante au service de l'autocompréhension, ont déjà distingué cette pensée de tout système métaphysique.

Après ce bref rappel historique, il nous faut encore une fois revenir sur la forme conceptuelle elle-même dans laquelle l'unité tout-englobante et la singularité ont été mises en relation l'une avec l'autre. Jusqu'ici, nous avons présenté cette forme conceptuelle avec une double intention : elle est l'exemple d'une pensée extrapolante possédant en même temps une orientation révisionnaire, et elle inclut la possibilité de concevoir une médiation de sens pour la dynamique de la subjectivité qu'elle acquiert à partir d'elle-même, sans toutefois que celle-ci tire son origine d'elle. Afin d'y parvenir, il fallait élaborer un concept de singularité à partir du concept révisionnaire d'une unité tout-englobante.

Ce concept a déjà été mis en relation avec ce qui distingue des sujets comme tels. Mais l'idée d'un fondement qui rend possible toute subjectivité n'a pas encore été réunie avec la forme conceptuelle d'unité et de singularité. Cette tâche nous fait entrer dans le domaine de passage entre la forme conceptuelle révisionnaire dans laquelle des pensées sur le monde sont conçues d'une nouvelle façon, et ce qui résultait d'abord de l'analyse de la conscience de soi des sujets. Il faut s'attendre à ce que l'exploration d'un tel point de médiation suscite des difficultés dont la plupart pourront cependant être mises de côté dans nos réflexions suivantes.

La constitution du sujet et de la personne peut s'interpréter par analogie avec la constitution formelle que nous avons attribuée au concept révisionnaire de singularité. Elles se différencient de façon continue, tout en tenant | ensemble leurs déterminations dans l'unité de leur relation à soi, 276
c'est-à-dire la subjectivité dans la continuité de l'unité de la conscience de soi à l'intérieur de sa formation du monde, qui dépasse tout ce qui est donné, et la personne dans la formation d'identités et dans leur mise en équilibre. Dans les deux cas, on a affaire à des processus de différenciation et en même temps à des formations d'unité, qui peuvent être décrits comme la mise en œuvre de l'autoconservation des singuliers. On peut donc penser des sujets et des personnes comme des singuliers dont la constitution s'est affranchie en passant de l'unité originaire à l'indépendance finie.

Toutefois, cette mise en relation ne tient pas encore compte du fondement que le processus de la subjectivité présuppose. Nous avons montré que la tâche de penser ce fondement de façon plus déterminée nous entraîne déjà dans la sphère d'une pensée révisionnaire. Parvenus à ce point de passage, nous avons cependant plusieurs options dont font aussi partie celles qui cherchent vite à se dérober à la pensée extrapolante.

D'abord, il faut choisir entre deux options : 1) On peut situer ce fondement dans le fondement d'unité de tout ce qui existe. Cela signifierait que le sujet, tant qu'il existe, doit toujours à nouveau être instauré dans sa singularité et son indépendance par ce fondement d'unité. 2) On peut tout aussi bien considérer que ce n'est pas le sujet en soi mais son fondement, ou le sujet en union avec son fondement, qui constitue le singulier caractérisé par l'indépendance.

Cette deuxième option part d'un singulier fini déjà indépendant et qui se réalise dans la vie consciente, quel que soit le rapport qu'il entretient comme tel par ailleurs et d'une autre façon avec son origine qu'est le Tout-Un. Sous cette prémisse, la pensée extrapolante se trouve dans la situation d'avoir à choisir entre deux autres variantes pour déterminer ultérieurement ce singulier.

277 | On peut en effet (A) vouloir identifier le fondement avec le corps animé dont les fonctions font continuellement et d'une certaine manière surgir la dynamique de la subjectivité. Nous avons vu auparavant que le sujet doit s'exprimer dans un corps afin de pouvoir, en tant que sujet, se comporter face à d'autres sujets. Si l'on part de cette idée, il semble plausible (B) de ramener le corps animé et la dynamique du sujet à un fondement commun. Ce fondement serait alors à penser de telle sorte que la dynamique de la subjectivité en surgisse directement, tout en procédant en coordination avec la formation du corps-de-chair. La tradition philosophique y a introduit d'abord l'idée d'une âme, qui contient en même temps l'idée d'un sujet qui ne se réduit pas à cent pour cent à sa conscience de soi.

Suivant la première variante, qui conçoit le singulier comme un corps, nous avons désormais en outre un lien immédiat avec le naturalisme scientiste, en particulier avec sa variante la plus récente qui a pris la forme d'une explication neurologique de tout ce qui est subjectif. Dans le cadre de ce naturalisme, on ne procède naturellement pas à l'usage des formes conceptuelles révisionnaires. Le fondement dans toute conscience est immédiatement replacé dans le monde objectif transformé en physique et identifié au circuit d'activités des complexes neuronaux du cerveau. Cette interaction elle-même devrait en dernière analyse se laisser décrire dans le langage de la physique subatomique. Selon sa propre généalogie, un tel naturalisme devrait être prêt à reconnaître que la question sur la façon dont cette interaction constitue le fondement de la subjectivité nous mène à la limite de toute possibilité de connaissance objective. Or ses représentants préfèrent presque toujours considérer leur déficit d'explication comme transitoire en le mettant sur le compte de l'état de recherche des sciences
278 qui n'auraient fait que | commencer. Mais le progrès de la connaissance scientifique, tout en éliminant l'ignorance, fait en même temps apparaître toute l'étendue de notre ignorance par rapport à ce qui est grand et essentiel.

L'autre variante implique qu'on soit prêt à supposer que tous les sujets possèdent un fondement qui ne se laisse décrypter ni comme un partie du monde naturel, ni comme une partie de la forme du monde scientifique. On ne peut alors le concevoir qu'à titre de présupposition ou encore d'"idée" dans la pensée extrapolante. Si l'on considère les embarras dans lesquels nous mettent déjà tous les modèles qui sont censés expliquer la relation entre le cerveau et la conscience, cette conception, qui a aussi été celle de Kant, mérite plus de crédit qu'on ne soit encore prêt à lui reconnaître aujourd'hui. Si on l'adopte avec toutes ses conséquences, elle nous conduit vite à la thèse selon laquelle la pensée révisionnaire doit être synthétique, c'est-à-dire que la pensée du fondement dans la conscience ne peut être conçue qu'en même temps qu'une conception révisionnaire d'un tout. Il est vrai que cette conception peut aussi sembler favoriser l'espoir qu'avec l'approche totalement différente d'une possible physique future, on pourrait toujours s'approcher d'une explication scientifique de la relation entre le cerveau et la conscience. Mais la conception elle-même ne vise pas à une réorganisation de la connaissance scientifique. Elle est une extrapolation rationnelle dont la subjectivité a besoin afin de parvenir à une auto-compréhension stable qui soit néanmoins enracinée dans la pensée en relation à des idées, pensée qui a depuis toujours et nécessairement déjà été amorcée dans la subjectivité elle-même.

Le débat sur les variantes du naturalisme, les chemins qui y mènent et ses possibles alternatives remplit déjà des bibliothèques entières. Ici nous avons simplement voulu montrer que le naturalisme scientiste lui non plus | n'est pas nécessairement insensible aux impulsions qui nous entraînent 279
dans la pensée extrapolante. La gamme de variantes d'une possible corrélation entre le fondement et le tout montre en outre que le simple passage au domaine de la pensée révisionnaire portant sur un tout qui comprend la subjectivité ne favorise pas forcément une auto-interprétation pour laquelle le sens de la vie apparaît comme fondé dans ce tout. La présupposition d'une conception révisionnaire en est une condition nécessaire mais pas encore suffisante. L'approche d'une conception révisionnaire peut aussi être réalisée en proximité avec le naturalisme. S'il nous a fallu souligner d'abord qu'il n'y a aucune décision prouvée concernant la question de savoir quelle signification de la vie peut être considérée comme fiable, nous avons désormais montré aussi qu'une telle décision ne coïncide pas avec l'entrée dans une pensée révisionnaire.

Ceci est important dans la mesure où tout semble indiquer que, de toute façon, quiconque se trouve devant des problèmes limites de la vie consciente est entraîné dans une telle pensée. La disposition à dépasser sa propre vie vers son fondement et vers un tout en employant une autre pensée que celle qui domine la compréhension quotidienne du monde et les théories scientifiques n'immunise pas en elle-même contre toute forme de naturalisme et ne nous protège pas non plus contre la possibilité que la perte de sens puisse avoir le dernier mot. La pensée de Spinoza et sa postérité en est la meilleure preuve historique. Mais celui qui a acquis la certitude d'une telle source de sens dans la réalisation de sa propre vie se mouvra dans une telle pensée dès qu'il tente de s'en rendre raison, qu'il le sache et le veuille ou non. Et il dirigera cette pensée dans une direction et vers une protention qui éliminent la possibilité d'un retour de cette pensée à la trajectoire de l'auto-interprétation naturaliste.

280 | Toutes ces réflexions ont leur place au seuil des réflexions sur le problème de la liberté. Ce que nous avons développé jusqu'ici dans cette cinquième leçon tire les conclusions de toutes les analyses précédentes de la subjectivité, mais vise aussi à intégrer le problème de la liberté dans le cadre le plus large possible, ce dont il a besoin plus que tout autre problème. En réfléchissant dans ce contexte au problème de la liberté, nous arriverons à une perspective susceptible d'expliquer les irritations que ce problème suscite comme presque nul autre. Personne qui est familier avec cette problématique ne pensera qu'on puisse la dissoudre ou l'abolir en renvoyant à quelque fait incontestable que ce soit. Il est vrai qu'il existe certaines formes de liberté, qui peuvent être considérées comme des faits. En font partie la capacité de juger et celle d'un choix préférentiel sur la base d'une réflexion libre. Mais là où la liberté est devenue un problème philosophique, la mise en avant de tels faits n'a jamais décidé quoi que ce soit.

La liberté au sens où la philosophie dans son ensemble la réclame peut tout aussi peu être prouvée que la nature d'un tout dans lequel des sujets se réalisent et à partir duquel ils mènent une vie remplie de sens. La liberté elle aussi fait partie du domaine frontalier entre ce qui peut faire l'objet d'une connaissance certaine sur la base d'une connaissance de soi et ce qui ne peut être dégagé que par la pensée extrapolante, donc du domaine frontalier entre ce dont nous sommes conscients et ce que nous présupposons comme fondement de cette conscience. La conscience d'une liberté qui se distingue d'un fait indéniable appartient à tous les hommes au même titre que la capacité de douter précisément de la réalité de cette liberté. Cela aussi explique pourquoi la vie réelle des hommes doit se réaliser en relation
281 constante à ce domaine | auquel la pensée spéculative tente d'accéder selon sa méthode révisionnaire. La vie consciente elle-même le sait, même si elle ne peut pas expliciter cette connaissance, ni la défendre contre des tendances contemporaines dominantes. Ceci correspond d'ailleurs au fait

que toutes les grandes religions reprennent cette relation d'une façon ou d'une autre, ce qui les a parfois amenées à déclencher des controverses avec d'autres religions, mais aussi à l'intérieur d'elles-mêmes, au sujet de la liberté de l'homme.

4. Y A-T-IL UNE AUTOCONSCIENCE DE LA LIBERTÉ ?

Avec le passage au titre problématique de "liberté", il nous faut maintenant accomplir un tournant fondamental concernant le point de départ et la construction de nos réflexions. Jusqu'ici, nous n'avons fait que développer la première approche d'une ontologie formelle, dans laquelle les idées d'unité et de singularité sont réunies selon les présupposés de la pensée extrapolante. Mais aussi loin qu'on pousse le développement de ce principe d'unité sur ce même chemin, il ne parviendra pas à atteindre la conscience de soi et la liberté comme de simples résultats du processus de ce déploiement.

La justification de la pensée extrapolante découlait elle-même de l'analyse de la subjectivité et demeurait donc constamment liée à la présupposition de la réalité de la conscience de soi. L'idée de la liberté des sujets pourra donc encore moins surgir comme le résultat d'une réflexion ontologique formelle. Il est vrai qu'en fin de compte, la pensée extrapolante assigne aux sujets un lieu à l'intérieur d'un tout, mais toujours à condition que le point de départ de cette pensée soit situé dans la constitution et la nécessité de l'autocompréhension des sujets.

| Par rapport à la conscience morale, il nous a également fallu montrer **282**
qu'elle ne peut être comprise qu'à partir d'elle-même et qu'elle est ainsi intégrée dans un contexte à l'intérieur de la subjectivité. Elle ne peut être dérivée de rien d'autre, pas même de la conscience de soi comme telle, bien qu'elle rende conscient un trait fondamental de ce qui constitue les sujets. Le dialogue sur la liberté doit s'effectuer sous des conditions semblables mais encore plus complexes et donc avec des difficultés encore plus grandes.

Contrairement à la conscience de soi, la liberté peut aussi être comprise comme un concept ontologique formel. Elle se laisse concevoir comme une capacité d'un réel quelconque, sans qu'il faille déjà présupposer la conscience de soi, c'est-à-dire la capacité à initier des effets sans que cette effectuation soit imposée par des causes différentes de cet acte d'initiation. Mais un tel concept de liberté nous semble étranger puisqu'il ne contient rien de ce qui caractérise la conscience de liberté. Ce concept semble seulement avoir été formé au cours de la construction d'un inventaire complet des concepts ontologiques, en tout cas tant qu'il ne sert pas à fournir à un mode de conscience de soi un corrélat ontologique dans l'agir. Or, ce sont des personnes qui ont une connaissance de soi et qui se comprennent comme libres, ce qui leur permet de parvenir à s'attribuer elles-mêmes cette propriété ontologique. Ce n'est que parce que leur pensée part de la conscience de leur liberté qu'elles peuvent réclamer pour elles-mêmes cette attribution.

En ce qui concerne la propriété ontologique de la liberté, que des personnes s'attribuent elles-mêmes, il faut dire d'une tout autre manière encore qu'elle ne peut être ni connue ni attribuée de l'extérieur. On ne peut jamais avoir soi-même une connaissance certaine d'avoir agi librement car
283 cela présupposerait qu'on ait exclu toutes les causes cachées | qui, en dépit de la conscience d'une telle liberté, n'en ont en réalité pas moins causé un certain mode de l'effectuation. Mais indépendamment et au-delà du fait que cela est impossible, on peut comprendre qu'on ne peut s'imaginer en aucune manière ce que cela pourrait signifier que d'*observer* un acte de liberté comme un événement qui, à l'instar d'autres événements, se déroule dans un monde ou qui, à l'intérieur de celui-ci, est amorcé par quelqu'un. On peut reconnaître des symptômes de l'agir libre mais pas la liberté en acte, c'est pourquoi la liberté, si tant est qu'elle existe, est quelque chose de réel dont il faut dire qu'il ne peut, de toute façon, être connu que "de l'intérieur", c'est-à-dire connu dans la conscience de celui qui a un motif de se considérer comme libre et dans la situation dans laquelle ce motif lui est évident.

De ce point de vue, il n'y a pas encore de distinction entre la conscience de soi et la liberté, mais l'évidence à partir de laquelle on peut attribuer la liberté ne peut pas signifier non plus que la liberté dans sa réalisation se développe parallèlement ou coïncide avec la conscience de liberté. Une partie de la réalisation de la liberté est toujours soustraite à celui qui en est conscient. De ce point de vue, la conscience de la liberté s'apparente plus étroitement à la conscience morale qu'à la conscience de soi comme telle. La liberté et la conscience morale sont liées au sujet, dans la mesure où le sujet doit penser au-delà de la conscience de soi sans parvenir pour autant à autre chose qu'aux traits constitutifs de son être-soi. Cela aussi nous permet de conclure qu'il ne saurait y avoir de connaissance d'un tel réel qui, grâce à une preuve, a connu avec évidence sa propre réalité.

Cette double résistance de l'idée de liberté contre une domination dans le cadre d'une théorie pourrait nourrir le soupçon que le discours sur la
284 liberté, | dans la mesure où il possède des implications ontologiques, puisse être dénué de toute référence réelle. Ce dont une preuve de réalité n'est

même pas *pensable* ne pourrait pas être un possible contenu de conviction et s'approcherait ainsi d'une pensée incohérente. D'autre part on peut répondre à ceux qui, pour ces raisons, doutent de la réalité de la liberté qu'il ne faut pas exiger une preuve d'existence selon un mode de preuve quelconque si l'application de ce mode de preuve présuppose déjà en elle-même la non-existence de la chose en question dont on doute. Or, une preuve de la réalité de la liberté présuppose, par impossible, qu'on puisse exclure une infinité de conditions possibles. Néanmoins, celui qui continue de soutenir la réalité d'une telle liberté sera amené à réfléchir à la façon dont notre idée d'un tout de la réalité peut et doit être conçue pour qu'un tel réel puisse d'emblée y être intégré.

Ceci explique d'une autre façon encore pourquoi, si l'on veut introduire la liberté dans le contexte d'une ontologie extrapolante, le point de départ doit toujours être pris dans la conscience de soi de celui qui s'attribue lui-même la liberté. Seules les circonstances dont surgit l'auto-attribution de la liberté dans les sujets eux-mêmes permettent de mieux cerner l'idée de liberté. Elles seules peuvent aussi fournir les raisons qui nous permettent de maintenir cette autodescription, même si elle mène par la suite à tant de conséquences problématiques. Et sur ce chemin seulement on pourra parvenir à établir aussi un lien avec ce que nous avons dit auparavant à propos de la pensée extrapolante d'un tout susceptible de comprendre des sujets.

Ainsi il nous faut donc provisoirement laisser de côté toutes les idées à travers lesquelles on pourrait développer la relation entre unité et singularité au-delà du minimum | que nous avons atteint. De toute façon, cela ne 285
nous permettrait pas d'arriver à une définition de la liberté, mais seulement d'intégrer une définition préalablement acquise dans le cadre de la pensée extrapolante.

Par contre, il faut nous concentrer à cent pour cent sur la tâche d'élaborer les conditions sous lesquelles des hommes, en tant que sujets, s'attribuent eux-mêmes la liberté. Il nous faudra notamment nous demander si cette attribution contient un sens de liberté qui résiste aux tentatives de trivialisation et dans quelles conditions s'effectue cette attribution. Ces conditions décideront en dernière analyse si et de quelle façon il sera nécessaire et possible de faire entrer cette idée de liberté dans le cadre d'une pensée extrapolante.

5. Attribution de la liberté et principe de conséquence

Contrairement au concept ontologique formel, le mot "liberté" recouvre une multitude de significations différentes. Sa signification

fondamentale est celle d'"état ou activité sans empêchement ni restriction". L'application de "liberté" en ce sens va de la chute libre des corps jusqu'à l'indépendance d'un Etat de toute domination étrangère. Par rapport à l'homme singulier, ce mot a également de multiples significations : de l'affranchissement de l'esclavage jusqu'à la liberté qui naît de la réalisation de toutes ses forces et possibilités et encore plus loin, à la liberté de toute misère de la vie dans l'état des bienheureux. Nous nous concentrerons ici exclusivement sur l'usage de "liberté" qui se réfère à des prestations conscientes de la subjectivité, dont font partie leur réflexion, leur vouloir et leur agir. C'est également le domaine dans lequel l'attribution de la liberté
286 est devenue l'un des | problèmes philosophiques qui ont été débattus pendant des millénaires sous une forme à peine modifiée et en principe avec toujours les mêmes arguments.

Toutes les situations et capacités dans ce domaine on ceci en commun qu'il faut leur attribuer la liberté en un double sens : d'une part, il ne faut pas être déterminé par une réalisation à laquelle il n'y aurait pas d'alternative, d'autre part, la relation aux alternatives parmi lesquelles on choisit ne doit pas être déterminée par une contrainte extérieure ou intérieure. Dans la chute libre, il n'y a pas d'alternative à la chute accélérée. Celui qui, sous l'emprise de la contrainte addictive, saisit la cigarette qu'on lui offre, est dans une situation qui laisse ouverte une telle alternative. Il peut aussi juger quelle action serait conforme à son intérêt, mais il n'entretient avec cette alternative aucune relation vraiment décisive pour son choix et son agir réels.

Or, il est toujours possible de supposer par rapport à toutes les situations d'agir impliquant des alternatives ouvertes que, même si celui qui choisit entre elles n'est soumis à aucune contrainte visible, son option n'en est pas moins fixée d'avance – sinon ouvertement, au moins à y regarder de plus près. Cette supposition est confirmée par un principe fondamental de l'explication de la nature, dont nous supposons en permanence la validité dans la vie quotidienne, à tel point qu'il semble tout à fait incontournable. Dans les débats sur la liberté, on appelle ce principe aussi le *principe de conséquence*, selon lequel tous les événements qui se produisent ont été déterminés par des événements précédents qui, à leur tour, sont soumis aux mêmes conditions. Etant donné que cet enchaînement va au-delà de l'existence de tout être fini capable de décision, il faut aussi assumer que toutes ses décisions sont déterminées d'avance et donc soustraites à son
287 pouvoir. | Celui qui agit sans compulsion ni contrainte et celui qui agit de façon réfléchie selon son propre jugement peut, en ce sens, être appelé libre. Mais il ne l'est pas parce qu'il est à l'origine d'un changement dans le

cours des événements réglés selon des lois. La liberté ne serait alors rien d'autre qu'une expression servant à décrire une certaine façon dont se déroule, dans certains cas, la déterminité générale de tous les événements, à savoir en passant par un processus de réflexion et de décision dont on s'efforce de réaliser le résultat.

Si l'on assume ce principe, qu'on a appelé le principe de conséquence, comme présupposé universellement valide, on ne peut attribuer la liberté que sur la base de critères qui sont aussi et surtout remplis si l'on met en œuvre une action déterminée de façon causale ou probabiliste. L'un de ces critères pourrait être que l'acteur, dans sa réflexion, était parti de l'idée d'avoir une alternative et qu'en réfléchissant, il ne s'est donc pas représenté le principe de conséquence aussi vivement qu'il en aurait été empêché dans la réflexion et dans la mobilisation de ses forces. En revanche, il ne fait pas partie de ces critères que, dans cette même situation, on aurait pu réaliser une autre action que celle qui a été réellement mise en œuvre. Le principe de conséquence implique que l'acteur possède peut-être la capacité à accomplir une autre action, mais pas dans exactement la même situation. Dans la vie quotidienne et de la part de l'acteur, on supposera sans doute que dans des situations exactement identiques, les acteurs auraient été capables de donner à l'action un autre cours. Mais c'est une pratique presque aussi courante que de réfléchir après coup à ce qui a disposé et motivé le comportement d'un acteur. Cette dernière pratique semble s'harmoniser sans problème avec l'assomption que l'issue était incontournable et que toutes les issues étaient également | prédéterminées. Déjà dans la vie quotidienne, **288**
la conscience de la liberté va ainsi de pair avec des conclusions qui se laissent formuler comme dilemme philosophique. Car avec le principe de conséquence, on se trouve devant l'ancien problème de savoir comment un concept de liberté riche peut être compatible avec les présupposés rationnels de la déterminité du cours du monde, qui s'accomplit selon des lois immuables quelconques.

Cette problématique jette une lumière sur la situation dans laquelle toute discussion du problème de la liberté doit être développée. Le principe de conséquence possède une grande plausibilité. En le prenant pour point de départ, la légitimité d'un concept de liberté s'en trouve considérablement restreinte. Il faut alors essayer, à l'intérieur de ces limites, de tenir compte du plus grand nombre de phénomènes possible ; et il ne manque pas de tentatives intelligentes, dans la vaste littérature sur ce sujet, de s'aquitter de cette tâche. Celui qui croit pouvoir formuler de façon cohérente un sens de liberté à l'intérieur de ces limites croira aussi s'être débarrassé de tous les autres problèmes philosophiques qui naissent de la conscience de la

liberté. Mais celui qui croit comprendre qu'un tel concept restreint de liberté est incompatible avec l'autocompréhension des personnes dans des situations d'agir significatives est contraint de tirer des conclusions d'une grande portée : ou bien il lui faut déclarer obsolète et peut-être incohérent le sens de liberté qu'on assume dans de telles situations, mais aussi réviser l'autocompréhension des personnes, au moins en ce qui le concerne personnellement. Ou bien il doit intégrer ces situations dans une interprétation globale qui inclut encore une alternative à tout le contexte dans lequel le principe de conséquence a sa place. Ainsi on peut comprendre que les philosophes se trouvent devant le dilemme d'être, soit capables d'adapter leur compréhension de la liberté au principe de conséquence et d'être par la suite contraints d'envisager une révision de l'autocompré-
289 hension des hommes, | soit d'adopter une position qui les mènera loin du monde quotidien et aussi de la formulation actuelle de l'image du monde scientifique. Cela rend d'abord attrayante une position qui exclut non seulement la possibilité de savoir quelque chose sur la liberté mais aussi la possibilité d'en avoir des pensées bien articulées, tout en étant obligé d'en assumer la réalité. Mais cette position elle aussi présuppose que la liberté inimaginable n'a pas de place dans les mondes auxquels nous avons accès. La seule alternative à cet agnosticisme reste la pensée extrapolante et postulante, qui a fait l'objet de la première partie de cette leçon, et la tentative de sa justification.

Une présentation exhaustive de la situation problématique requiert également de souligner que la validité universelle du principe de conséquence, elle non plus, ne peut pas être prouvée, pas plus que la réalité de la liberté, quoique pour des raisons différentes. Sans le principe de conséquence, la vie quotidienne deviendrait un jeu Vabanque et la recherche scientifique causale serait impossible. Il en résulte une grande plausibilité, mais aucune preuve dont la validité s'étende sur toutes les conditions et toutes les dimensions possibles. Si une telle preuve était possible, il faudrait renoncer à la liberté en tous les sens incompatibles avec ce principe. Or, l'intégration du principe de conséquence dans un contexte qui lui confère sa plausibilité exclut qu'il faille le rejeter par principe ou déclarer invalide pour certaines situations. Cela a pour conséquence qu'on pourra toujours à nouveau faire valoir ce principe contre un concept de liberté qui est incompatible avec lui. Si l'on ne veut pas seulement esquiver *ad hoc* le
290 soupçon qui découle de ce principe, | tout concept incompatible avec le principe de conséquence aura également besoin de la formation d'un contexte susceptible de délimiter le contexte auquel appartient le principe de conséquence. Ainsi s'ouvre, au-delà du domaine dans lequel sa validité

n'est pas mise en question, une dimension pour des pensées sur la liberté, qui ne se bornent pas simplement à ignorer le principe de conséquence.

Le fait que la validité universelle du principe de conséquence ne puisse pas être *réfutée* nous oblige à tirer la conclusion importante pour nous que ce contexte alternatif à son tour ne peut pas faire l'objet d'une preuve qui contredirait précisément la validité universelle du principe de conséquence. Ainsi nous sommes amenés à reconnaître que le problème de la liberté, du moment qu'il ne se laisse pas totalement éliminer en conformité avec le principe de conséquence, exige d'être intégré dans une pensée conçue comme extrapolante et dans la justification d'une telle pensée.

Autrefois, il fallait toute l'étendue et tout l'effort de la philosophie kantienne pour esquisser pour la première fois un modèle de solution pour cette tâche. Ce modèle reste toujours un point d'orientation valable. En tout cas, les réflexions précédentes devraient avoir montré que dans un horizon moins large, la conscience de la liberté et les pensées qui se forment par rapport à elle ne peuvent d'emblée pas être reprises et complètement éclaircies.

Le va-et-vient conflictuel entre le principe de conséquence et la conscience de liberté désigne un problème fondamental auquel toute discussion du problème de la liberté doit faire face. Par la suite, il s'agira d'explorer une approche en vue de sa solution. Dans le cadre de nos développements antérieurs, elle a une triple tâche à accomplir : il faut
déterminer un sens de liberté | qui ne soit pas d'emblée adapté à la validité 291
universelle du principe de conséquence. Il doit être conçu de façon à se laisser intégrer au lien que nous avons mis en évidence entre la subjectivité et le modèle de base d'une ontologie fondamentale qui découle de l'idée d'un fondement de la subjectivité. Et comme tout concept de liberté, il doit être inclus dans l'analyse de la façon dont les hommes, dans certaines situations, décident de leur agir et plus encore, de la façon dont ils développent des attitudes à l'égard de leur agir futur.

Sur le chemin vers une telle tentative de solution, nous pouvons nous appuyer sur l'un des résultats de la discussion du principe de conséquence : ce principe ne peut pas être réfuté en renvoyant au fait incontestable d'un certain type d'usage de la liberté, mais sa validité universelle ne peut pas non plus être prouvée. Partout où l'on se réclame ou doit se réclamer d'un sens de liberté dans quelque type d'agir que ce soit, il est possible de soutenir l'idée que la façon dont on arrive à une décision à travers cet usage de la liberté est décisive, sans aucune alternative, dans l'enchaînement de cause à effet ou d'état de système à état de système, au-delà de ce dont l'acteur est conscient. Cet enchaînement n'est déterminé que par la réflexion de l'homme et l'espace de jeu de la liberté dont il doit se réclamer, étant entendu que cette détermination se soustrait, et peut-être nécessairement, à la conscience immédiate. Celui qui veut contester la simple possibilité de penser ainsi devrait aussi viser à fournir cette preuve positive de la réalité de la liberté, preuve dont nous avons déjà démontré l'impossibilité.

292 De tout cela il s'ensuit que nous ne pouvons pas songer | à justifier un sens de liberté qui fasse échouer le principe de conséquence à travers une réfutation. Dans le meilleur des cas, on peut démontrer que le principe ne constitue qu'une possibilité abstraite qu'on peut opposer au sens de liberté. Celui qui continue de soutenir sa validité doit le faire en vue de la cohérence et de la complétude de l'explication du monde. Mais il ne peut pas s'appuyer sur des données qui découlent de l'analyse des situations d'agir et de la conscience des acteurs en elles-mêmes, situations dans lesquelles on est censé devoir recourir à un sens de liberté soustrait au principe de conséquence. Si le principe de conséquence est réduit à une possibilité de pensée qu'on ne peut jamais exclure, les raisons qu'on peut avancer en faveur de l'assomption de la réalité d'une liberté à laquelle ne s'oppose que la possibilité formelle d'affirmer ce principe peuvent déployer une tout autre force. Elles peuvent surgir des circonstances dans lesquelles on se réclame d'un tel sens de liberté et donc de la vie consciente qui, sous ces conditions, n'est plus obligée de payer le prix du sacrifice de son honnêteté intellectuelle pour s'auto-affirmer dans ce qui lui est indispensable. De cette même réflexion, il s'ensuit aussi que celui qui veut faire valoir le principe de conséquence contre les exigences de liberté qui semblent s'y opposer n'est pas tenu de se limiter à des raisons générales selon lesquelles il ne faudrait soumettre ce principe à aucune restriction. Il peut à son tour tenir compte des situations dans lesquelles des hommes se réclament de la liberté afin de montrer que ces situations doivent être décrites de manière à en tirer déjà des raisons permettant de maintenir le principe de conséquence et de ne revendiquer donc qu'un sens de liberté qui soit compatible avec lui. Et il peut poursuivre cette stratégie jusqu'au point où la revendication du principe de conséquence comme principe fondamental de toute explication
293 du | réel ne doit être avancée que comme une argumentation complémentaire, en guise de confirmation.

Ce type d'argumentation contre des revendications de liberté a un poids particulier pour celui qui essaie de défendre un sens de liberté incompatible avec ce principe car de toute façon, il ne saurait invalider les raisons en faveur du principe de conséquence et il doit leur opposer des raisons tout aussi générales. Mais si la plausibilité du principe pouvait déjà être affirmée sur la base de l'analyse des situations d'agir, on ne pourrait plus soutenir un sens de liberté incompatible avec l'affirmation de ce principe. Un tel sens de liberté ne se laisse donc développer et défendre qu'en relation avec l'explication d'un mode d'agir qui lui-même ne suggère pas déjà de cette façon une explication placée sous le signe du principe de conséquence.

Ainsi, nous avons établi la dialectique entre les différentes argumentations par rapport à la question fondamentale du débat sur la liberté. On peut la reprendre et l'exploiter en essayant de déterminer ainsi un sens de liberté qui ait des chances de pouvoir être soutenu contre la revendication générale liée au principe de conséquence. Ce sens de liberté devrait se fonder sur une conscience de la liberté, dont on ne peut *pas* démontrer, à travers une analyse des situations dans lesquelles elle surgit, qu'elle ne peut être comprise que sur la base du principe de conséquence. La nature dialectique de cette tâche de fondation se montre également de façon immédiate en ce qu'on ne peut parvenir à une bonne fondation du sens de liberté qu'après avoir mis en avant, avec autant de vigueur que possible, l'explication de l'agir selon le principe de conséquence.

|6. Le motif d'attribution de la liberté 294

Ainsi nous poursuivrons donc la tâche d'explorer la signification d'un tel sens de liberté selon le style d'une *quaestio exploranda*. Cela se fera en deux étapes dont la première aura pour but d'assigner par exclusion un lieu à ce sens de liberté et de déterminer ce concept même. Seule cette partie de l'argumentation sera développée ici dans tous ses détails. La deuxième étape, que nous nous bornerons à esquisser, devra déployer plus précisément ce concept lui-même et son domaine d'application. Ce faisant, nous devrons examiner à nouveau les situations d'agir que nous avons d'abord examinées tour à tour dans une espèce de considération dialectico-typologique afin de parvenir à ce sens de liberté. Après l'avoir trouvé, ces situations se présenteront dans une complexité plus grande.

Nous commencerons donc par examiner une série de situations dans lesquelles on peut, de différentes manières, attribuer aux personnes la liberté. Dans chaque attribution, il faudra concentrer notre attention non seulement sur le sens de liberté, mais aussi sur la question de savoir si le mode de cette attribution fournit lui-même des raisons pour la validité du principe de conséquence. Là où l'homme lui-même, dans la situation dans laquelle il s'attribue lui-même une liberté, peut prêter attention à la réalité et aux circonstances qui conditionnent son agir, le principe de conséquence

aura aussi une plus grande plausibilité dans sa propre vie. Mais là où sa conscience de liberté n'est pas entachée d'une telle réflexion sur sa propre situation dans laquelle il se trouve en tant qu'homme agissant, la plausibilité générale du principe de conséquence n'aura pas une importance décisive pour son auto-interprétation, étant donné que, contrairement au premier cas, l'assomption de ce principe devrait mener à une révision
295 fondamentale de sa propre compréhension | de son être-soi. À partir de cette évidence, sa conscience de liberté peut encore être renforcée et confirmée si elle est susceptible d'être intégrée dans le contexte plus vaste d'une compréhension fondamentale de la vie consciente dans son ensemble. Celle-ci sera le sujet de la dernière partie de cette leçon.

Notre examen successif de quelques-unes des situations dans lesquelles on se réclame de la liberté ne prétend pas s'appuyer sur des argumentations qui entrent dans tous les détails. Chacune des dimensions problématiques concernant la liberté mériterait de faire l'objet d'un traité à part plus ou moins long. Mais même un tour rapide de toutes ces situations peut nous permettre de parvenir à une détermination du contexte dans lequel on peut, par rapport à la subjectivité, élaborer et défendre un sens de liberté plus que minimaliste. Par là même, nous verrons aussi comment la liberté, que nous associons si facilement avec l'absence de limites, est indissociable de la finitude de la vie consciente et caractérisée elle-même par la finitude.

Enfin, nous aimerions encore souligner une distinction qui sera capitale dans toutes ces analyses. Dans tout son agir et surtout quand il a des décisions à prendre, l'homme voit avec assez de clarté les alternatives parmi lesquelles il faut choisir. En revanche, il est beaucoup moins clair pour lui quels sont les buts à long terme de ses décisions. Ces buts sont à leur tour liés aux motifs qui les lui font envisager et qui animent son choix face à des alternatives. Ce qui détermine réellement son choix peut, à la limite, lui être présent de façon obscure ou être complètement soustrait à sa conscience. Néanmoins, toutes les décisions sont directement ou indirectement influen-
296 cées par une comparaison de motifs, dont la forme et le poids | auront une importance pour éclaircir à chaque fois le sens de liberté.

a) Déjà dans les domaines où se forment le savoir et la connaissance, il y a des occasions permettant de penser à une attribution de la liberté. Cela ne vaut pas encore pour les activités élémentaires dans la construction d'une relation au monde. Le sujet qui se tient dans sa connaissance de soi est nécessairement lié à la réalisation de telles activités. Il se maintient comme identique à travers la succession de toutes les étapes de sa perception, son opinion et sa compréhension. Dans toutes ces activités, il se comprend comme coordonné à un monde qu'il explore de façon active. La constance, l'ordre et l'ouverture de ce monde lui seraient inaccessibles sans les prestations d'identification de contenus mondains qui sont liés à sa propre identité. Dans l'état d'éveil (et aussi dans le rêve), toutes ses activités se déroulent sans empêchement et sans avoir besoin d'une occasion particulière ou d'un effort. Elles se feront donc de façon *spontanée* et sans la conscience d'une régulation extérieure. Il lui manque cependant deux propriétés qui seules permettraient de les qualifier de libres : elles ne sont exposées à aucune alternative et le sujet les accomplit sans aucune réflexion ni comparaison. Ses activités sont bien réglées, mais ces règles, à l'instar de celles de la grammaire, ne sont pas remarquées comme telles, ne sont pas suivies consciemment et aussi transgressées seulement de façon irréfléchie.

Il n'en va pas de même des règles de la pensée déductive. L'argumentation par conclusion se distingue de la formation d'identité d'objets en ceci qu'elle ne se fait pas seulement de façon spontanée, mais qu'elle peut aussi se dérouler de manière réfléchie. Il faut alors se demander explicitement si elle s'est effectuée avec cohérence ou pas. Si elle est réalisée de cette façon et, en fonction de la réponse à chaque fois différente à cette question, orientée sur le mode de réalisation correct, on peut donc attribuer une
liberté au sujet qui | réfléchit à la rationalité de ses conclusions, à savoir 297
celle d'éviter des jugements erronés et de former et de fonder par son propre effort des jugement corrects et vrais.

Or, cette liberté est encore dépourvue de quelques qualités qui constituent un fondement important pour qualifier certaines situations d'agir de libres : il n'y a absolument aucun motif pour arriver à des conclusions fausses. On peut se tromper lors d'une déduction, et cela peut avoir des conséquences graves. On peut en avoir des remords et faire un effort pour éviter de telles erreurs. Ainsi, on peut essayer de contrôler les modes comportementaux qui conduisent à ce type d'erreurs. Mais il n'a aucun sens de contrecarrer les raisons pour lesquelles on aurait un motif de tirer des conclusions fausses. L'orientation fondamentale sur l'usage correct des règles se fait donc pour ainsi dire automatiquement.

C'est pourquoi il n'y a pas non plus de raison contraignante de considérer son propre agir, dans le cas de la conclusion logique qui vise spontanément à l'usage correct des règles, comme incompatible avec la détermination de tous les événements dans le monde. Si tant est qu'elle existe, elle devrait avoir son effet au-delà de ma conscience. Mais même si une telle assomption est fondée sur de bonnes raisons, je ne suis pas obligé de la réfuter afin de pouvoir continuer à m'attribuer la liberté dans mes conclusions. Je peux considérer mes conclusions erronnées comme des accidents qui peuvent aussi m'arriver à tout moment dans la vie

quotidienne. Je peux cependant faire un effort pour les éviter. Cet effort est
une orientation de l'agir interne, qu'il faut encore distinguer de la
conclusion spontanée. Bien qu'enracinée dans ma rationalité, elle est une
298 tendance à l'agir, ayant pour but d'éviter des distractions, de | discipliner
mon attention et de développer ultérieurement ma capacité à conclure de
façon précise. Ainsi, la conscience de liberté, qui peut accompagner cette
tendance, ne surgit plus exclusivement de la mise en œuvre des activités
liées à l'acquis de connaissances.

Or la conclusion déductive n'est qu'une parmi les nombreuses activités intelligentes dans l'acquis de connaissances. En font partie, entre autres, les différents types d'analyse, l'explication et la formation de théories. Ici on peut supposer que ce que nous avons dit à propos de la liberté dans la déduction vaut également, de façon semblable, pour eux. Dans le vaste domaine de la génération de connaissances, il y a bien une conscience de liberté, mais aucune raison contraignante de soustraire le sujet, dans l'une de ces activités, à la détermination qui caractérise tout événement.

Le problème philosophique de la liberté se concentre donc sur l'*agir* de la personne au sens large qui inclut aussi l'effort interne, et donc sur le domaine de ce que la personne connaît, reconnaît et cherche à réaliser comme “bien”. Dans ce domaine, il faut d'abord distinguer trois questions qu'on pose toujours ensemble quand on s'interroge sur ce qui est bien pour une personne : quels buts voudrais-je atteindre ? comment puis-je les atteindre ? quelle importance ont-ils pour moi et jusqu'où suis-je donc prêt à m'engager dans leur réalisation ?

La réponse à chacune des trois questions exige une réflexion à la lumière d'alternatives, ne fût-ce que celle qui consiste à poursuivre ou à renoncer à un but, à utiliser ou à ne pas utiliser un certain moyen. C'est la condition préalable pour qu'on puisse parler de liberté par rapport à toutes ces questions.

Cela ne veut pas dire pour autant que toute action d'une personne
299 présuppose une telle réponse réfléchie. Pour prendre un | exemple, des buts
d'action sont presque toujours poursuivis sans réflexion explicite. Mais
il suffit qu'il eût été possible et approprié d'y réfléchir pour considérer
le choix dans ce domaine comme libre car on peut reculer devant ce qu'on
est déjà en train de poursuivre et se demander s'il ne serait pas mieux
d'emprunter un autre chemin. On peut aussi se soustraire délibérément à
cette réflexion ou laisser passer trop de temps avant de s'y engager.

b) Il nous faut donc considérer d'abord de manière très générale la possibilité d'un choix entre des buts qui décident de notre façon d'agir dans une situation déterminée. On verra ainsi que ce domaine d'un agir rationnel, qu'on pourrait considérer comme le domaine privilégié de la liberté, ne fournit encore aucun motif contraignant pour le considérer comme soustrait au principe de conséquence et donc à la détermination (causale ou probabiliste) de tous les événements, même si l'on pourrait s'attendre à ce qu'il le soit.

La capacité à comparer et à pondérer des buts d'action est l'un des grands avantages de la conduite de vie rationnelle. Sans cette capacité, on ne pourrait jamais poursuivre des buts à long terme, qui ne sont pas nourris en permanence par des impulsions expérimentées dans le présent. La capacité de pondérer inclut la capacité d'une prise de distance à l'égard des impulsions à l'agir, qui agissent ici et maintenant. Cela implique déjà une forme de liberté, à savoir celle qui brise la toute-puissance de ces impulsions. Sous leur emprise, le cercle de la vie et les chances d'autoconservation s'en trouveraient restreints, à supposer même qu'on dispose d'instincts fiables. Le choix entre des buts qui résultent d'une telle distance ouvre la vie à des projets à long terme et également à la possibilité d'établir un ordre de préférence | entre ces buts. Dans une telle distance, la personne **300**
peut se demander lequel d'entre eux devra être poursuivi le premier. Elle peut même se mettre en distance à l'égard d'elle-même en essayant de changer certaines de ses propres qualités, au cas où celles-ci l'empêcheraient de poursuivre des buts qui lui tiennent particulièrement à cœur. Elle peut faire de ce changement d'elle-même un but d'action propre – non seulement quand elle souhaite ardemment être quelqu'un d'autre sous un certain aspect, mais aussi quand elle veut devenir plus apte à choisir ces buts de façon intelligente et plus à même de les réaliser.

On pourrait penser que la distance à l'égard des impulsions d'agir primaires nous confère la liberté souveraine de juger et de choisir ensuite des buts. L'auto-attribution d'une liberté de disposer souverainement dans le choix préférentiel de buts est cependant contrecarrée par la question de savoir ce qui nous *amène* finalement à envisager certains buts lointains pour notre agir. On peut répondre qu'il faut nous interroger sur ce qui est réellement "bien" pour nous et que nous distinguons la réponse à cette question de ce que nous souhaitons et poursuivons sans réflexion. Mais si l'on ne différencie pas fondamentalement le discours sur ce qui est bien, celui-ci signifiera uniquement ce qui est mesuré à l'aune du plaisir que nous tirons de la représentation de l'état dans lequel nous nous trouvons si nous atteignons notre but, ou encore du déplaisir que nous éprouvons face à l'anticipation d'un état futur que nous souhaitons éviter pour cette même raison. On cherche la richesse afin d'éviter les désagréments de la pauvreté, afin de pouvoir réaliser un grand nombre de vœux et afin d'être indépendant et considéré. On cherche la santé parce qu'elle est la condition fondamentale de tout bien-être et parce que l'idée d'une future maladie grave nous effraie.

301 | Ainsi il semble donc que le choix de buts ultimes dépend tout entier de l'acteur. Mais le choix entre eux ne fait que suivre une réflexion qui met en relief la force d'attraction qu'exercent sur l'acteur les états dans lesquels il se trouve après avoir atteint les buts. Afin d'arriver à cet égard à un jugement objectif, il faut vraiment être libre d'impulsions d'agir primaires et se laisser influencer tranquillement et durablement par les buts d'agir anticipés, de telle sorte que leur force d'attraction respective puisse être pondérée. On peut également consulter des conseillers et des maîtres en matière de sagesse de vie. En continuant à pondérer, on peut toujours trouver de nouvelles raisons pour et contre. Les raisons avancées par des conseillers peuvent avoir trait à des aspects d'un possible choix préférentiel, dont le poids n'a pas encore eu son effet. Elles peuvent se référer à certaines propriétés de l'homme, qui nous suggèrent le choix d'un certain but ou au contraire, nous en dissuadent. Et elles peuvent nous rappeler qu'un but ne peut être atteint qu'à condition que l'homme lui-même soit prêt à changer sur le chemin de sa réalisation. Mais quel que soit le résultat de cette pondération, il sera toujours déterminé par la force d'attraction qu'exercent les buts sur celui qui les prend en considération pour sa propre vie. L'acteur lui-même en est bien conscient dans la situation caractérisée par une telle pondération, sinon, comment pourrait-il s'expliquer ses propres décisions et les considérer comme fondées ?

Dans tout cela, la fonction de donner des raisons est complètement différente par rapport à la justification ou la réfutation d'affirmations et d'hypothèses : les raisons ne font qu'expliciter des aspects et des conséquences d'une possible décision. Ainsi, elles déploient également un
302 arrière-plan sur lequel les tendances dans notre propre vie, qui | donnent de la consistance à une décision, peuvent clairement se distinguer et se faire valoir. C'est pourquoi il faut du temps pour pondérer avant de prendre des décisions importantes, même quand on a depuis longtemps réfléchi à toutes les raisons. C'est ce qui rend particulièrement délicates des décisions qui doivent être prises pour la simple raison que la chose ne souffre pas de rester en suspens, sans qu'il y ait une prépondérance en faveur de l'un des intérêts au sein de notre propre motivation globale.

Tout cela montre clairement que ni une situation de pondération affranchie de la contrainte de l'impulsion d'agir primaire et donc libre en ce sens, ni même la liberté dans la distance à l'égard de soi-même, qui fait de l'acteur lui-même un but de son agir, ne nous autorisent déjà à nous attribuer la liberté de pouvoir choisir, dans une même situation, un certain but plutôt qu'un autre. Je ne pourrais le faire que si le motif de décision changeait aussi la force d'attraction que certains buts exercent sur moi. Je peux essayer de diminuer la force d'attraction de certains buts en me rappelant à quel point il me serait nuisible de les atteindre. Mais même le fait d'éviter ce dommage serait alors fondamentalement un but d'action du même type.

La raison ou le complexe de raisons, qui nous amène réellement à chaque fois à une décision, doit donc être compris par l'acteur de telle sorte que ce qui en fait des raisons fait partie de l'ordre de conséquences dont ont surgi toutes ses dispositions, y compris celle qui lui permet d'éprouver certains états et propriétés comme attrayants ou à éviter. Mais alors rien ne peut exclure que le choix qui résulte de la capacité de réfléchir dans une distance à l'égard de nous-mêmes soit compris comme intégré dans la déterminité du cours du monde.

| On se dissimule ce fait en disant que la réflexion, qui devient 303
importante pour l'agir quand les désirs et les impulsions ont cessé de déclencher immédiatement des actions, porte sur la question de savoir quelle vie peut être appelée une "bonne vie". Car après tout ce que nous avons dit jusqu'ici, ce qui signifie ici "bien" ne peut être que ce qui est bien *pour moi*. Cela ne peut, à son tour, qu'être compris comme ce qui attire mon attention, celle-ci étant mesurée à l'aune de ce qui me paraît désirable *en dernière analyse.* Celui qui s'affranchit de ses désirs poursuivis de façon irréfléchie n'a pas quitté pour autant le domaine des désirs comme tel. Même des désirs nourris de façon modérée et réfléchis dans une distance à l'égard de soi-même le motivent de la même manière que les désirs irréfléchis, la seule différence étant alors une plus grande vision d'ensemble. Comme nous l'avons dit, celle-ci peut provenir de conseillers qui sont familiers avec les particularités de l'homme singulier qui les sollicite et avec ce qui serait bien pour lui. Ces désirs ne se réduisent pas nécessairement à ce qui augmente ce qu'on appelle en un sens primaire son intérêt propre. De tels désirs peuvent aussi en être supplantés par d'autres – par la soif de pouvoir, par le désir de proximité de la vie ou par l'intégration dans un collectif impressionnant, mais aussi le désir de considération et d'une image de soi qui nous semble apte à nous procurer cette considération, mais aussi par le désir d'atteindre une vie heureuse, en conformité avec nos dons et nos besoins.

Ces réflexions sur le choix préférentiel entre des buts d'action impliquent déjà certaines significations de liberté. Elles sont présupposées partout où il s'agit de déterminer un sens de liberté qui nous permette de

sortir du domaine de validité du principe de conséquence. Outre la liberté de réfléchir de façon rationnelle et pondérée, qui précède le choix d'un but,
304 en fait partie aussi la liberté | qui naît de la distance qui nous permet de juger nos propres qualités et nos désirs. Cette distance est la condition nécessaire pour évaluer correctement à la fois ces désirs eux-mêmes et la chance de leur réalisation, mais aussi pour faire de leur changement un but de notre propre agir.

Il y a quelques décennies, le philosophe américain Harry Frankfurt a suscité un vif intérêt en suggérant d'interpréter la liberté et la moralité sur la base de ce type de distance à soi pratique. Nous avons vu qu'à elle seule, elle ne nous élève pas au-dessus de l'attachement à nos tendances et désirs et à la comparaison de leur force, avec pour conséquence qu'à elle seule, elle ne peut pas non plus délimiter le domaine de validité du principe de conséquence. On peut vouloir s'affranchir du tabagisme parce qu'il est nuisible à la santé, parce qu'il jaunit la peau des doigts ou parce qu'on trouve sa propre dépendance répugnante. Mais le fumeur sait toujours que tous ces motifs très différents, même pris tous ensemble, ne déboucheront sur un agir cohérent que s'ils deviendront assez forts.

Ainsi le principe de conséquence paraît affirmer sa validité universelle même face à des instances qui semblent lui contredire de façon convaincante. Dans toutes nos réflexions, nous n'avons envisagé aucune alternative à son premier point de départ. Conformément à lui, la liberté pratique est liée au choix préférentiel entre des buts dont il s'agissait ensuite de montrer qu'ils dépendent à leur tour de la pondération de leur force de motivation. La poursuite ultérieure de nos recherches montrera que le choix d'un mode de vie ne peut pas être compris de manière satisfaisante si on l'interprète comme le résultat d'un choix entre des buts dont découlent des motivations de poids différents.

305 | Par la suite, nous entendons arriver à un sens de liberté qui présuppose la liberté de réflexion et de distance à soi, sans toutefois s'y réduire. Dans la mesure où toutes les deux doivent être considérées comme intégrées dans un concept de liberté plus complexe, il faudra réexaminer à nouveau frais leur relation au principe de conséquence. Cela ne peut qu'entraîner la conséquence ultérieure que la situation dans laquelle des hommes se fixent des buts et prennent conseil d'eux-mêmes et d'autres personnes s'avèrera elle aussi plus complexe que dans les réflexions précédentes.

Mais nous n'avons pas encore thématisé bon nombre d'implications qui découlent immédiatement du sens de liberté du choix préférentiel réfléchi. Il nous faut donc continuer de discuter les autres cas d'application de ce même sens de liberté.

c) Une fois qu'on s'est fixé un but, on a aussi de bonnes raisons pour utiliser les moyens nécessaires à sa réalisation. La question de savoir quels sont ces moyens ne se décide plus de la même manière que lors du choix préférentiel des buts, à savoir en les confrontant avec notre propre situation motivationnelle et en faisant de la motivation le fondement de décision concernant leur usage. Sont exclus les moyens qui nous répugnent, de même que ceux dont nous ne savons pas nous servir. Mais la pondération prudente revêt dans ce domaine une importance encore plus grande que lors du choix du but lui-même. C'est cette pondération qui décide aussi en quel sens le choix des moyens peut être qualifié de libre. Un acteur n'est pas libre s'il se précipite sur son but sans réflexion, qu'il ne cherche pas les moyens appropriés et que, même en les connaissant, il n'utilise que les moyens auxquels il s'est déjà habitué, tout en ayant à sa disposition d'autres moyens à l'usage desquels rien ne s'oppose. Un exemple en est la paysanne qui
| soigne ses rhumatismes avec une peau de chat au lieu d'appliquer la 306
pommade qu'on lui a achetée en pharmacie.

La liberté consiste ici uniquement en ceci que les meilleures raisons entraînent réellement le choix des moyens et les actions qui en découlent. L'acteur est libre dans la mesure où ces raisons déterminent sa décision et ses conséquences. Il a aussi la possibilité d'utiliser consciemment un moyen inefficace, mais cela devrait pouvoir se justifier pas un projet de sabotage, un spleen ou le désir de produire un effet absurde. En ce qui concerne la décision sur les moyens, elle est, quand elle est libre, déterminée par le résultat de la réflexion. De ce point de vue, elle est parfaitement compatible avec le principe de conséquence, à moins qu'on ne présuppose que celui-ci se trouve suspendu là où on connaît des raisons qui deviennent ensuite efficaces.

Cette détermination par la réflexion présuppose d'emblée que l'acteur soit entré dans le choix réfléchi des moyens. Il ne va nullement de soi qu'il réfléchisse, et de façon permanente – pas même lorsque sa réflexion ne constitue pas une phase à part dans le déroulement de l'action mais qu'elle l'accompagne, en exerçant une influence croissante sur ce processus. Mis à part le fait que l'agir s'accompagne presque toujours d'une telle réflexion, il y a des raisons qui nous entraînent dans la réflexion sur les moyens exactement de la même manière dont elles nous motivent à choisir l'un de ces moyens sur la base de nos réflexions, tant il est vrai que la réflexion sur les moyens peut elle-même être considérée comme un moyen de deuxième ordre, qui est en même temps l'un des présupposés les plus importants pour la réalisation du but de l'action. De ce point de vue, la décision de bien réfléchir peut être déterminée par la même situation motivationnelle et donc par le même sens de liberté que celui qui s'est déjà avéré caractéristique pour le choix de certains moyens.

Cependant, il y a aussi de bonnes raisons pour ne pas concéder un
307 espace trop large à la réflexion | dans le choix des moyens. Dans le jeu d'échecs ou dans l'exécution d'une composition musicale, par exemple, une telle réflexion n'a qu'un droit relativement limité. Des innovations stratégiques importantes ne réussissent que si l'on donne à une idée originale la possibilité de se développer sans obstacle. La décision sur la question de savoir s'il vaut mieux persévérer dans la réflexion ou s'abandonner à l'impulsion d'une idée qui se révèle dans l'instant présent est telle qu'elle ne peut pas elle-même être prise dans l'état de réflexion. Avec des considérations de ce type, nous avons déjà accompli un pas ultérieur qui nous conduit au complexe problématique suivant car la question de savoir s'il faut donner une place à la réflexion se laisse aussi interpréter comme un cas spécial de la question plus générale concernant la décision sur le mode et le degré de notre propre effort.

d) On peut poursuivre des buts recherchés selon différents degrés d'effort. Si le but consiste en l'exercice d'une activité, on peut se contenter de différents degrés de son exécution. Tous ceux qui veulent participent à un marathon ne se donneront pas la peine de faire le voyage pour participer au marathon organisé à New York. Quelques-uns d'entre eux seront déjà contents s'ils réussissent à tenir bon jusqu'au bout, en arrivant au but avant que le poste de contrôle ne ferme. Se fixer un but qui consiste en la capacité d'exercer une activité signifie toujours aussi vouloir maîtriser cette activité à un certain degré. Il n'est pas nécessaire de devenir un violoniste virtuose, mais si quelqu'un veut jouer du violon, il ne sera pas content s'il joue en permanence avec une intonation fausse.

Dans le domaine qui n'exige aucune décision sur le "plus ou moins", il y a une marge de liberté différente de celle qui concerne le choix du but. Dans certains cas, le choix de vouloir quelque chose à un certain degré fait partie
308 de notre | disposition au même titre que l'exercice d'une action élémentaire. De même que je peux simplement, sans recourir à quelque moyen que ce soit, mettre un pied devant l'autre si je le veux et que je ne suis pas handicapé, je peux vouloir aussi poser mon pied par terre avec une certaine vigueur et dans une direction droite. En poursuivant un but, j'ai la plupart du temps la possibilité de m'y engager un peu plus ou au contraire, de l'abandonner ici et maintenant pour un certain temps. Les deux possibilités sont complètement en mon pouvoir. Mais j'ai exactement le même type de liberté de commencer à réfléchir sur les raisons qui parlent en faveur des buts que j'ai la tendance à poursuivre.

Cependant, l'évidence de posséder cette liberté va de pair avec le fait que le plus souvent, ce sont des raisons relativement banales et sans importance qui m'amènent à faire un effort à un degré précis. Je cède à mes habitudes, j'ai tendance à me fatiguer ou à me laisser distraire. Toutes sortes de circonstances peuvent donc m'amener à abandonner l'effort que je m'étais pourtant proposé. Le souvenir de mon intention peut m'arracher à cette paralysie, de même qu'un motif supplémentaire provenant de mon environnement peut au moins attirer mon attention et freiner mon effort. Que ces “petites raisons” agissent en moi sans que je le veuille signifie que j'agis sans contrainte. Mais il n'en s'agit pas moins d'une réaction. Dans la mesure où des raisons peuvent agir au sens courant du terme, ce qui se produit en vertu d'elles n'est pas moins déterminé, quoique de façon différente, qu'une action auto-motrice basée sur ces causes physiologiques.

De façon semblable, on peut aussi résoudre l'énigme apparente de l'âne de Buridan. Celui-ci, se trouvant placé à distance égale entre deux tas de paille de la même quantité et éclairés de la même façon, est censé mourir de faim puisqu'il ne trouve aucune raison de se mouvoir dans l'une ou l'autre direction. L'âne sera alors déterminé par le mécanisme | qui l'amène à **309**
laisser son regard se promener entre les deux tas de paille, jusqu'à ce qu'il arrive au point d'épuisement interne de sa capacité de réflexion. Il se dirigera vers le tas de paille qu'il avait envisagé exactement au moment où cet événement se produit. Nous aussi nous abandonnons sciemment à de tels mécanismes qui nous protègent d'un surmenage de notre capacité de réflexion.

On pourrait penser d'abord que les situations dans lesquelles le choix d'un but implique en même temps une réflexion sur le degré d'activité dans la poursuite de ce but ne se distinguent d'autres situations de réflexion que par leur complexité nettement plus grande. Ceci est vrai tant qu'il ne s'agit que de buts singuliers. Si la réalisation de tels buts exige un grand effort, le mieux sera sans doute de réfléchir à la question de leur réalisation en tenant compte des expériences que nous avons faites concernant nos propres capacités et leurs limites. Ainsi, le seul sens de liberté nécessaire est celui qui est compatible avec une validité universelle du principe de conséquence. Mais il est possible que les cas de réflexion sur un but plus complexe impliquent un autre sens de liberté, qui change profondément toute la problématique théorique.

Si quelqu'un envisage des buts en réfléchissant sur le degré de force à employer pour les atteindre, il est fort probable que cet homme envisage en même temps toute sa vie et l'ordre de préférence de ce qui compte réellement pour lui dans sa vie. Cette dimension cachée pourrait même être la

plus importante dans le choix des buts. Mais si le choix des buts nous amène à envisager toute notre vie, il n'est plus si évident qu'il faille simplement
310 pondérer le contenu des buts singuliers et les raisons en leur | faveur, de telle sorte que la décision se base sur une comparaison de la force des motifs qui nous attirent vers eux. L'homme n'a pas une vision d'ensemble des préférences futures de sa vie, qui lui dicterait une direction selon les critères du choix préférentiel et de la pondération des intérêts. Le sens du fait qu'il mène une vie, lui non plus, ne se laisse pas comprendre à partir d'un tel type de pondération.

Cette différence nous obligera par la suite à développer un sens de liberté qui ne se réduit pas à la pondération des raisons et leur réalisation réfléchie sous forme d'actions. Avant d'y parvenir, il nous faut cependant tenir compte d'une autre dimension à laquelle on peut reconnaître une importance propre dans le domaine du choix préférentiel entre les différents buts.

e) L'analyse des raisons qui déterminent la décision d'un acteur dans son choix du but avait montré qu'une telle décision se fait sur la base d'une pondération des forces motivantes qui accompagnent pour lui l'idée de différents buts d'action. Celui qui l'assistera dans sa prise de décision de ses conseils tiendra compte, après toute pondération, de ce qui apparaît comme le meilleur *pour lui*. Par la suite, nous avons vu que cette raison de décision domine aussi le choix des moyens et le degré de l'effort employé dans la poursuite d'un but.

Cependant, on pourrait soulever une objection permettant de mettre en question le résultat des analyses, à savoir la description de la situation dans laquelle s'effectue le choix d'un but. Avec la discussion de cette objection, nous nous trouvons déjà au seuil d'une détermination de la liberté qui se distingue du trait fondamental commun à la liberté du jugement et à la liberté de réflexion. Dans le jugement et dans la réflexion pratique, le résultat se mesure à chaque fois à une aune difficile à manier mais en elle-
311 même déterminée | sans ambiguïté, c'est-à-dire selon les règles de justesse et de vérité ou selon le but de l'action, qui est accompagné d'un intérêt prépondérant.

Contre l'exhaustivité de ce critère, cette objection fait valoir qu'il y a des buts d'action de l'homme, dont le choix est suggéré par une tout autre raison que celle de leur force d'attraction pour notre propre vie. Créer des œuvres d'art capables d'ouvrir un monde, parvenir à des connaissances fondamentales qui favorisent la vie ou fonder et défendre un ordre juridique en sont quelques exemples. On peut dire, par-delà toutes les différences entre de tels buts, qu'ils possèdent une *importance* autre que celle qui peut entrer en ligne de compte pour un acteur isolé, avec pour conséquence que son propre intérêt ne suffit pas à expliquer de façon adéquate qu'ils puissent constituer le contenu de son choix des buts.

Cette importance peut être différenciée ultérieurement. Il peut s'agir, comme dans le cas de la conservation d'une institution, d'une importance qui découle immédiatement de l'intérêt d'un groupe d'hommes. D'autres buts d'actions visent à des performances qui, comme des œuvres d'art et des connaissances, doivent d'abord être voulues pour elles-mêmes avant de pouvoir s'avérer utiles à une multitude de personnes. Cette utilité peut à son tour consister en ce qu'un grand nombre d'hommes participent de l'œuvre et de la connaissance, ou encore qu'elles font la fierté d'une communauté d'hommes, comme, par exemple, la construction d'une église. Mais il peut également s'agir de buts dans lesquels l'idée d'autres hommes est complètement mise entre parenthèses. Un artiste peut penser que sa composition sert uniquement à la gloire de Dieu, ou qu'il fait un effort puisqu'il n'y a que lui qui puisse réaliser quelque chose qui a besoin d'être réalisé pour soi-même. Dans tous ces cas, un acteur qui se propose de telles tâches poursuit encore autre chose que tout ce qui peut lui apparaître comme bien "pour lui". Dans son agir, ses | propres intérêts peuvent même être complètement **312**
oubliés. Il semble que son but l'élève au-dessus d'eux, si bien que sa propre importance reste subordonnée à l'importance de la tâche qu'il poursuit ou découle de celle-ci.

La différence entre ce qui doit être considéré comme important d'un point de vue objectif et ce qui ne concerne que mon propre intérêt doit être reconnue et faire partie de la réflexion. On peut donc se demander aussi si l'on peut, à partir d'elle, développer un sens de liberté qui soit distinct de la liberté générale dans la réflexion. Celui-ci serait alors à comprendre comme la liberté de se tourner vers ce qui est important et précieux en soi ou bien de demeurer figé dans un projet de vie bien calculé qui prend l'intérêt propre pour seul point d'orientation.

La formulation de cette alternative nous fait envisager un aspect important pour éclaircir un sens de liberté qui ne coïncide pas avec la liberté de pouvoir réfléchir. Il oriente le problème de la liberté non plus sur des actions ou des intérêts isolés, mais sur le projet de modes de vie. Mais la contradiction entre ce qui est objectivement important et ce qui n'est important que pour moi, qui domine la formulation de l'alternative, doit à son tour pouvoir être remise en question. À partir d'elle seule, on ne peut en effet pas arriver à un sens de liberté soustrait au principe de conséquence.

Ce qui s'y oppose peut être explicité de deux points de vue. D'une part, la formulation de cette contradiction ne tient pas compte de la subjectivité qui se trouve exposée à une telle alternative; d'autre part, la référence à ce qui est objectivement important (on pourrait dire aussi, à des "valeurs" qui valent objectivement) est en elle-même opaque et a besoin d'une explication. Celle-ci, à son tour, ne peut être donnée sans tenir compte de la subjectivité.

313 | La subjectivité est le point de départ et le fil directeur de ces leçons. Si elles thématisent la liberté, il faut donc toujours partir du sujet, comme nous l'avons fait dans la tentative d'élaborer une approche pour la fondation de l'éthique. Il est incontestable que les hommes ne sont pas seulement motivés à l'action par ce qui est indispensable et attrayant, mais aussi par ce qui est important en soi. Toutefois, celui-ci ne fait pas irruption dans leur subjectivité de l'extérieur, mais trouve une résonance dans ce qui constitue leur subjectivité. Ainsi, non seulement ce qui est important en soi mais plus encore, ce qui lui confère une influence sur l'agir, ne peut s'expliquer qu'en relation avec la subjectivité.

L'opposition entre ce qui est important en soi et ce qui ne l'est que pour nous nous permet de considérer comme important en soi tout ce qui forme un contraste avec ce qui lie les hommes par un intérêt fondé dans leur besoins naturels ou dans des attractions. Certes, on ne saurait dire que les leçons précédentes aient déjà donné une vision globale de tout ce qui relève de cette définition, mais on peut en tirer quelques exemples d'une telle importance et des indications d'autres exemples qui permettent d'éclaircir en même temps la relation entre ce qui est important en soi et la subjectivité.

Ainsi, à propos de l'explication des modes de l'être-avec, nous avons parlé de la tendance qu'ont les sujets à se considérer comme membres d'ordres à grande échelle. Cette tendance fonde la possibilité de faire de ces ordres un but, en leur conférant ainsi une importance détachée des besoins vitaux immédiats de la personne. Néanmoins, la raison de l'importance de l'institution et l'engagement pour elle n'est pas uniquement fondée dans
314 son utilité pour les autres mais dans la subjectivité de celui qui s'y | engage. Mais si l'institution a réellement de l'importance pour le bien-être de la cité, l'engagement pour elle peut revêtir une importance en soi en un sens encore plus fort. Cette importance se comprend alors à partir de la subjectivité de la conscience morale d'un acteur – soit que l'institution confère un point de gravité à son agir selon la norme fondamentale, soit qu'il a réalisé en elle l'obligation morale particulière de sa vie. Ainsi, des motivations qui mènent à un agir en vue de ce qui est important en soi peuvent aussi s'intriquer – mis à part le fait qu'elles ne pourront jamais être nettement séparées d'un agir recherché pour la gloire ou pour l'exercice d'un talent.

D'autres modes de ce qui est important en soi sont ancrés dans des intérêts qui découlent immédiatement de la dynamique fondamentale de la subjectivité. Nous avons démontré que le programme d'une science exacte de la nature se développe sur la base du problème de parvenir à une articulation toujours plus précise de la relation à des objets à l'intérieur d'une relation globale à des objets identifiables. L'art, par contre, a pour but de former des projets du monde, dont les sujets et les processus de la subjectivité ne soient pas éliminés. Et les religions ouvrent la possibilité d'un comportement dans lequel la relation de la subjectivité à son fondement soustrait s'accompagne d'une formation de la pratique de la vie dans le monde.

Ainsi, nous n'avons énuméré que quelques formes de ce qui peut être considéré comme important en soi. Mais cela suffit à montrer que ce qui est souvent résumé sous la seule dimension du "valable-en-soi" ou des "valeurs" est lié à différents modes de réalisation de la subjectivité. Il ne peut s'agir ici de faire, à partir de cette approche, le tour complet de toutes les dimensions de ce qu'on appelle le "règne" des valeurs. Car ce qui a été dit dans les leçons | précédentes suffit déjà à répondre à la question de savoir 315
si l'inclusion, dans la réflexion, de la dimension de ce qui est important en soi change fondamentalement la situation de la pondération de la force des motivations qui décident du choix du but.

Pour ce faire, nous devons, comme nous l'avons déjà fait pour les situations de la réflexion et de la délibération, nous mettre dans des situations d'action dans lesquelles il faut décider s'il convient d'accorder une préséance à quelque chose d'important en soi par rapport à un autre intérêt de la vie. Il faut mettre entre parenthèses des situations dans lesquelles un impératif moral pourrait être lié à un agir en vue de ce qui est important en soi. Ainsi, il existe, par exemple, un devoir moral de ne pas mettre en péril, au nom de notre intérêt propre, ce qui importe aux autres. S'il s'agit de ne pas risquer la perte de connaissances susceptibles de sauver des vies, il ne faut pas réfléchir et agir eu égard au gain de connaissances, mais eu égard à leur importance pour des vies humaines placées sous la tutelle de l'acteur. Dans des situations d'action, la norme morale fondamentale a la force de faire valoir une exigence qui dépasse la réserve selon laquelle il ne faudrait suivre cette norme que si une réflexion tranquille nous a amenés à conclure qu'elle est appuyée par des motifs suffisamment forts.

Ce qui est objectivement important de la manière que nous avons expliquée n'est cependant pas lié à un tel type d'exigence. Cela veut dire que dans des situations dans lesquelles la seule alternative à trancher porte

sur ce qui est objectivement important et ce qui ne l'est que pour l'acteur, l'enracinement de ce qui est objectivement important dans la subjectivité doit l'emporter dans la décision de l'acteur. Ce qui est objectivement important a son fondement dans l'une des dimensions dans lesquelles se réalise la subjectivité de la personne, comme, par exemple, l'importance
316 d'une institution dans son | implication dans des ordres et celle de la science, dans la capacité d'articulation rationnelle de sa relation au monde. En mettant de côté tous les arguments moraux, le poids qui revient, dans une situation d'action, à une instance quelconque de ce qui est objectivement important est fonction du degré auquel l'acteur a donné ou est prêt à donner du poids à cette forme du déploiement de la subjectivité dans sa propre vie. Chacun a la possibilité de le faire à mesure qu'il est capable d'assumer une distance à l'égard de soi-même, distance qui est constitutive, au même titre que la libération des dimensions de ce qui est l'objectivement important, pour toute vie réalisée dans la conscience de soi.

Dans la mesure où une vie s'est liée à des sphères de ce qui est objectivement important, celles-ci sont devenues une partie de son intérêt de vie. Comprendre cela signifie autre chose que de céder aux soupçons avec lesquels on essaie si souvent de dénigrer l'engagement pour quelque chose d'objectivement important. Celui qui donne de l'importance à la connaissance ne vise pas à obtenir la renommée qu'un chercheur peut acquérir, ni même le gain matériel que ses résultats lui permettent peut-être d'espérer. À la limite, son intérêt pourrait éventuellement s'expliquer par la joie que son travail lui procure. Ainsi, déjà Kant avait estimé que la science et le bonheur sensible vont "de pair" en ce qui concerne la motivation. Mais cette explication n'est pas non plus pleinement satisfaisante. Car c'est plutôt la résistance contre la diminution d'un contexte de vie ou une irruption en lui, qui amène un homme, dans la vie duquel l'objectivement important a gagné de l'influence, à être désormais lié à cette sphère de l'objectivement important par un intérêt.

Ceci nous permet de comprendre pourquoi, dans la situation dans laquelle il faut réfléchir à des actions et les mettre en œuvre, ce qui est objectivement important ne peut pas être opposé à ce qui n'est important que pour moi comme une tout autre instance de raisonnement et de
317 décision. Dans de telles situations, l'objectivement important n'est | pas lié à une force de motivation propre qui permettrait à l'acteur de prendre de la distance à l'égard de ce qui n'importe qu'à lui, pour laisser son agir déterminer par ce qui est objectivement important. Ainsi se trouvent éliminées deux possibilités d'attribuer à l'acteur une liberté devant l'objectivement important, liberté qui s'expliquerait par le fait qu'il se

trouve face à de l'objectivement important comme tel. On ne peut pas lui attribuer une liberté qui consisterait en ceci qu'il lâche ce qui n'a d'importance que pour lui pour laisser la place à une motivation provenant de l'objectivement important. Mais on ne peut pas non plus qualifier de libre l'acte par lequel il se décide pour une action qui est conforme soit à son propre intérêt, soit au service et au respect pour ce qui est objectivement important. Car si l'on fait abstraction des commandements moraux, ce qui est objectivement important n'a un impact sur son agir que dans la mesure où il se trouve en relation avec ce qu'il est en tant que personne, ce qui lui confère donc déjà une signification motivante pour son propre mode d'agir.

Mais alors la décision pour ou contre ce qui est objectivement important, tout comme le choix du but en général, est le résultat du fait que les poids de motivation des deux côtés sont pondérés. Cette pondération implique, au même titre que le choix du but comme tel, l'estimation de nos propres capacités de correspondre, dans notre agir, à de l'objectivement important. Mais il est également possible que la vie d'un homme soit si étroitement liée à la sphère de l'objectivement important que, comme dans une obsession, il est prêt à faire tout ce qui favorise cet intérêt, fût-ce à l'encontre de tout ce qui est important pour lui-même. Cet exemple lui aussi montre que dans de telles situations, les décisions surgissent toujours de la pondération du poids motivationnel relatif des alternatives de l'action. Cela signifie à son tour que la conscience dans laquelle se déroule cette pondération ne donne aucune | indication qui nous permette de conclure **318**
que l'acteur s'attribue la liberté dans de telles situations.

Ainsi, nous sommes donc arrivés à la fin d'une première phase dans l'exploration dialectique du problème de la liberté. En cinq étapes ultérieures, il nous faut maintenant chercher des éléments de réponse à la question de savoir si dans la conscience de l'acteur qui, dans une situation donnée, doit décider sur les alternatives de son agir, nous trouvons des éléments qui nous permettent d'affirmer la réalité de la liberté. La liberté dont il s'agissait ici devait être différente de la liberté de toute contrainte et du hasard et de celle qui est toujours présente dans la réflexion comme telle et dans la liberté à l'égard d'impulsions irrésistibles. Car on comprend aisément que toutes ces déterminations conceptuelles de la liberté sont, quant à leur réalisation, compatibles avec le principe de conséquence. Cependant, notre recherche était parvenue au résultat qu'un sens de liberté qui ne correspond pas à ce critère ne trouve aucun ancrage dans la façon dont les hommes, dans les situations d'action examinées jusqu'ici, parviennent à une décision réfléchie. Le chemin de notre recherche, que nous avons suivi jusqu'ici nous a donc amenés à une conclusion négative par rapport à un tel sens de liberté.

Ainsi, on peut donc se demander si nos recherches sont terminées et que le fait que nous avons démontré la nécessité de renoncer à un tel sens de liberté a démontré du même coup la vanité de toute résistance contre la validité universelle du principe de conséquence. Mais déjà le fait que toutes nos réflexions précédentes n'ont accordé aucune place à la conscience morale démontre clairement que notre recherche doit être poursuivie. Certes, il y a bien des raisons pour se soustraire à la ligne de tradition qui développe le problème de liberté en rapport étroit avec les problèmes de l'éthique. Mais nos recherches précédentes nous permettent également de
319 conclure qu'il ne faut pas non plus | partir de l'idée que par rapport au
problème de la liberté, cette conscience puisse être située sur le même plan que toutes les autres dimensions de l'agir.

Nous tenterons de montrer par la suite qu'en thématisant dorénavant l'agir en relation avec la conscience morale, nous sommes susceptibles de développer en même temps un cadre général pour le problème de la liberté. Ce faisant, nous expliciterons et problématiserons un présupposé sous lequel étaient placées nos discussions précédentes. Ainsi, nous préciserons également le lieu par rapport auquel nous pouvons élaborer et défendre un autre sens de liberté que celui qui s'accorde sans problèmes avec le principe de conséquence. Que la réalité de ce sens de liberté puisse tout aussi peu être prouvée que celle du principe de conséquence doit être maintenu comme résultat que toute différenciation ultérieure du sens de liberté doit d'emblée accepter. Mais pour le chemin de réflexion parcouru dans ces leçons, c'est un autre résultat qui sera particulièrement important et intéressant. Par rapport au contexte dans lequel se développe un sens de liberté à partir de la conscience morale, on comprendra aussi que la détermination de la liberté et la recherche sur la subjectivité doivent être poursuivies dans un seul et même processus argumentatif. L'explication d'un sens fort de liberté nous reconduit en effet immédiatement à la compréhension de la dynamique de la subjectivité.

7. Modes de comportement et projet de vie

Récemment, on a essayé de tirer d'une expérience neurologique un argument contre la possibilité de la liberté de la volonté. Cette expérience avait pour résultat que la conscience de vouloir appuyer sur un certain
320 bouton suit | d'environ une demi-seconde l'impulsion neuronale qui
déclenche l'action, au lieu de la précéder, comme on aurait pu s'y attendre.

En d'autres termes, l'action a déjà commencé quand on arrive à la décision qui est censée la déclencher.

Il convient de nous rappeler d'abord que cet argument pourrait être avancé contre n'importe quel sens de liberté, donc aussi contre celui qui est compatible avec le déterminisme, car selon cette explication de la liberté aussi, la réflexion occupe une place dans l'enchaînement causal qui mène à l'action. L'expérience susmentionnée, en revanche, fait apparaître la réflexion et la décision qui en découle comme un produit latéral ou un épiphénomène d'un enchaînement causal déjà complet et sans faille. Ainsi, cette expérience pourrait miner même un sens de liberté qui n'était pas du tout considéré comme discutable.

Cependant, celui qui accorde à cette expérience une force probante contre la liberté part, de toute façon, d'une idée réductrice de l'agir réfléchi. En corrigeant cette réduction, on arrive à une autre perspective sur le problème de la liberté, qui peut le plus facilement être rendue plausible par rapport à la conscience morale.

Quand on discute, dans l'éthique, des problèmes du jugement moral, on part de la réalisation d'actions isolées, comme, par exemple, un mensonge. Cela est correct dans la mesure où le jugement sur l'agir moral porte d'abord et avant tout sur les raisons de la justesse du comportement dans des situations singulières et non sur des buts à long terme. Mais il faut nécessairement reconnaître que dans des situations d'action qui concernent tout un *mode* de comportement, la décision ne concerne pas uniquement la situation présente. Même si la situation donne l'occasion de se poser cette question pour la première fois, le résultat est tel qu'il est censé avoir la même validité pour toutes les situations analogues.

| Cela vaut en particulier pour l'agir moral car dans ce cas, s'agissant 321
d'un jugement sur la personne, *jamais* on ne juge que le comportement dans une situation déterminée, mais un type ou un mode de comportement plus général, et ce, pour la simple raison que dans la conscience morale, un comportement est toujours examiné parallèlement à la motivation dont il surgit. Celui qui se demande s'il doit, à cet instant précis, décevoir quelqu'un par un mensonge, a dans la tête des images de soi-même – soit de quelqu'un qui est suffisamment intelligent pour savoir louvoyer dans de telles situations de façon à se procurer des avantages, soit de quelqu'un qui n'a pas besoin d'un tel comportement ou qui en tout cas ne se rend pas dépendant de son succès.

Le plus souvent, on a déjà menti par peur ou par frayeur, avant même que la norme morale commence à se dresser contre le souvenir de ce comportement. Mais la norme fondamentale de la conscience morale n'est pas seulement efficace en se manifestant toujours à nouveau comme régulatrice d'actions isolées. Il est vrai qu'au début de la vie, la conscience se forme de cette façon-là. Mais ensuite la conscience morale tend vers la formation d'*intentions* pour un comportement qu'elle considère correct. Le comportement moral en général se forme comme un *mode* de comportement qu'une personne cherche à atteindre consciemment et qui est censé appartenir à ce qui donne à sa vie un profil. C'est ce qui en fait toujours un caractère acquis, par opposition au caractère naturel dont un homme hérite. Mais on ne peut pas acquérir ni mettre à l'épreuve un tel caractère *in abstracto*, mais seulement en élaborant une disposition à des actions singulières. De ce point de vue, un mode d'agir se forme naturellement par rapport à des situations comme, par exemple, celle qui nous fait apparaître le mensonge comme une échappatoire.

Mais une fois que l'intention de ne pas mentir fait partie d'un tel
322 | caractère, le discours véridique ne sera guère plus précédé d'une réflexion
ni d'une décision consciente, mais tout au plus du souvenir d'une telle décision. Il ne faudrait supposer cette première alternative que si, dans toute situation d'action, les hommes devaient être tout à fait indécis quant à la façon et à la direction de leur agir. En philosophie morale, la discussion d'exemples d'actions favorise une telle image. Mais celle-ci est inappropriée à l'agir réel, si l'on considère cet agir dans sa formation et dans toute son ampleur, et il est même contradictoire à ce que la norme morale fondamentale elle-même doit chercher à réaliser, à savoir de former un mode de comportement et avec lui, une motivation dont on peut se fier dans toutes les situations. Cela résulte aussi du fait que c'est dans la conscience morale que se forme l'identité d'une personne, dont la constance correspond à l'identité continue de la conscience théorique.

Ainsi, on peut donc s'attendre à ce que, dans des situations d'agir, celui qui a développé un caractère moral fasse preuve d'un certain comportement sans avoir à y réfléchir auparavant. Pour lui, il n'y aura plus d'alternative qu'il devrait explicitement écarter. Mais cela ne nous permet pas de conclure que la liberté puisse être pensée sans la possibilité d'une alternative. Car un tel comportement dans une situation donnée, pour lequel il n'y a plus d'alternatives, n'est que la conséquence d'un acquis préalable dont on peut dire qu'il a abouti à une décision. Car si la formation d'un mode de comportement est la façon dont se réalise la conscience morale de façon authentique, elle est aussi le lieu où il faut chercher et trouver la liberté caractéristique de la moralité. Ce qui résulte d'une décision devient, dans les situations d'action, un comportement habituel. Mais l'acteur
323 continue d'être conscient de cette origine, ce qui | lui permet de revenir sur

la genèse de sa décision quand la situation d'agir se complique et exige de lui par exemple un renoncement plus grand.

À l'habitualisation qui résulte du processus de formation de l'agir moral correspond tout comportement fondé sur le choix d'un but. Dans tout comportement, la routine joue un rôle important. L'hygiène, la prise régulière de médicaments et l'exécution consciencieuse de travaux désagréables sont d'abord des intentions avant de devenir de telles routines. S'il n'en était pas ainsi, notre vie quotidienne serait encombrée d'efforts de volonté répétés et souvent non fiables. C'est pourquoi tout choix d'un but vise aussi à ce qu'on en tienne compte dans le comportement quotidien sans avoir à y réfléchir à nouveau. La formation de routines dans le comportement est donc dans l'intérêt de celui qui se fixe des buts, c'est pourquoi on peut présupposer qu'elle se réalise sous l'effet des mêmes motivations que le choix des buts lui-même.

Que le choix des buts tende de lui-même à la formation d'un comportement ne signifie cependant pas que la vie quotidienne puisse se dérouler exclusivement comme une routine. Elle doit être vécue attentivement et avec la disposition permanente à réfléchir. Ce qui est plus urgent doit être reconnu comme tel et il faut s'attendre à être confronté à des situations inconnues et à des dilemmes. Mais cela ne change rien au fait qu'un mode de comportement se forme à partir d'une situation d'action tout en s'exerçant par la suite indépendamment des situations singulières. Le plus souvent, il a besoin d'un certain temps pendant lequel il "mûrit", à l'instar d'une décision, afin de précéder ensuite les situations d'action pour y être seulement pratiqué.

Les routines de la vie quotidienne sont elles-mêmes conditionnées par des intérêts. Car la question de savoir à quelle routine je devrais m'habituer trouve sa réponse en considérant les avantages et la force d'attraction de
l'état dans lequel je me trouverai | lorsque je l'aurai atteinte. C'est pourquoi 324
elles ne donnent pas origine à une perspective modifiée sur le sens de liberté. Nous avons vu que le comportement moral est tout entier fondé sur la formation d'un mode de comportement. Ainsi on voit pourquoi le chemin de notre réflexion sur le problème de la liberté aboutit d'abord à la question de savoir si et en quel sens une personne peut être qualifiée de libre dans sa formation d'un mode de comportement moral.

Il faut partir de la conscience de la norme morale. Une intention morale se forme lorsque l'intention devient prépondérante de ne pas se laisser dominer dans des situations d'agir futures par la situation d'intérêt ponctuelle, donc par ce qui découle d'un autre choix du but, mais d'accorder plutôt la préséance à ce qui découle de la norme fondamentale – dans le cas de notre exemple concret, de ne pas mentir, même si cela devait s'avérer incommode, impoli ou par ailleurs à notre désavantage.

Or, la norme fondamentale ne fait pas l'objet d'un choix comme les règles d'un jeu auquel nous sommes invités sans être pour autant obligés d'y participer. On croit savoir que son caractère est obligatoire comme s'il s'agissait d'une connaissance, tout en n'ayant aucune connaissance prouvable de sa fondation. Dans un grand nombre de cas d'application, la norme concerne l'agir envers d'autres hommes dont nous nous attirerons la désapprobation si nous ne la respectons pas. Cela semble suggérer que la validité de la norme est dérivable de leur intérêt qui, à travers ma connaissance des sanctions que la violation de la norme entraîne, se transforme en une instance que je m'approprie intérieurement. Mais la norme vaut aussi pour des actions qui ne concernent que moi-même. En outre, la conscience de la norme s'accompagne aussi d'une connaissance du fait qu'elle est en quelque sorte liée à ce qui me constitue moi-même tout particulièrement. Je
325 ne peux pas considérer cette norme et sa force d'obligation | comme le résultat d'un accord que je n'aurais conclu que sur la base d'intérêts motivés et bien réfléchis.

Dans la troisième leçon, nous avons tenté d'expliquer le lien entre la validité immédiate de la norme et son rapport à soi : la constitution de la subjectivité ne s'explique pas à partir d'elle-même, et les sujets vivent aussi dans la connaissance de l'indétermination de leur origine. C'est pourquoi ils sont nécessairement ouverts à une explication d'eux-mêmes qui se fait à travers la conscience morale. Ceci est donc une explication philosophique et non une connaissance qui se produit en même temps que la conscience de la norme fondamentale. Elle est censée rendre compréhensible le contenu réel de cette connaissance, sans pour autant se substituer à elle. Dans la vie réelle lui correspond la conscience que l'agir moral s'impose à moi à partir de moi-même et que grâce à lui, je suis dans une certaine conformité avec le fondement de ma vie.

Dans la situation dans laquelle la norme fondamentale se manifeste, son exigence et la conscience qu'elle ne me concerne pas comme quelque chose d'étranger à moi se trouve toujours en concurrence avec la nécessité de poursuivre d'autres buts et l'intérêt de les atteindre – entre autres des buts qui doivent être favorisés pour éviter qu'à chaque fois l'équilibre d'identités de notre propre vie ne devienne précaire.

Ainsi, dans la conscience morale s'ouvre un espace de jeu tout particulier entre une volonté conforme à la norme et une volonté qui s'y soustrait ou qui la situe en bas de l'échelle de préférence des buts. Car dans la conscience morale, un comportement conforme à la norme *n'est pas* doté

d'une force d'attraction prépondérante ou irrésistible. C'est ainsi qu'il peut y avoir un intérêt à percevoir et à laisser agir la norme de façon affaiblie | afin de poursuivre sans perturbation d'autres buts de la vie. Mais un tel 326
espace de jeu se laisse également comprendre comme le domaine de l'entrée en jeu et de la réalisation de la liberté – et comme la condition permettant d'attribuer à celle-ci une réalité.

Il ne va pas de soi que les hommes en général soient capables d'une organisation de leur comportement, qui ne soit pas motivée par la force d'un intérêt vital. Il est vrai que la conscience morale est liée à un intérêt vital tout particulier qui est en relation avec l'autocompréhension et la formation d'identité. Mais cet intérêt ne s'exprime pas dans la conscience de la norme fondamentale comme une force d'attraction opposée aux motivations qui nous ont conduits à d'autres choix de buts, de telle sorte qu'on pourrait trancher le différend à travers une pondération des degrés d'importance. C'est pourquoi la liberté comme telle est nécessairement confrontée à deux possibilités mutuellement *incommensurables*. Elle consiste tout à la fois en la capacité de correspondre à la norme et la capacité de s'y soustraire là où l'agir qui s'y conforme n'est pas en accord avec les intérêts vitaux importants qui étaient à la base d'un choix préférentiel. Les deux possibilités sont accompagnées de la capacité à former des attitudes : la capacité d'une attitude et d'un mode comportemental qui reconnaît et attribue successivement à la conscience morale un poids motivationnel propre, ou encore la capacité de vivre selon des attitudes dans lesquelles on ne tient compte de la norme fondamentale que dans la mesure où elle n'entre pas en conflit avec l'ordre préférentiel des autres choix de buts.

Que les deux possibilités ne soient pas seulement opposées mais incommensurables par rapport à une possible décision est la condition permettant de reconnaître un sens de liberté tout spécifique à la personne qui doit parvenir à la formation de l'un ou de l'autre | des deux types 327
d'attitude. Car dans un tel cas, on ne pourra plus dire que la personne soit déterminée dans son choix par les "meilleures raisons" en faveur de l'une ou de l'autre des deux possibilités. Le poids de la norme fondamentale ne se laisse plus comparer sur le même plan au poids des intérêts qui ont présidé au choix des buts concernant notre conduite de vie. La force des motifs qui nous tirent dans l'une ou l'autre direction ne se laisse pas non plus comparer en les pondérant dans une attitude d'introspection. C'est un compte de se laisser déterminer par l'exigence de la norme fondamentale et la conscience obscure qu'elle est liée à ce qui constitue la réalisation de notre propre vie en tant que sujets ; c'en est un autre de ne vouloir en aucun cas mettre en péril les intérêts bien pondérés de l'autoconservation, entre

lesquels il est de toute façon difficile d'établir un équilibre d'identité, ce qui peut nous amener à doser savamment notre comportement moral et, le cas échéant, à le feindre. Dans les deux cas, la subjectivité saisit une possibilité d'arriver, dans sa dynamique, à une perspective de vie et donc à une autodescription – même si dans l'un des deux cas, elle cherche en même temps à cacher une dimension qui lui donne pourtant une connaissance non négligeable sur elle-même. L'incommensurabilité des deux alternatives nous fait comprendre que la décision entre elles ne porte pas sur une pondération d'intérêts et de talents, mais sur une *orientation de la vie consciente* que l'homme est appelé à mener.

La personne ne peut décider entre ces deux alternatives qu'en *pondérant* en même temps les raisons et les motifs en fonction de l'importance qu'ils sont dorénavant censés avoir pour sa vie et son comportement. Elle doit se placer de l'un des deux côtés, sans pouvoir s'appuyer sur des
328 prédonnées évidentes quelconques. La décision | ne correspond donc pas à celle d'un choix préférentiel portant sur des biens, mais à une prise de parti dans un conflit auquel il est impossible d'échapper et dans lequel les deux côtés présentent des exigences tout à fait différentes à celui qui doit prendre la décision.

Nous savons déjà qu'on ne peut jamais exclure que même dans un tel cas, il puisse y avoir une préhistoire causale qui détermine la direction que la pondération de la personne prendra. En outre, nous savons que beaucoup d'éléments d'une biographie ont une influence sur la pondération dans de telles situations de décision. Celui qui, pendant son enfance, a été méprisé et blessé dans son amour-propre par des adultes dépourvus d'amour et assoiffés de pouvoir aura certainement beaucoup de difficultés à prendre une décision qui implique l'attente de parvenir à une identité stable grâce au respect d'une norme. Mais abstraction faite d'une réelle contrainte interne, il n'y a pas de déduction causale qui, dans la situation de décision, pourrait réellement contraindre la volonté à former une attitude dans l'une ou l'autre des deux directions. L'assomption de la force déterminante d'une telle préhistoire ne reste alors qu'une hypothèse dont la plausibilité peut s'appuyer sur un grand nombre de circonstances mais qui ne peut pas être transformée en une connaissance par voie de preuve. On aimerait savoir aussi quel type d'expérience scientifique les neurologues suggéreraient de mettre en œuvre pour démontrer que la décision sur un mode comportemental a suivi une certaine constellation dans le réseau du flux neuronal.

Cependant, il pourrait toujours y avoir une preuve indirecte qui suggère qu'il faut assumer une détermination causale de ces décisions, même si elle ne peut pas être prouvée, c'est-à-dire si l'on pouvait démontrer que l'idée

d'une liberté de décision est contradictoire ou intenable pour d'autres raisons de cohérence. Si l'on réussissait à éliminer le seul concurrent de la déduction causale, celle-ci, | en tant que seule possibilité pensable, cesserait 329
de n'être qu'une hypothèse.

L'argument en apparence le plus fort dans une telle stratégie vise à démontrer qu'une décision qui n'est pas entraînée par les raisons prépondérantes en sa faveur ne peut qu'être le fruit du *hasard*. Mais déjà dans les débats grecs sur la liberté et le destin, le hasard était considéré comme une instance contraire à la liberté, au même titre que la causation déterminante. Ce qui se produit par hasard se soustrait de ce fait même à la connaissance et à la volonté des personnes. Si la décision qu'on suppose être libre ne se laisse penser que comme le fruit du hasard, alors au cœur même de la volonté, il y aurait quelque chose de totalement étranger à la personne et soustrait à son influence. Mais cela serait précisément le contraire de ce que nous entendons par liberté.

Cette argumentation limite rigoureusement le possible domaine d'une formation conceptuelle concernant la causalité à son cas standard, donc à la succession déterminée d'événements et au hasard comme leur négation immédiate. Mais on a également objecté aux défenseurs d'une liberté de décision qu'ils feraient de l'agir humain quelque chose d'absolu, en attribuant à la personne finie la propriété divine d'être cause de soi.

Un être serait causé par lui-même s'il était à l'origine de sa propre existence. Mais on peut aussi s'imaginer une propriété qui n'est pas réservée au Dieu infini, à savoir la *causa accidentis sui*, donc un acte par lequel un être développe à partir de lui-même une propriété ou se met dans un certain état. Ainsi, à la suite des Grecs, on a longtemps voulu trouver l'essence de l'être vivant dans l'autodéploiement. Cet autodéploiement procède de ses conditions sans aucune alternative. Son efficacité est donc déterminée. | La même chose pourrait sans doute s'affirmer par rapport à 330
l'autocausation divine.

Or la liberté humaine, elle, n'est pas au-dessus de toute alternative. C'est pourquoi elle ne se laisse pas penser comme autodéploiement, mais seulement comme auto*détermination*. C'est précisément cette dernière expression qui, dans le langage courant, est associée comme nulle autre au sens de liberté. L'autodétermination est visiblement censée exclure que ce qui surgit de notre propre essence nous soit imposé avec nécessité et sans aucune alternative.

Chaque acte d'autodétermination est censé donner origine à des effets qui peuvent lui être attribués comme tel. Ainsi, dans les débats sur la liberté, on tente parfois aussi de définir pour l'autodétermination, tout comme pour l'autodéploiement, une forme particulière de causalité, à savoir la causalité d'agent. Cette démarche se laisse assez bien défendre contre un grand nombre d'objections. Néanmoins, on pourrait légitimement se demander si l'autodétermination peut se décrire de façon adéquate comme une forme de causalité. Déjà le rapport entre les raisons pondérées et la capacité d'en tenir compte s'oppose à l'intégration au modèle standard de causalité. Dans l'autodétermination, ces raisons sont en outre classées en fonction de leur poids et liées à une perspective de vie qui déploie son efficacité dans la mesure où elle entre dans l'agir de la personne.

La liberté du choix préférentiel est elle aussi autre chose que la simple force d'attraction de motifs dont le poids relatif décide du choix. Car ces motifs ne déterminent pas eux-mêmes leur poids relatifs les uns par rapport aux autres; la personne doit les mettre en balance par son imagination et sa réflexion afin de pouvoir prendre une décision fondée et la rendre efficace. Cependant, ce processus ne fournit aucun argument décisif contre la vali-
331 dité universelle du | principe de conséquence, et ce, parce que la personne elle-même sait qu'elle pondère les buts de l'action selon la force de motivation qui les accompagne, et que ses propres raisons sont en dernière analyse reconductibles aux degrés de leur force d'attraction.

Dans la conscience de soi de la personne, la liberté d'autodétermination s'oppose, contrairement à la liberté de pondération sans contrainte, diamétralement à la validité universelle du principe de conséquence. Car dans le cas particulier de la situation elle-même dans laquelle il faut choisir entre la norme fondamentale et l'intérêt vital, il n'y a aucun élément décisif qui suggère un lien entre la décision et la force d'attraction de motifs efficaces. Face à cette situation, une autre explication acquiert une certaine plausibilité, qui est même tout à fait indispensable à l'acteur lui-même, à savoir que la volonté de l'homme comme tel a une constitution qui le rend capable, dans une telle situation, de se déterminer lui-même en vue d'une activité. En tout cas, la personne peut s'attribuer une telle capacité sans que rien, dans sa conscience d'acteur, ne s'y oppose.

Le principe de conséquence reste évidemment disponible comme le moyen le plus important de contester cette thèse du point de vue d'une perspective extérieure. Celui qui envisage ce principe ne pourra pas chasser les images d'une roulette de la volonté ou de mécanismes cachés devant lesquels toute forme d'autodétermination doit paraître illusoire. Comme nous le savons, ce principe et de telles idées ne peuvent pas être invalidés par des arguments théoriques. Mais ils sont tout aussi peu cautionnés par une argumentation irréfutable et surtout ils ne trouvent aucun appui dans la conscience de celui qui prend une décision dans une situation qui le place devant des alternatives incommensurables.

Or, il faut également tenir compte du fait que ce qui constitue la norme fondamentale implique aussi que celle-ci exclut précisément | la possibilité 332
d' être considérée comme respectée si cela se faisait par un autre intérêt que celui qui est lié à son observation. Ainsi, la norme fondamentale elle-même s'oppose à ce qu'on la respecte en disant la vérité par calcul. Car elle exige qu'on s'y conforme en tant que norme et non pas à cause d'un quelconque autre motif qui nous amène à la respecter. Ainsi, la force de motivation se trouve définitivement éliminée comme possible raison de décision pour ou contre un mode comportemental qui correspond réellement à la norme fondamentale. Il reste encore à se demander si une autre liberté est concevable à partir de laquelle cette décision pourrait être prise.

Elle ne peut certes pas être considérée comme un événement accidentel au sens quotidien du terme car la décision ne se prend pas comme on jette une pièce de monnaie. Elle se réalise à partir de la trajectoire de la dynamique d'une vie, donc sous l'obligation de la tâche de conserver son intégrité et par rapport à toutes les raisons en faveur ou en défaveur des options entre lesquelles il s'agit de choisir. De ce point de vue, la décision est toujours *aussi* motivée et non un destin sans fondement. Mais seulement après que la décision a été prise, cette motivation devient suffisante. Elle ne pourrait pas être mise à l'épreuve après coup sans qu'il y ait de bonnes raisons en sa faveur. Et néanmoins, la personne doit avoir pris la décision pour que ces raisons puissent rester décisives dans leur validité. Car toutes les raisons qui l'appuient ne saurait entraîner irrésistiblement la décision de leur côté.

La connaissance de la personne qui sait que la décision a été la sienne n'est donc pas à confondre avec l'incertitude qui peut tourmenter un homme s'il n'est pas certain d'avoir été suffisamment prudent dans la pondération des forces motivantes de son choix préférentiel et d'être parvenu au bon résultat. Il sait qu'il n'a pas pris une décision uniquement parce qu'il est resté indécis dans son jugement de la | situation et de ses chances, 333
au point d'être ensuite sous pression, par manque de temps. Grâce à cette décision, il a plutôt placé sa vie sur une trajectoire, qu'il ait pris la norme fondamentale pour ligne directrice dans le domaine de la conscience morale ou qu'il n'en tienne compte que sous réserve du résultat d'un calcul intelligent.

Dans la mesure où la décision porte sur une alternative, elle correspond au modèle d'un acte de choix. Mais elle n'est pas un choix arbitraire au sens où l'on en parle maintenant. Car celui-ci n'a strictement rien à voir avec une disposition souveraine proche de ce qu'on appelle "libre choix", qui place la vie sur l'une des trajectoires vitales devant lesquelles l'homme se trouve en vertu de la constitution de sa subjectivité. Cette constitution est tout aussi peu à sa disposition que la norme fondamentale sous laquelle seulement il est exposé à la nécessité d'une décision entre des alternatives incommensurables. De même que la subjectivité en général n'est pas fondée sur un pouvoir de disposition mais sur l'autoconservation, de même la liberté d'autodétermination et tout ce qu'elle réalise doit être compris d'abord comme un élément nécessaire dans la constitution de la subjectivité, et en vertu de ceci et de façon secondaire seulement comme l'absence de toute forme de contrainte. Ainsi, on peut dire que la liberté elle-même est intégrée dans le destin de la vie consciente. Seulement par rapport à elle et dans son ensemble, la liberté comme telle peut devenir pour cette vie un élément initial d'une expérience de sens.

La liberté d'autodétermination ne possède donc nécessairement une sphère que là où l'homme, avec toute sa vie, est exposé à des alternatives incommensurables qu'il ne peut contourner sans déchoir du niveau de sa vie consciente. Si l'on identifie la liberté dans une telle situation à la liberté
334 de réfléchir du choix préférentiel, on ne déforme pas seulement | le sens propre de la liberté, mais on est également obligé de faire du choix préférentiel à son tour un choix arbitraire. Car en réfléchissant aux alternatives et aux motivations qu'elles peuvent engendrer d'elles-mêmes, on arriverait dans bien des cas, mais jamais dans une telle situation, à un choix préférentiel fondé. Dans la conscience dont surgit l'agir réel, on fait toujours la distinction entre les deux sens de liberté, même quand on voit clairement la portée théorique du principe de conséquence et sans avoir le courage d'y opposer des arguments.

Là où la liberté est censée s'expliquer à partir de la conscience morale, il sera toujours difficile de reconnaître comme libres à la fois la bonne volonté et la volonté qui sait se soustraire à la norme fondamentale. Si en effet la liberté était constituée par la conscience morale, elle semblerait perdue dès que son usage va à son encontre. Par l'acte d'autodétermination, on reconnaît à une possibilité et à une attitude de vie une importance et une force de motivation prépondérante. Ainsi, l'acte dans lequel un homme soustrait sa vie à la motivation de la norme fondamentale doit pouvoir être fondé dans sa subjectivité au même titre que la bonne volonté. Les deux décisions – y compris celle qui se soustrait à un mode d'agir sous la norme fondamentale – sont accomplies par un seul et même sujet. L'acte en vertu duquel on reconnaît à l'un ou à l'autre côté la force de motivation plus grande doit donc être compatible avec la constitution de la subjectivité.

Dans les deux cas, on a réellement affaire à un projet de vie qui s'inscrit dans une perspective fondée dans la subjectivité même : la perspective d'une auto-affirmation cohérente dans un équilibre d'identités quelconque ou la perspective d'une vie en conformité avec ce qui, à partir du
| fondement de la subjectivité, implique une exigence pour notre propre 335
mode comportemental. La décision qui relativise l'exigence de la norme fondamentale heurte la conscience de sa validité. Etant donné qu'on sait toujours que la norme est fondée dans la constitution de la subjectivité, cette violation indique que cette décision ferme du même coup l'accès à une perspective de vie qui possède une fondation plus profonde dans la constitution de la subjectivité – et du même coup aussi à une autre perspective qui constitue sa contrepartie, c'est-à-dire une vie qui possède sans réserve l'approbation pleine et entière de celui qui la mène. C'est pourquoi on fait l'expérience que les deux options d'une alternative sont liées à une évidence de vie, mais que l'une d'entre elles seulement est liée à une exigence *sui generis*.

Cette exigence continue d'exister, de telle sorte qu'on ne peut pas exclure la possibilité qu'après un certain temps d'expérience qu'on fait avec une décision, elle puisse révoquer la décision prise ou qu'elle parvienne à une perspective sur un autre mode de décision, dont elle n'avait pas vraiment tenu compte auparavant. Mais même la personne qui se décide contre une perspective découlant de la norme fondamentale ne perd pas son statut qui consiste à mener une vie consciente en tant que sujet et de se trouver engagée dans un chemin de vie qu'elle considère bien fondé. C'est pourquoi la liberté d'autodétermination peut aussi être appelée la liberté de choisir son propre soi. Cette expression, qui reprend un mythe platonique, ne permet toutefois pas de reconnaître la position de la liberté dans le processus et la dynamique de la liberté.

Nous ne pouvons indiquer qu'en passant qu'il faudrait ici ouvrir une discussion sur ce qui, en tant que "faute" morale ou volonté "mauvaise", occupe une place indélébile dans le langage moral. Toutes nos analyses précédentes nous amènent visiblement à une position qui, à l'intérieur d'une philosophie centrée sur la subjectivité, se rapproche de la doctrine
| de Platon. Pour celle-ci, il y a bien, dans le domaine central de la 336
conscience morale, une perte de l'être-soi authentique et entier, mais aucun contre-pouvoir qui puisse s'opposer à l'être-soi comme tel. Cette perte explique également une sorte de sentiment de culpabilité dont le pendant n'est pourtant pas l'indignation des autres hommes. Cette indignation qui mène à un autre type de reproche de culpabilité s'explique plutôt par les conséquences potentielles et réelles qu'une vie entièrement vouée à

l'intérêt propre peut avoir pour les autres, conséquences qu'on peut décrire comme mauvaises car destructrices. C'est en premier lieu par rapport à ces conséquences et au jugement des autres qu'on peut qualifier de "mal" le choix de soi-même qui déforme l'être-soi. L'acteur devra s'approprier celui-ci à partir de lui-même, bien qu'il ne concerne pas, à proprement parler, l'acte de son autodétermination en vue de la perte de soi.

Même après avoir montré comment tous les actes d'autodétermination à travers lesquels une motivation s'établit comme dominante sont enracinés dans le sujet lui-même, on peut continuer à insister sur la question de savoir comment il faut *expliquer* la décision pour l'un ou l'autre chemin. Placé à plusieurs reprises devant une cette question, il faut répondre, soit qu'elle ne peut *pas du tout* être expliquée *ultérieurement*, soit qu'elle est déjà explicitée et rendue plausible autant qu'elle peut l'être. Cette réponse doit paraître insatisfaisante dans la mesure où elle est contredite par les postulats impliqués dans le concept même d'exhaustivité d'une explication. Elle n'en est pas moins incontournable car la liberté ne se laisse pas démontrer comme la fonction d'un mécanisme, fût-il mental. Si l'on a suffisamment expliqué la situation dans laquelle la liberté doit être supposée et exercée et si cela explique aussi la nature de ce qui surgit de la liberté, l'exigence même d'une explication perd sa raison d'être. Elle perd
337 cette raison | malgré le fait qu'il est impossible de "montrer" l'usage de la liberté, au double sens de la monstration et de la preuve, et que sa possibilité est tout aussi peu démontrable. Néanmoins et précisément à cause de cela, il reste toujours possible de maintenir l'hypothèse que tout choix de notre propre soi résulte d'une prédisposition génétique, de préférences acquises, de pressions d'adaptation ou d'un mécanisme neuronal.

On peut aussi continuer de nourrir le soupçon que le résultat d'un choix qui ne peut pas être cautionné par des raisons prépondérantes ne puisse être décrit que comme le fruit du hasard. Par conséquent, on peut aussi s'imaginer qu'un générateur de hasard préside au mécanisme neuronal expliquant le choix. Toutes ces explications sont réellement conciliables avec la liberté du choix préférentiel qui naît de la simple réflexion. Selon un tel modèle, on pourrait expliquer aussi pourquoi des raisons ont une influence plus ou moins grande, donc "pèsent" à des degrés différents. Mais toutes ces explications se basent sur la pétition de principe selon laquelle un mode d'explication doit être maintenu là même où il exclut la liberté au sens qui doit précisément être mis en œuvre par la personne. Cette exigence elle-même, au même titre que toute spontanéité enracinée dans l'autoconscience, pourrait bien être une illusion engendrée par la disposition génétique de l'homme et ne possédant aucune valeur de vérité, mais seulement une valeur de survie. Cette hypothèse ne se laisserait réfuter qu'à condition de pouvoir démontrer que la liberté d'autodétermination, contre sa propre essence même, est susceptible d'être prouvée comme un fait démontrable.

Ici, au plus tard, on voit à nouveau clairement pourquoi un cadre philosophique est indispensable à la recherche sur le problème de la liberté, cadre à l'intérieur duquel l'affirmation que l'explication peut et
doit s'arrêter à l'autodétermination devient sensée et | peut-être même 338
nécessaire. Sans un tel cadre, la thèse ne peut pas durablement invalider le soupçon qu'il s'agisse d'une échappatoire pour la raison paresseuse et le préjugé. À partir de ce cadre, il faut démontrer qu'il y a quelque chose dans l'autoconscience de la personne, dont la réalité ne peut devenir compréhensible et compatible avec tout ce qui peut être connu que si la pensée, en même temps que la subjectivité, est autorisée à se référer à un fondement de l'être-soi qui en même temps est soustrait à la subjectivité. Nous ne comprenons pas la chose, mais nous n'en comprenons pas moins son incompréhensibilité – c'est avec cette phrase que Kant avait conclu sa première œuvre principale consacrée à la fondation de l'éthique. Afin de pouvoir la formuler, il lui fallait avoir parachevé la démarche argumentative de toute sa philosophie dans son ensemble. Sur la base des réflexions précédentes, nous ne pouvons ajouter qu'une seule phrase à celle de Kant : nous comprenons la chose aussi peu que nous sommes capables, en dernière analyse, de comprendre ce qui, en tant que conscience de nous-mêmes, est rendu accessible par nous-mêmes d'une façon qui met cette conscience au-dessus de toute question.

On voit ainsi qu'il est désormais possible et même nécessaire de renouer avec la première partie de cette leçon. Nous y avions commencé à développer le projet d'un tel cadre qui est différent de celui que Kant lui même avait esquissé. Mais les réflexions sur le sens de la liberté ne peuvent pas encore être considérées comme achevées. Car après avoir été développées jusqu'ici uniquement à partir de la conscience morale, elles doivent encore être élargies à tout le domaine de la dynamique de la vie consciente, y compris le choix préférentiel.

Par rapport au cadre philosophique dans lequel la conviction de la réalité de la liberté doit être intégrée, il faut souligner encore une fois que cette conviction a toujours quelque chose en commun avec l'opinion selon
laquelle la validité du principe de conséquence | doit être reconnue sans 339
exception : les deux sont obligées de recourir à une dimension du réel soustraite au sujet lui-même. Celui qui nie la réalité d'une telle liberté assume que ce que le sujet croit réaliser comme décision découle comme le

résultat d'une espèce de logiciel d'ordinateur, dont la disposition et le fonctionnement sont nécessairement soustraits au sujet *dans la mesure où* il décide. Mais la cohérence de l'assomption que la liberté d'auto-détermination soit réelle dépend elle aussi de la fondation d'une présupposition d'un tout autre type : tout le processus de la subjectivité de l'homme doit être mis en rapport avec une dimension qui n'est accessible ni à sa conscience de soi ni à sa connaissance et qui entretient néanmoins une relation constitutive avec l'être-soi de celui qui est conscient de soi-même.

La liberté d'autodétermination est comprise dans l'être-soi d'un sujet qui, en vertu même de la constitution de sa connaissance de soi, doit penser au-delà de ce qui lui est donné dans sa conscience de soi de façon immédiate et plénière. L'homme doit bien réaliser consciemment son autodétermination. Mais la réalisation de celle-ci ne lui est pas en même temps accessible et compréhensible comme un thème ou un objet, ni ne peut lui devenir accessible de cette manière après coup, dans une distance quelconque. De ce point de vue, cette réalisation appartient à la même dimension de la réalité du sujet qui est aussi à l'origine de la conscience du caractère obligatoire de la norme fondamentale. En tant que dimension de la subjectivité, elle se manifeste dans la conscience sans toutefois se limiter à elle.

Sur la base de tout cela, on voit plus clairement encore pourquoi une idée suffisante de la réalité de la liberté ne peut pas être développée en traitant directement le problème de la liberté. On ne peut parvenir à une
340 telle idée et | l'appuyer avec des arguments suffisamment forts qu'après avoir parcouru un long chemin de compréhension portant sur la subjectivité dans l'être-soi, sur son fondement soustrait et sur les modes de rapport à celui-ci.

8. Projet de vie et choix préférentiel

Le sens de la liberté en tant qu'autodétermination a été développé par rapport à la conscience morale. Avant de revenir sur le thème de la première partie de la leçon et donc sur l'intégration ontologique de la subjectivité, il faut se demander jusqu'où il faut élargir le domaine dans lequel on peut se réclamer de la liberté précisément au même sens que celui qui avait acquis sa première évidence par rapport à la conscience morale. Conformément à la détermination que la liberté a reçue ainsi, cela sera le cas partout où deux conditions négatives sont remplies : là où des attitudes ne résultent *pas* de la pondération et la comparaison de forces de motivations déjà existantes, ni ne se produisent non plus comme dispositions naturelles de la vie ou par le concours d'autres circonstances quelconques, mais où elles se forment comme le résultat de la conduite consciente de la vie, c'est-à-dire comme la façon dont cette conduite de la vie continue et doit se prolonger à partir d'elle-même et en vue d'elle-même.

La conscience morale occupe une position particulière dans la dynamique de la subjectivité, du fait qu'elle place le sujet dans une dimension de sa vie à laquelle il n'accède pas par la conscience de soi élémentaire, ni ne pourrait accéder grâce à des impulsions ou des intérêts. Le sens de la liberté d'autodétermination qui se laisse développer à partir de la conscience morale est donc, comme nous l'avons dit, intégré dans la dynamique de la vie consciente. On peut en | conclure que le domaine d'applica- 341
tion de ce sens de liberté est identique au domaine dans lequel cette dynamique se déploie dans son ensemble. Cela ne veut pas dire qu'il ait aussi de l'importance partout où cette dynamique est déterminée en vue d'un certain mode de réalisation. Il sera applicable là où, à l'intérieur d'elle, se produisent des situations dans lesquelles il faut donner une direction à la vie, sans que celle-ci puisse être interprétée uniquement comme le résultat de la réflexion pondérante.

Ainsi nous avons esquissé une tâche d'un format dont ces leçons ne peuvent que rendre compte, sans être à même de l'exécuter. Car maintenant il ne s'agirait pas seulement d'indiquer toutes les dimensions à l'intérieur desquelles il faut décider des directions de la vie et, par conséquent, développer des attitudes. Il faudrait en outre examiner la façon dont elles interagissent mutuellement, de façon à pouvoir se manifester parallèlement dans des situations d'action. L'exemple de la conscience morale montre clairement que cette deuxième tâche se pose réellement. Car il n'y a pas de décision de vie pour laquelle des réflexions morales ne revêtent aucune importance, même si l'objet de décision était tout entier défini comme un problème de la morale. Ainsi, il ne s'agirait de rien moins que de déployer cette problématique qui avait autrefois, et sous des conditions totalement différentes, commencé son chemin dans la philosophie sous le titre d'analyse de l'existence, chemin sur lequel l'existence ou la vie ont souvent été expliquées comme un processus de changement ou une démarche graduelle unidimensionnels. Ici il ne peut donc s'agir que d'élucider ultérieurement cette tâche, de la concrétiser par quelques exemples et d'invalider les motifs de soupçon auxquels peut s'exposer le sens de la liberté en tant qu'autodétermination.

Il faut aller jusqu'à reconnaître dans la tension fondamentale de la | vie 342
consciente entre l'accès au monde et l'auto-approfondissement une condition préalable aux décisions portant sur l'orientation de cette vie. Une vie peut se concentrer davantage sur la réalisation concrète d'un segment du

monde, aussi grand ou petit soit-il, ou sur la réflexion sur soi-même. Les deux possibilités peuvent aussi se réaliser en incluant ou en excluant le pôle opposé à notre décision de vie dans le but de cette vie elle-même. L'agent chevronné et le religieux qui fuie le monde peuvent servir d'exemples pour ces types de projets de vie.

Or, des décisions de vie de ce type, qu'il ne faut d'ailleurs pas confondre avec le choix d'un métier, sont certainement enracinées dans le caractère naturel et les talents des individus. Mais la liberté d'autodétermination est autre chose qu'un pouvoir de disposition absolu. Elle est liberté finie aussi par le fait qu'elle ne peut devenir efficace que sous certaines conditions. Elle peut aussi peu engendrer des motivations que l'exigence de la norme fondamentale, mais elle peut leur conférer une prépondérance et une préférence. Par là même, elle exerce une motivation à partir d'elle-même. Il y a en effet une différence fondamentale entre une disposition naturelle qui ne fait que d'avoir des effets et une disposition entraînant une décision qui sous-tend une direction de vie, qui doit se confirmer dans des conditions changeantes. La décision doit, comme on dit, être maintenue, ce qui signifie qu'elle doit se renouveler dans un enchaînement d'actes d'orientation. La liberté n'est pas une force de création *ex nihilo*, mais la capacité de donner à la vie dans laquelle l'homme se trouve de la cohérence, de la clarté et une direction dans sa réalisation consciente.

Il ne faut pas seulement présupposer une telle autodétermination en vue d'une fondation d'attitudes morales. Une autre perspective de décision se forme lorsque la vie consciente tend vers le tout d'une compréhension, qui
343 | ne peut être atteint que par des expériences de vie opposées qui ne peuvent coexister au même moment. L'œuvre de Hölderlin est née sous l'impression de l'intuition qu'un lien profond avec la vie ne peut pas être vécu en même temps qu'une exploration du monde, qui doit chercher et supporter le risque. Mais les deux sont des conditions indispensables pour que la vie puisse, en dernière analyse, former un tout qui ne soit pas caractérisé par une restriction. La décision sur le but de vie à poursuivre à cet instant précis n'est pas uniquement déterminée par le talent, la chance et une réflexion prudente, mais – tout ceci étant présupposé – par le départ déterminé dans une trajectoire de la vie.

Dans de telles situations, la condition de l'incommensurabilité au sein d'une alternative est remplie autrement que dans le cas de l'autodétermination sous la norme fondamentale. En elles, il y a bien des intérêts qui nous entraînent dans des directions opposées dont il faut pondérer les forces d'attraction. Mais sur la base de la seule force d'attraction, on ne peut pas déterminer la signification vitale des trajectoires que la vie doit emprunter,

pas plus que la façon de leur réalisation humaine et encore moins l'énergie
qui leur confère une position privilégiée dans la conduite de vie et l'autocompréhension. La décision sur la direction de la trajectoire implique donc
toujours aussi une décision sur le moment et le degré de force ou de
prudence avec lequel un certain chemin doit être emprunté.

Face à de telles situations, l'autodétermination se réalise toujours dans
l'espace de jeu d'une deuxième conséquence d'incommensurabilité : une
vie peut avoir pour but de correspondre aux possibilités d'une conduite de
vie consciente et aux perspectives de l'autocompréhension qui en surgissent. Mais elle peut également rester insensible à elles, s'adonner à la
première chose venue, ne faire des projets à long terme que dans la mesure
où ils servent des besoins incontournables | et se consacrer à la tâche d'éla- 344
borer un équilibre d'identités avec la plus grande souplesse possible. Cette
différence est analogue à celle de l'éthique, sans toutefois se réduire à elle.
Elle n'en requiert pas moins l'autodétermination des deux côtés. Mais seule
l'option qui considère la conduite de vie consciente comme une exploration
de la vie mène également à l'autodétermination dans une trajectoire de vie.

Il ne faut pas penser qu'une telle autodétermination soit réservée aux
grands moments d'une vie qui se dirige vers des décisions. La tension entre
des perspectives incommensurables se répercute jusque dans les situations
de la vie quotidienne, où elle est apparemment devenue méconnaissable,
par exemple lorsqu'on se demande s'il faut négliger son amour ou plutôt
son mémoire de maîtrise. Aucune de ces deux options n'est irrationnelle,
aucune absolument préférable du point de vue moral et on ne peut affirmer
avec certitude d'aucune d'entre elles qu'elle soit inscrite dans notre nature.
Même s'il fallait jeter les dés pour trancher la question, cela devrait se faire
en sachant qu'on pourrait s'approprier les deux alternatives. Car le jet des
dés devrait toujours être suivi de la décision réelle qui, à son tour, devrait se
traduire en attitudes. Car une vie placée sous le signe d'un projet ne peut pas
se réaliser comme une thérapie qu'on subit. Le sujet doit s'y retrouver soi-
même. Ce n'est qu'à partir de cette unité avec soi-même qu'il peut rendre
ce projet efficace.

Des attitudes de vie basées au moins partiellement sur des actes
d'autodétermination ont une influence sur la conduite de vie quotidienne,
au même titre que des attitudes acquises sous la norme morale fondamentale. C'est pourquoi elles ont aussi un impact sur les réflexions dont
surgit un choix préférentiel. Cela implique pour nous la tâche ultérieure de
ne pas considérer la liberté d'autodétermination et la liberté de réflexion
uniquement dans leur | contraste, mais de mettre leurs structures et leurs 345
fonctions dans un rapport mutuel. Le sens de la liberté d'autodétermination

est désormais exigé au-delà de la première base d'évidence qu'est la conscience morale et élargi jusqu'à l'autodétermination dans des projets de vie. Ceci a évidemment pour conséquence qu'il faut également examiner les façons dont cette liberté et ce qui en résulte peut s'intégrer dans des situations d'action qui sont apparemment subordonnées à cent pour cent à la logique pratique du choix préférentiel.

Avec cette question, il faudrait donc reprendre et parcourir à nouveau la discussion dialectique de situations d'action par rapport à un sens possible de la liberté, discussion par laquelle nous avons commencé l'exploration, c'est-à-dire en incluant désormais le sens de la liberté d'autodétermination, auquel nous sommes parvenus entre-temps.

L'analyse de ces situations s'en trouverait grandement compliquée. De même que la conscience morale a une influence sur toutes les situations d'action, de même la dynamique de la subjectivité dans son ensemble, c'est-à-dire dans tout ce qui lui est propre, ne se réalise pas dans un domaine à part qui resterait enfermé dans un sous-sol séparé de la vie. Elle pénètre la vie consciente là même où elle se réduit en apparence à la pondération de l'utilité et au choix préférentiel rationnel. Car des motivations qui nous lient à des buts singuliers sont si étroitement liées à la continuité de toute la conduite de vie que les motifs qui en découlent ne peuvent pas ne pas influencer le choix préférentiel. Chaque choix préférentiel peut devenir une partie de la formation et de la confirmation d'un caractère, d'un type d'action, d'une orientation dans le monde et d'un mode d'être-avec des hommes. Ainsi, des situations d'agir tout à fait quotidiennes peuvent contribuer à confirmer des décisions fondamentales de la vie, c'est-à-dire
346 les rendre stables et | sûres d'elles-mêmes. Mais elles peuvent aussi former un milieu dans lequel ces décisions commencent à surgir successivement. Les grands tournants de la vie, où l'on prend consciemment des décisions fondamentales, ne sont que des sommets d'une trajectoire dans laquelle ils restent intégrés et dont ils ne sauraient complètement interrompre la continuité. Ils peuvent aussi mûrir en silence, quand un mode de comportement ou une direction de vie se suggère à plusieurs reprises dans un grand nombre de situations peu spectaculaires, pour se consolider et gagner son profil propre dès qu'une grande chance ou un défi se présentent.

Contrairement à la liberté d'autodétermination, l'espace de jeu et la signification de la liberté du choix qui naît des réflexions de pondération sont compatibles avec le principe de conséquence. Néanmoins, cette liberté elle aussi doit être comprise dans la même démarche de compréhension qui porte sur le lieu de la liberté dans la dynamique de la vie consciente, de même que toutes les deux ont aussi une influence sur la préparation et l'amorcement d'actions. Nous ferons par la suite quelques remarques sur ce point.

Pondérer la force d'attraction de motifs à travers la réflexion et placer, à travers l'autodétermination, notre propre vie sur une trajectoire présuppose au même titre une certaine distance par rapport aux impulsions qui, par elles-mêmes, ont tendance à se transformer en des actions réelles. De ce point de vue, il s'agit d'une seule et même sphère à l'intérieur de laquelle des motifs pondérés deviennent efficaces comme raisons d'agir et dans laquelle une possible perspective de vie devient, grâce à l'autodétermination, une vraie pratique de vie. Cette distance est tout aussi essentielle à l'homme en tant qu'acteur conscient que la double orientation de sa vie sur l'ouverture du monde et la compréhension de soi. Il ne peut y renoncer ou les perdre, à moins de se perdre soi-même. Mais il peut aussi les augmenter, modifier ou stabiliser par intérêt pour la réflexion intelligente ou en vue de la préservation d'une vie autodéterminée. En préservant une | attitude 347
essentielle à l'homme pour laquelle le sens de la liberté d'autodétermination est essentiel, les deux facteurs seront à l'œuvre de façon différente mais en liaison l'un avec l'autre.

Cela correspond au fait que même une réflexion visant uniquement à pondérer des motifs peut s'appuyer sur une condition préalable – à savoir celle de laisser place à une telle réflexion et d'éviter d'y intervenir à travers une réflexion d'un tout autre type qui ferait entrer en jeu d'autres orientations de vie possibles. C'est pourquoi on peut comprendre la rationalité du choix préférentiel comme tel et l'effort de le laisser démarrer sans entrave comme rendus possibles par la décision en vue d'une orientation de vie; que ce soit à travers une autodétermination qui nous amène à nous abandonner tout entiers à la réflexion du choix préférentiel dans toutes les situations qui paraissent risquées d'une façon ou d'une autre, ou qu'il s'agisse même d'une volonté également autodéterminée dans laquelle notre propre vie est fondée tout entière sur l'intérêt du succès bien calculé. Avec une telle décision, l'homme se serait pourtant soustrait à une exigence fondamentale de sa conscience morale, en privant sa vie ainsi d'une dimension essentielle de sa subjectivité. Mais sous un autre aspect et dans beaucoup de situations précaires, la préservation de la rationalité du choix préférentiel peut également être comprise comme l'accomplissement de l'exigence morale d'une maîtrise de soi.

Il faut avoir envisagé de telles complications afin de pouvoir expliquer pourquoi un si grand nombre d'auteurs l'ont trouvé plausible de favoriser une thèse si ouvertement en contradiction avec l'autocompréhension de l'homme dans son agir – c'est-à-dire que la liberté de l'homme ne peut pas

du tout être distinguée de la liberté qui consiste à laisser déterminer son agir
348 par des raisons dont | il a reconnu la force de motivation à travers sa propre réflexion. La plupart de ces auteurs ont sans doute adopté cette position parce qu'ils pensent devoir éviter un conflit théorique avec le principe de conséquence. Mais ils n'en ont la possibilité qu'à cause de l'illusion perceptive qui tend à confondre la liberté du choix préférentiel avec la dimension de la distance constitutive pour toute réflexion. À l'intérieur de cette distance, la liberté d'autodétermination et la détermination naturelle de l'agir rationnel surgissent au même titre, mais néanmoins dans un va-et-vient conflictuel. C'est précisément la raison pour laquelle la liberté d'autodétermination peut directement ou indirectement intervenir dans la liberté du choix préférentiel, fût-ce de façon souterraine, la plupart du temps en ayant déjà été à l'œuvre dans la structuration des situations dans lesquelles le choix préférentiel est censé se dérouler.

Nous avons ainsi poursuivi ces complications au point de comprendre pourquoi nous ne pouvons pas les développer ultérieurement dans le cadre de ces leçons. Elles nous amènent à considérer toute action comme le résultat d'une multitude de dimensions et de modes de compréhension entrelacés de la vie consciente. Elles nous entraînent donc dans une casuistique qui, à la fin, ne nous permettra pas de dériver de façon exhaustive et fiable une action singulière quelconque du mode et de la force des attitudes dont elles surgit. C'est pourquoi on peut, en dépit des apparences, poursuivre avec encore plus d'évidence le processus dans lequel une attitude se forme dans un homme. Mais les attitudes elles aussi peuvent entrer en relation et, tel un équilibre d'identité, être établies dans un rapport hiérarchique. Leur lien interne avec des images de soi et du monde complique leurs analyses encore d'un autre point de vue. Mais le champ propre de
349 l'investigation de la dynamique de la | vie consciente est précisément centré sur ce contexte, investigation dont le thème fondamental qu'est la subjectivité doit conjuguer la démarche méthodique de la philosophie transcendantale et l'idée directrice de l'analyse de l'existence.

La position de la conscience morale dans l'ensemble de la dynamique de la vie consciente aurait elle aussi besoin d'un éclaircissement ultérieur. De toute façon, il sera évident que précisément l'emphase avec laquelle s'annonce son exigence dans cette dynamique doit renforcer la conscience que dans la liberté du choix préférentiel, le sens propre de la liberté ne peut pas être saisi et que les raisons qui déterminent cette dynamique ont dans leur ensemble un poids qui s'oppose à ce qu'on les réduise à des forces facticielles decoulant de la disposition génétique de l'espèce naturelle *homo sapiens*. Ainsi, l'évidence qui caractérise l'incommensurabilité des alternatives devant lesquelles la conscience morale se trouve placée possède une signification toujours éclairante pour toutes les dimensions de l'autodétermination de la vie consciente.

Si le sujet acquiert, grâce à la conscience morale, une significativité à laquelle il n'a pas accès dans une compréhension immédiate, cela doit entraîner une disponibilité à ouvrir la réflexion sur sa propre vie et son fondement à d'autres perspectives que celle du naturalisme. L'histoire culturelle de l'humanité foisonne de modes d'autocompréhension ouverts par de telles trajectoires. L'image scientifique moderne du monde a bien fourni des raisons permettant de considérer ces trajectoires comme désormais closes et de nous rappeler qu'en tout cas, on ne peut pas les poursuivre de manière irréfléchie. Mais c'est précisément par la science du XXe siècle – entre autres grâce aux théorèmes limitatifs qui la caractérisent – que nous sommes à nouveau encouragés et défiés à ouvrir à nouveau de telles trajectoires. Toute entreprise de ce type se réalise | dans l'intérêt des **350**
hommes dont l'autocompréhension inclut leur autodétermination, car même un sens de la liberté bien fondé suscite de plus en plus de doutes s'il se trouve opposé à une conception naturaliste du monde sans être à son tour susceptible d'être intégré dans un contexte au moins tout aussi vaste.

Néanmoins, il nous faut toujours souligner que l'inverse est vrai aussi : la distinction entre l'autodétermination et le choix préférentiel ne rend pas l'interprétation naturaliste de la vie humaine impossible, et ce, en incluant non seulement notre capacité de réflexion mais aussi celle de l'autodétermination que nous devons réclamer pour nous-mêmes. Car il ne peut y avoir de démonstration qui prouve de façon cohérente que la liberté d'autodétermination est une réalité, c'est-à-dire qu'on ne se réclame pas d'elle uniquement en vertu d'une apparence imaginaire faisant partie de l'essence de l'homme. C'est pourquoi on peut toujours argumenter que la direction qu'une vie va suivre est, en dernière analyse, toujours déterminée par un mode de causalité qui lui échappe et qui ne fait qu'agir dans et à travers l'apparence de ses décisions. Le principe d'autodétermination ne se laisse pas traduire en l'idée de ce qui est propre à chaque homme singulier et suggéré par son caractère naturel. Mais le principe de conséquence déterministe peut aussi réinterpréter cette auto-expérience par des hypothèses neurologiques sur la formation du comportement. Les situations dans lesquelles nous expérimentons une mise en œuvre de l'autodétermination se laissent interpréter, sur le plan microphysique, comme des changements de programmation autorégulés de l'état d'un système, dans lesquels peut en outre intervenir un générateur de hasard intégré. Ainsi, il reste donc toujours possible que l'homme comprenne sa vie consciente, y compris ses illusions de liberté, comme un "tu dois" qui lui est imposé.

351 | Or, nous avons vu que dans la constitution et dans la dynamique de la subjectivité même est fondée cette même tendance à s'exposer consciemment à un tel soupçon et à intégrer cette constitution dans l'image de son monde qui est fondée sur la précision accrue de référence. Le principe de conséquence déterministe, que tout homme peut formuler dans la pensée, lui en donne le moyen le plus approprié et le plus efficace. Une fois qu'on a compris de quelles sources surgit nécessairement ce soupçon envers soi-même, cela n'affaiblit précisément pas la possibilité de nous confirmer, malgré lui, dans notre possession et notre tâche d'autodétermination, mais renforce au contraire les raisons en sa faveur, et ce, d'une façon décisive pour la démarche argumentative philosophique.

Cependant, les raisons qui nous ont amenés à la détermination d'un concept de liberté finie ne nous permettent pas de déduire un pathos héroïque de la liberté. Car la liberté d'autodétermination reste elle aussi intégrée dans la dynamique d'une vie qui surgit de son fondement et qui pour cette même raison n'en est pas maîtresse, mais peut tout au plus lui correspondre.

L'homme sait d'ailleurs par lui-même et en amont de toute philosophie que la liberté n'est pas un sujet qui pourrait être placé au-dessus de toutes les controverses. Mais celui qui a compris pourquoi il en est ainsi et pourquoi les controverses et les doutes au sujet de la liberté trouvent un écho en lui, ne sera pas par la suite plongé dans la même incertitude et la même confusion qu'auparavant.

9. LIBERTÉ ET COMPRÉHENSION DE SOI

Nous sommes désormais parvenus au point de pouvoir relier nos réflexions sur le concept de liberté au thème de la première partie de cette
352 leçon. Nous avons examiné le concept de liberté | à partir de la conscience de soi de la personne dans ses modes d'agir. Nous avions montré au préalable le lien entre les concepts ontologiques formels d'unité et de singularité. C'est dans ce contexte qu'il faut aussi chercher la condition de compréhensibilité d'un investissement de sens de la vie consciente, qui ne saurait ni être institué par cette vie elle-même ni lui être conféré de l'extérieur. Cependant, c'est en lui qu'il faut désormais intégrer le sens de la liberté auquel nous sommes parvenus.

C'est pourquoi nous répétons un argument-clé sur le chemin vers sa fondation : si la liberté d'autodétermination existe, qui est présupposée le

plus clairement dans la conscience morale, alors elle n'est pas une propriété qui se réalise dans des situations d'action singulières. Elle se réalise dans un processus qui mène à la fondation d'un *mode* d'agir. Et l'agir dans des situations d'action singulières est libre dans la mesure où il occupe une place dans le processus de construction successive, de consolidation et de confirmation réitérée d'un mode d'agir, place qui se distingue d'une routine utile en tant que mode de vie ou tendance de vie. N'est donc pas libre la décision de faire ou de ne pas faire ceci ou cela, qui est d'actualité à ce moment précis, mais de s'approprier, à travers une telle action, un certain mode d'agir et de vivre en lui, donc d'exister, par rapport à lui, d'une certaine façon ou autrement. Une décision à partir de la liberté nous place donc dans une perspective de vie. Si cette décision n'a pas été prise de manière seulement provisoire, de façon à pouvoir être révoquée à la prochaine occasion, elle se répercutera sur tout le mode d'agir d'une personne, aussi petit que soit le domaine qu'elle concerne immédiatement et aussi grand que soit le nombre de situations de décision orientées différemment. La réalisation d'une véritable autodétermination modifie également de loin d'autres actions et a une influence sur d'autres décisions fondamentales dans des domaines d'action différents. On | peut exprimer 353
cela aussi de la manière suivante : la liberté est une propriété dont le résultat immédiat est la formation d'un caractère, et à travers celui-ci seulement la réalisation d'actions. La liberté présuppose donc la continuité du sujet et l'orientation de la personne sur un équilibre d'identités. Cela ne signifie pas que la liberté ne se réaliserait que dans l'instauration de l'identité sur laquelle la norme morale nous a ouvert une perspective. Dans le domaine moral aussi, la plupart des hommes parviendront à un équilibre d'identités dans lequel il y a une place pour une indifférence au moins modérée à l'égard de certains domaines de leur propre intuition morale. Mais l'usage de la liberté et la continuité de l'être-soi sont inséparables. C'est ce résultat qui nous permet d'intégrer le concept de liberté d'autodétermination dans la relation entre l'ontologie de la singularité et la dynamique de la subjectivité.

Nous avons rappelé à plusieurs reprises qu'un agir en liberté reste par définition incompréhensible. Si la façon dont la liberté se réalise pouvait être décrite et expliquée comme un processus physique et que l'on pouvait donc aussi calculer la façon dont se forme un caractère, ce qui serait connu de cette façon-là ne serait plus la liberté dont nous croyions parler. La liberté en général ne se laisse comprendre que dans la mesure où l'on réussit à éclaircir sa position dans un contexte. La comprendre (et non seulement la définir) *signifie* précisément comprendre sa position dans son contexte.

Concernant le lien entre la formation d'un mode d'agir et son intégration dans des formes de réalisation générales de la subjectivité, un tel contexte a déjà commencé à s'esquisser. Il s'élargira et s'approfondira à mesure que nous y intégrerons les idées à travers lesquelles le sujet va au-delà des limites du connaissable. En élaborant certains concepts d'une ontologie formelle alternative, nous avons déjà projeté une première esquisse d'une
354 telle | idée. Ces leçons, qui ont pour thème la subjectivité, n'ont pas l'intention d'aller au-delà du minimum d'une "métaphysique" qui résulte d'une pensée extrapolante.

Plus on a vu clairement que la liberté d'autodétermination est intégrée dans des situations d'agir richement structurées, moins elle peut être pensée comme une puissance d'autogénération ou d'auto-autorisation. Etant donné qu'elle trouve sa place dans un tel contexte, comment pourrait-elle encore ne devoir sa réalité qu'à elle-même ? Si une telle liberté existe, elle doit donc avoir un fondement. Cette réflexion à elle seule suffit déjà à chercher la localisation de la liberté dans le contexte d'une ontologie alternative. De toute façon, il faut partir de l'idée qu'un fondement de la liberté au sens des explications courantes, et en particulier causales, ne peut en aucun cas être pensé par nous. L'existence d'une liberté qui présuppose un fondement serait une contradiction ouverte si l'on ne disposait pas d'un autre concept de fondement que celui du langage quotidien. Et la liberté ne serait donc même pas localisable dans des idées d'un tout si l'on n'employait pas, fût-ce de manière implicite, une pensée extrapolante.

L'économie de ces leçons était basée sur la thèse de l'incompréhensibilité du centre de la subjectivité qu'est la connaissance de soi. Cette incompréhensibilité a pour conséquence que la vie consciente, qui prend son point de départ dans la connaissance de soi, est inquiétée par elle-même. C'est ainsi que sa propre constitution l'entraîne dans un processus d'autocompréhension dont l'urgence est encore rendue plus pressante par le fait que cette vie est exposée aux vicissitudes de son existence physique et sociale et qu'elle se trouve impliquée dans les tensions ultérieures qui naissent de la dynamique de sa conscience morale. Il est évident que
355 l'incompréhensibilité de la forme fondamentale du | sujet et la dynamique de son autocompréhension touchent immédiatement aussi la conscience de la liberté car elles font surgir d'elles-mêmes des doutes et des questionnements sur le sens et la réalité de cette liberté. Et le sujet sait à son tour que toutes les réponses à de telles interrogations le déterminent lui-même ultérieurement. Les recherches qui partent des deux concepts fondamentaux de sujet et de liberté s'uniront donc dans un seul mouvement de questionnement. Celui-ci sera du plus grand intérêt théorique, mais surgira

de la même impulsion qui nous avait déjà entraînés dans le mouvement d'autocompréhension de la subjectivité.

Il faut postuler la liberté là où il s'agit de décider d'une direction fondamentale de l'agir, qui place la vie tout entière dans la perspective d'une orientation fondamentale, et là où une telle décision continue de se former et d'exercer son influence. Ce positionnement de la liberté se laisse expliquer une nouvelle fois à la lumière de la dynamique propre à la subjectivité. Celui qui croit être parvenu à la connaissance de la vanité de la vie arrive peut-être aussi à une orientation de la vie qui se soustrait à la norme morale fondamentale et à tout ce qui est objectivement important. Cette décision ne résulte pas nécessairement d'une telle intuition, mais elle peut se comprendre comme étant en accord avec elle. Cette décision elle aussi est libre comme n'importe quelle autre et ne peut donc pas être expliquée comme une perte de liberté, quoiqu'elle constitue bien une perte en un autre sens. Tout en s'inscrivant dans une perspective qui surgit nécessairement dans la vie consciente, elle se défend contre des possibilités qui sont elles aussi fondées dans cette vie et dont la réalisation l'amène à une connaissance approfondie d'elle-même. Ainsi, la violation de la norme fondamentale ne doit pas être comprise à partir d'une perte de liberté, mais d'une perte de soi-même. Elle n'entrave pas plus la liberté de l'homme
qu'elle n'élimine sa | subjectivité. Mais elle fait obstacle à son autocompré- 356
hension intégrale et à une réalisation de la subjectivité dans la totalité de sa dynamique propre. Ce diagnostic exprimé dans un langage moderne correspond à la doctrine ancienne selon laquelle ce qu'on appelle le mal surgit d'un endurcissement et d'un sous-développement de la vie intérieure de l'homme.

La raison pour laquelle il faut présupposer un fondement pour la forme du sujet doit s'appuyer sur une autre argumentation que celle qui concerne le fondement dont surgit la liberté. Le sujet se tient dans une connaissance de soi. Ainsi, il ne peut y avoir de doute sur la réalité de l'autoconscience. Il est seulement impossible de comprendre comment ce type de connaissance, le plus central de tous, est construit et comment il a pu naître. La liberté de réflexion est également un fait indubitable. L'autre liberté en revanche, celle de l'autodétermination, n'est *que* présupposée. Sa facticité ne possède donc pas le même degré de certitude que la connaissance de soi. Mise à part cette différence, les deux, l'une comme l'autre, sont soustraites à la compréhensibilité. On ne peut pas s'expliquer et expliciter de quelle manière se réalise la relation à soi dans l'autodétermination de la volonté. À moins de vouloir écarter d'emblée la présupposition que les personnes font spontanément, on assume la réalité d'une relation à soi qui partage avec la relation à soi dans la connaissance, dans laquelle se déroule la vie de l'homme, cette même incompréhensibilité. De ce point de vue, la présupposition de la liberté d'autodétermination, qu'aucune preuve ne saurait confirmer, se trouve non seulement dans une relation réelle mais aussi dans une correspondance formelle avec un fait incontestable. Cela peut réduire l'impression d'inéluctabilité, qui amène bien des personnes à conclure de l'importance général du principe de conséquence à l'affirmation selon laquelle la liberté d'autodétermination serait impossible et qu'il faudrait écarter cette idée même à cause de son incohérence.

357 | Le fondement de la liberté est sans doute, d'un côté, le fondement réel qui fait en sorte qu'elle existe. Nous avons tout aussi peu d'intuition de ce fondement-ci que du fondement de la subjectivité. De l'autre côté, il est, selon la signification primaire du mot allemand "Grund", la fondation, le sol sur lequel la liberté subsiste et peut se réaliser. Le projet d'une ontologie extrapolante qui, en vertu de sa constitution méthodique, ne peut développer cette idée de fondement que dans une approximation, met l'accent sur cette deuxième signification. C'est grâce à elle que la liberté peut être localisée dans le cadre plus vaste d'un tout encore plus grand : la liberté d'autodétermination est une réalisation qui a sa place à l'intérieur de la dynamique globale par laquelle le sujet se déploie dans sa singularité.

Dans la première partie de cette leçon, l'idée de singularité a été expliquée au sens qu'on peut lui donner à partir d'un concept alternatif de totalité. Les singuliers se caractérisent par des processus de déploiement différentiant vers l'intérieur et leur autoconservation dans la relation vers l'extérieur. L'autoconservation tire sa force de l'autodifférenciation à travers laquelle l'identité du singulier se maintient et se spécifie ultérieurement. Qu'il faille les caractériser ainsi résultait du fait que grâce à de telles propriétés, ils correspondent en tant que singuliers et donc en tant qu'être finis, en vertu de leur constitution, au fondement du tout auquel ils appartiennent en tant que finis. Les personnes, en tant que sujets, doivent être comprises comme des singuliers en ce sens.

Il n'y a aucun chemin qui nous permettrait de parvenir à une explication de la constitution de la subjectivité à travers une *dérivation* qui prendrait son point de départ dans cette idée alternative de singularité. Nous ne pouvons qu'*interpréter* ce que nous savons de la subjectivité à partir de
358 l'idée de singularité. Cela n'a rien d'étonnant, étant donné que | nous avons introduit les idées d'unité et de singularité en vue de l'explication de ce que la subjectivité présuppose dans la démarche même de son autocompréhension. Le point central absolument primordial de toute connaissance est toujours situé dans la connaissance que la subjectivité a d'elle-même. La

démarche d'explication de ce qu'elle présuppose elle-même ne peut pas non plus éliminer cette position centrale. En revanche, le sujet lui-même doit se positionner dans le cadre de cette localisation qui est la sienne et donc essayer d'entrer dans un processus de compréhension de soi-même par soi-même dans ce contexte même.

Ainsi, il acquiert la possibilité de penser sa propre vie comme impliquée dans une médiation de sens. Celle-ci part de l'unité du tout, comprend les singuliers finis et atteint ainsi les singuliers qui sont des sujets et dont la singularité se réalise dans la dynamique de leur vie consciente.

Les moments fondamentaux dans l'idée ontologique formelle de la singularité des êtres finis sont leur autodifférenciation et leur autoconservation. Ces deux aspects semblent s'exclure mutuellement, alors qu'ils ne sont que les deux côtés d'un même processus. La différenciation ne résulte en effet pas de la répulsion mutuelle d'instances différentes qui se constitueraient ainsi comme indépendantes. C'est au contraire la différenciation qui rend l'autoconservation effective car, étant donné que les différences sont maintenues ensemble dans l'union du singulier, leur accroissement accroît du même coup l'indépendance de celui-ci et sa capacité à s'autoaffirmer contre ce qui lui est étranger. Sous cette forme conceptuelle, on ne parle pas du tout de connaissance ni de connaissance de soi et elle semble de prime abord plus à même de décrire des processus de formation de systèmes naturels ou sociaux.

On peut cependant mettre en relation les moments ontologiques formels avec des traits fondamentaux dans le processus de la subjectivité. C'est cette mise en relation sur la base de laquelle le processus de la subjectivité peut être intégré dans le cadre de l'ontologie formelle | révisionnaire. 359
Le sujet est un singulier dans la mesure où il se différencie de façons multiples dans la dynamique de la subjectivité, et qu'il s'auto-affirme comme lui-même à travers les processus de cette différenciation. Son autoaffirmation est inséparable de sa protention incessante vers son autocompréhension. La liberté d'autodétermination en tant que liberté de décider d'un mode de comportement et de vie a sa place à l'intérieur de cette autocompréhension.

Dans une rétrospective sur les développements des leçons précédentes, nous pouvons spécifier encore davantage la mise en relation des modes de réalisation de la subjectivité avec le concept alternatif de singularité. Chaque sujet singulier est constitué par et centré sur la connaissance de soi. Cette connaissance est le centre d'organisation fixe de son accès au monde et aussi du projet de nouvelles conceptions du monde. Il est également le point de référence à partir duquel s'organisent les formations d'identités que la personne doit construire dans son agir à l'intérieur du monde. Le rapport de ce processus à la forme fondamentale de la subjectivité est encore renforcé par le fait que la subjectivité s'articule comme conscience morale car dans cette conscience, la personne se sait soumise à l'exigence d'une formation pratique d'identité, qui exprime de façon plus approfondie ce qui constitue sa subjectivité. La conscience morale elle aussi est soumise à un processus de déploiement progressif, dans lequel les dilemmes qu'elle engendre finissent par se mettre en équilibre. Ce processus global complexe dans toutes ses dimensions, y compris toutes les tensions qui naissent en lui, est pénétré de part en part de la connaissance de soi du sujet et fondé en elle. Nous avons vu que la liberté que la conscience morale présuppose avec la plus haute évidence a le caractère d'un processus. C'est d'elle que surgit la formation de modes d'agir conçus à long terme, qui doivent se confirmer dans leur continuation et être reliés les uns aux autres.

360 | Ce processus global est d'emblée orienté sur une autocompréhension. Le sujet sait qu'il n'est pas fondé en lui-même et que son fondement lui reste soustrait. Etant donné que ce fondement ne peut pas faire partie du monde auquel il a accès, le questionnement à rebours en direction de ce fondement s'accompagne de la protention vers un autre type de tout que celui qui constitue son monde. Il en résulte l'ouverture de la pensée à des concepts alternatifs du monde au-delà des limites de la connaissance, donc à ce qu'on a l'habitude d'appeler transcendance.

L'impulsion qui motive l'autocompréhension est souvent intensifiée et exigée d'une façon nouvelle. Dès le début, elle se trouve dans le conflit entre la perspective de devoir considérer notre propre vie comme dépourvue de signification métaphysique et la possibilité de la voir placée sous une affirmation de sens qu'elle ne doit ni à elle-même ni aux autres. Dans des moments d'expérience singuliers, dont nous avons parlé dans la deuxième leçon, de telles perspectives peuvent être validées, mais aussi démenties. L'écroulement d'une formation d'identités et le besoin de la conscience morale de ne pas considérer le monde moral comme dépourvu de cautionnement par un principe du monde plus général intensifient eux aussi la tendance à parvenir à un bilan de vie stable. La façon dont un homme comprend en dernière analyse la liberté sera également influencée par les évidences qui se sont préformées en lui en vue de l'un ou l'autre bilan de vie. Personne ne peut s'affranchir de la nécessité de présupposer la possibilité d'une autodétermination fondée dans la conscience morale. Mais la façon dont la personne saura intégrer cette pensée dans son concept de vie peut avoir une influence sur la façon dont elle use de sa liberté. Cela peut aussi faire une différence pratique que quelqu'un se considère comme

le créateur de soi-même, qu'il se sache institué dans une vie avec une liberté finie ou qu'il considère sa réflexion et | sa décision comme une instance 361
médiale à travers laquelle des conditions préétablies produisent des effets tout aussi préétablis. À l'inverse, un mode de comportement qu'un homme a choisi d'adopter et qui se confirme en lui modifiera sa disposition à accepter pour vraie la conclusion d'une théorie, aussi bien fondée soit-elle. Nous nous sommes efforcés de projeter l'esquisse de l'idée d'un tout dans lequel on ne peut pas seulement intégrer la conviction de la réalité de l'auto-détermination, mais aussi un bilan de vie affirmatif qui puisse être justifié à partir d'elle. Ces idées devraient être organisées de telle façon qu'elles suivent les présupposés fondamentaux de la pensée moderne : la médiation de sens devrait passer par ce que la personne comprend à partir d'elle-même et donc sur elle-même, le présupposé de liberté devrait être fondé et il ne devrait pas être nécessaire de contester que le chemin de la vie consciente soit marqué par des ambivalences et des antinomies qu'aucune connaissance scientifique ne fera disparaître. En développant cette suite d'idées, il nous a fallu tenir compte de beaucoup d'évidences auxquelles la subjectivité peut parvenir par rapport à elle-même. Néanmoins, nous n'avons pas pu réclamer la vérité de la conception d'un tout dans son ensemble, dans lequel il faudrait intégrer la subjectivité. Cela serait incompatible avec la thèse fondamentale selon laquelle il n'y a pas de connaissance fiable qui remonterait en deçà de l'évidence de départ du sujet dans la connaissance de soi. Le bilan de vie ne peut être tiré que de la vie consciente *elle-même*. C'est pourquoi aucun philosophe n'a le droit de vouloir démontrer à une personne désespérée qu'elle est victime d'une erreur de pensée. Moi, pour ma part, je n'aurais sans doute pas poursuivi cette conception si je n'avais pas au moins l'espoir que ce qu'elle poursuit puisse se vérifier dans une vie, c'est-à-dire dans notre propre vie.

| Si l'on assume une fois la perspective qui s'ouvre à partir d'elle, il faut 362
dire encore une chose à propos de la vie qui se termine dans le désespoir : il faut bien se garder de l'importuner avec des argumentations. Mais à partir de notre propre expérience de vie, nous avons toute raison d'apprécier la vie du désespéré autrement que celui-ci ne serait capable de le faire. Car sa vie elle aussi vient du même fondement qui rend possible et continue d'animer toute subjectivité. Le bilan qu'il tire sur soi-même entre nécessairement dans l'horizon de celui-ci, en vertu même de la constitution de la vie consciente. Et ainsi, tout le monde l'envisage au fond comme un bilan possible, c'est pourquoi même une vie désespérée ne saurait être considérée comme totalement perdue.

La conception dans la perspective de laquelle nous nous plaçons a lié le fondement dans le sujet à l'idée d'un singulier qui à son tour est intrinsèquement lié au tout de son origine. Un tel concept alternatif à lui seul n'exclut pas encore de façon définitive une explication naturaliste de la vie humaine : on pourrait citer bon nombre d'exemples historiques, à commencer par quelques variantes du spinozisme. Mais cette conception est également une condition préalable pour qu'on puisse penser une médiation de sens dans un contexte continu qui va de la constitution du tout jusqu'à la constitution de la vie consciente. La possibilité de pouvoir penser une telle médiation est l'une des raisons principales de courir les risques qui sont toujours liés à une telle trajectoire de la pensée. Mais c'est à partir de cette médiation également qu'on peut conclure que même la vie désespérée reste placée sous le signe d'une telle affirmation de sens. Elle-même accomplit la négation universelle du sens de la vie, c'est pourquoi elle doit penser que la vie qui, au milieu de son propre déclin, continue de s'accrocher à une affirmation de sens n'est que l'auto-illusion d'une personne
363 angoissée. Mais celui qui se trouve lui-même | dans la situation d'une affirmation de sens considérera aussi la vie désespérée comme comprise dans la totalité de sens à partir de laquelle il croit se comprendre soi-même. Et il en percevra d'autant plus clairement les indices dans la vie de la personne désespérée qu'il aura lui-même été entraîné au moins une fois, au cours de sa vie, dans la perspective de la négation de tout sens de la vie.

Il en découle une autre conséquence que nous avons déjà esquissée plus haut : une vie confirmée selon la norme morale ne se distingue pas de la vie d'un malfaiteur en ce que l'une serait le lieu de réalisation d'un événement de sens dont l'autre serait déchue. La vie consciente peut être maîtrisée à des degrés différents : elle peut tomber dans une torpeur, être dérangée et s'obstiner dans l'égarement. Mais puisqu'elle se déploie toujours à partir de et sur la base du même fondement, elle ne peut pas ruiner son statut au point de perdre complètement son affirmation fondamentale et ses titres de droit. Une telle intuition devrait être aussi à la base des discours contemporains sur la dignité de l'homme, qui, ne s'appuyant plus guère sur des pensées profondes, paraissent si souvent impuissants et ampoulés.

Nous pouvons encore nous demander si éventuellement tout bilan de vie doit passer par l'usage de la liberté. Un tel bilan de toute une vie se distingue de ces moments de grandes intuitions, qui surviennent brusquement et qui ne cessent de poursuivre un homme pendant toute une vie. Il doit être tiré par l'homme lui-même, et ce, dans un long processus de formation et de confirmation. Il sera cependant précédé de décisions qui ont besoin d'une autodétermination libre. En fait partie la décision de

s'exposer à l'expérience de dimensions de la vie permettant d'accroître la connaissance de soi et la possibilité d'une compréhension de soi. Cette
décision va à l'encontre de l'inertie figée | dans la superficialité de l'habi- 364
tude et ne peut être prise que dans l'anticipation d'une vie qui est parvenue à des pensées ultimes sur elle-même. Elle remplit les conditions d'un acte de liberté comme autodétermination, dont nous avons parlé. Et de la même façon, on peut prendre la décision de faire attention aux amorces d'une formation d'un bilan de vie.

Un bilan de vie ne peut être accepté à travers une décision. Il ressemble toujours à ces moments d'intuition singulière en ceci qu'il se révèle successivement à l'homme, sans pouvoir être pour autant le fruit de son effort. Ainsi, il a finalement quelque chose en commun avec la simple conscience de soi avec laquelle les sujets viennent à l'existence, sans pouvoir y parvenir par eux-mêmes.

Cela nous ramène à l'idée que le fondement de la subjectivité est autre chose que la causation d'un design à réalisation automatique. L'usage de la liberté est *intégré* dans la dynamique de la subjectivité. Elle fait essentiellement partie de la vie consciente, mais elle ne la constitue pas dans sa totalité, ni ne définit son but. Ce à quoi cette vie parvient ne se laisse donc ni comprendre comme un acte de liberté ni comme quelque chose auquel elle serait contrainte. En dernière analyse, il ne pourra être compris qu'à partir de cette unité à partir de laquelle et dans laquelle surgit toute singularité et donc aussi les sujets. Poursuivre cette idée signifierait cependant entrer dans une démarche de réflexion encore plus large de la pensée extrapolante, qui reprendrait à son compte bien plus de ce qui avait autrefois donné au terme technique “métaphysique” son intonation solennelle.

Chaque vie peut être interrompue par une catastrophe physique, avant même qu'on puisse penser qu'elle soit parvenue au terme d'une autocompréhension stable. Mais nous ne savons pas à quel degré ce qui ne pourrait normalement se révéler à elle que dans une intuition grandissant successi-
vement | se révèle déjà précisément dans une telle catastrophe. La philo- 365
sophie, en tout cas, doit s'efforcer d'élaborer une démarche réflexive qui permette de comprendre et de dire aux hommes qu'aucune vie n'est tout à fait perdue, aussi fortement que les catastrophes du siècle dernier puissent sembler suggérer le contraire.

| POSTFACE 367

1.

En m'invitant à donner ce cycle de leçons devant un public universitaire général, on a souhaité que je développe une perspective sur des problèmes philosophiques qui se posent à la conscience moderne avec une insistance particulière. J'ai essayé de répondre à cette attente par le choix des thèmes et la construction de l'argumentation. La discussion sur la conscience morale, sur l'intersubjectivité et sur le sens et la réalité de la liberté sont de tels thèmes. Ils font tous partie du domaine plus vaste de la philosophie pratique et sont en même temps des sujets qui suscitent le plus rapidement l'esprit moderne caractérisé par la mise en question et l'écartement d'illusions, soit sous forme de scepticisme, soit comme matérialisme philosophique. Les leçons développent ces thèmes à partir de l'autoconscience de l'homme, mais aussi avec une attention incessante aux motifs qui animent une telle remise en question. La question kantienne sur l'origine et la possibilité du doute de la stabilité de l'orientation de notre propre vie en fait toujours partie, et donc la tâche d'une explication pourquoi ces doutes qui assaillent la vie des hommes ne peuvent jamais être réduits au silence.

Déjà ma thèse d'habilitation portait sur le sujet "Conscience de soi et moralité". Je ne l'ai pas publiée car j'avais vite compris que, ayant à l'époque entre vingt-cinq et trente ans, je ne pouvais qu'élaborer la position du problème et sa signification pour Kant et la philosophie postkantienne, mais que je n'étais pas encore | à la hauteur de traiter la problématique elle- 368
même dans toute son ampleur. Je manquais alors d'une position ferme qui ne s'acquiert qu'à travers une explication personnelle de la conscience de soi et un diagnostic de la situation du problème lié à une telle explication. Les deux premières leçons résument les traits fondamentaux de la position à laquelle je suis parvenue par la suite. Les trois leçons suivantes font

comprendre jusqu'où j'espère être allé dans l'élaboration de ses conséquences.

2.

L'essai sur la liberté dans la cinquième leçon était censé montrer que ce problème qui, au cours des millénaires, n'a guère pu être approfondi et certainement pas être résolu, ne peut s'aborder, même sous sa forme la plus élémentaire, que si l'on revient à une orientation philosophique fondamentale. J'ai essayé de montrer qu'un tel sens de la liberté se laisse développer à partir de la dynamique de la subjectivité. Une autre liberté, qui dépasse le phénomène aussi indéniable que non exhaustif de la liberté au sens quotidien, à savoir l'indépendance dans la réflexion, a donc sa place dans la conduite de vie, là où, comme on pourrait le penser, la contrainte irréfutable d'un "tu dois" fondamental est expérimentée avec la plus grande force. Mais c'est précisément ici que se montre le plus clairement la relation entre la conviction de la réalité de la liberté et la force de conception dans la conduite de vie de l'homme. Je pense que, de cette manière, les pensées sur la liberté de Kant, mais aussi de Hölderlin peuvent être développées sous une forme plus appropriée au monde contemporain (sur Hölderlin, *cf.* mon article "Hölderlins philosophische Grundlehre", dans *Anatomie der Subjektivität*, édité par Th. Grundmann *et al.,* Francfort-sur-le-Main, Suhrkamp, 2005).

369 | Je ne prétends pas pour autant avoir résolu le problème de la liberté. Mais je pense effectivement que cette perspective ne saurait être ignorée dans le débat actuel sur ce problème, qui est redevenu si vif. Je pense par ailleurs aussi qu'elle est utile à éclaircir et à reconstruire un débat important sur la liberté qui s'est développé vers 1790, à la suite de l'œuvre de Kant, et de comprendre les difficultés que Kant n'a pu élaborer sur la base de sa propre position. En développant mon argumentation, j'ai toujours eu devant les yeux aussi ce débat historique. Qu'il n'ait toujours pas fait l'objet d'un travail de recherche approfondi est certes motivé par la situation intriquée du problème, dans laquelle on se trouve toujours et nécessairement dès qu'on entre dans une discussion sur la liberté.

Je m'approprie la position fondamentale kantienne selon laquelle la compréhension de la résistance du problème de la liberté contre toute solution théorique a des conséquences qui concernent la fondation de la philosophie dans son ensemble. Elles concernent à la fois le statut d'une connaissance fondée philosophiquement et le format du cadre qu'une conception philosophique doit élaborer. Les questions en vertu desquelles tous les hommes sont aptes à être entraînés dans l'activité du philosopher

sont des questions de vie et non seulement des tâches théoriques. La philosophie ne peut que rendre compréhensible comment une vie humaine parvient à une réponse à ces questions et comment ces réponses doivent être justifiées avec des arguments plus convaincants quoique non suffisants. Elle ne peut décider elle-même de la réponse, mais elle doit bien construire et fonder un cadre qui explique pourquoi un trait fondamental de la conscience de soi pratique des hommes implique des assomptions indispensables concernant une réalité, assomptions qui, tout en étant soustraites à la connaissance théorique, doivent néanmoins être considérées comme
susceptibles | d'être vraies. Il faut être conscient du fait qu'un tel but ne se **370**
laissera pas atteindre sans la fondation d'un équivalent de l'idée kantienne de la "chose en soi".

3.

La mise à l'épreuve de tout ce qui a une signification pratique pour la vie ne peut se faire que dans la pratique de la vie. Les leçons en tiennent compte en renonçant à vouloir trancher par une décision théorique le va-et-vient conflictuel entre une vision du monde fondée dans la subjectivité et les idées d'un matérialisme philosophique. Je pense que cela ne correspond pas seulement à la rationalité enracinée dans la vie humaine, mais que ce va-et-vient conflictuel et son ouverture principielle caractérisent aussi la situation de la philosophie dans la conscience moderne. Les leçons développent une perspective qui peut émanciper l'homme de la fascination et de la pression qu'exercent sur lui l'idée de la possible vérité du matérialisme qui, à son tour, a acquis une subtilité philosophique grâce à la physique du XXe siècle. Elles se placent elles-mêmes du côté de cette perspective, mais elles n'endurcissement pas leur option sous forme d'une thèse qui se présenterait comme la conclusion d'un programme de preuve théorique. De ce point de vue, elles essaient d'articuler à nouveau les lignes fondamentales de la doctrine des postulats de la raison développée par Kant et Fichte à la suite de Rousseau, pour les articuler à nouveau et les remettre à l'ordre du jour du débat actuel.

Un matérialisme fondé sur la physique du XXe siècle sera toujours aussi
une tâche et un défi intéressants pour les philosophes. À présent, | il exerce **371**
sa fascination sous la forme de programmes de recherches neurologiques qui donnent parfois origine à des conclusions aussi globales qu'exagérées. En 1965, quand le philosophe américain Thomas E. Hill a étendu sa répertorisation des théories de la connaissance à l'Allemagne, j'ai suggéré, vu la multitude innombrable d'options dans ce domaine, d'y inclure aussi la

neurologie, dans le but de la limiter et de la sublimer. Une connaissance plus précise des processus qui mènent à la formation d'une connaissance fondée sur la perception sensible pourrait peut-être contribuer à démêler le brouhaha des voix épistémologiques.

À cette époque, la recherche neurologique sur le cerveau n'avait pas encore offert de prise à une telle perspective. La psychologie elle aussi commençait à peine à dépasser la dominance du behaviorisme. Entretemps, la situation a beaucoup évolué, mais les espoirs eschatologiques des neurophilosophes de pouvoir bientôt résoudre, voire dissoudre les problèmes philosophiques fondamentaux, et avant tout ceux concernant la subjectivité, ne sont pas moins exaltés que le programme de l'homme machine développé autrefois par La Mettrie, même si ce programme peut paraître archaïque en comparaison avec les modèles actuels des processus neuronaux. Ces leçons ne pouvaient que traiter en passant quelques-uns des aspects particuliers sous lesquels on prétend aujourd'hui pouvoir réaliser ce programme.

4.

Le but principal de ces leçons consistait partout à développer ultérieurement la formation et l'application d'une philosophie de la
372 subjectivité à partir de la relation à soi | connaissante de l'homme. D'une part, elle était censée développer des idées qui naissent au sein de la dynamique de la vie consciente et qui peuvent la modifier. D'autre part, elles avaient pour objectif de réfléchir à des problèmes théoriques qui, comme tels, sont en même temps des problèmes de vie. Par rapport à cela, les questions de fondation avaient certes la fonction d'ouvrir l'accès à la problématique, sans toutefois être thématisées pour elles-mêmes.

Ces leçons n'approfondissent donc pas mes tentatives précédentes d'aborder d'un point de vue philosophique le fait de la relation à soi connaissante de l'homme, d'éclaircir, en tant que tels, les problèmes qui en résultent et, dans la mesure du possible, de les résoudre. Elles ne sont qu'intégrées dans une perspective plus large, en laissant également de côté les controverses qui naissent autour de ces problèmes.

C'est en partie à l'occasion de la rédaction de ma thèse d'habilitation susmentionnée et en partie dans le débat avec la philosophie de Wolfgang Cramer que j'ai pris conscience des difficultés dans lesquelles on se retrouve dès qu'on veut aborder la conscience de soi comme n'importe quel autre thème de la philosophie. Pendant les années 1950, il fallait avoir le courage d'accepter d'être marginalisé du point de vue philosophique pour considérer la subjectivité, notamment par rapport à la conscience de soi, comme le point de départ et le thème clé de toute activité philosophique. Le seul point sur lequel les heideggériens, les marxistes, les positivistes et les théoriciens du langage de toutes les couleurs tombaient alors d'accord, c'était précisément la nécessité de congédier une bonne fois pour toutes une pensée orientée sur la subjectivité, censée être à la fois obsolète et étrangère à vie réelle des hommes.

Mon chemin dans le monde anglo-saxon était, entre autres, motivé par l'espoir de trouver de nouvelles possibilités de traiter les problèmes sur lesquels je travaillais, possibilités qui ne devaient pourtant pas résulter dans
une trivialisation du sens | du sujet. Mais la philosophie analytique n'avait 373
pas encore réorienté ses intérêts du domaine de la théorie du langage vers celui de la philosophie de l'esprit. À part Sidney Shoemaker qui essayait de comprendre la relation à soi à partir des prémisses wittgensteiniennes, le seul collègue que j'aie trouvé et qui accordait à ces problèmes la même importance que moi était Roderik Chisholm. À Harvard, Robert Nozick se laissait convaincre par la suite que des tentatives de solution comme celles amorcées par Fichte n'étaient en tout cas pas d'emblée erronées et absurdes, mais que, à leur manière, elles rendaient justice à la situation du problème. En développant par la suite les thèmes concernant la subjectivité, j'étais néanmoins presque seul avec mes propres élèves. Plus tard, bon nombre d'entre eux se sont fait un nom avec des recherches sur ce sujet. Parmi ceux qui ont développé des argumentations et des positions propres sur le thème de la subjectivité, je voudrais mentionner ici Hans-Peter Falk, désormais atteint d'une maladie grave.

Concernant les développements, dans les deux premières de ces leçons publiées, de certaines questions de fondation, seule la mise en relief des deux perspectives inverses de la pensée, qui sont enracinées dans la conscience de soi, vont au delà de ce que j'ai déjà soumis à discussion à Harvard vers la fin des années 1970. En outre, étant donné que les leçons sont orientées sur des problèmes philosophiques qui sont, comme tels, aussi des problèmes de la pratique de la vie, les questions de fondation théoriques, qui se posent par rapport à la compréhension de la conscience de soi, restent presque toujours à l'arrière-plan. Il s'agit des mêmes questions qui renouent avec le passage central de la *Critique de la raison pure* de Kant, auquel j'ai consacré un ouvrage publié en 1976 qui s'intitule *Identität und Objektivität* (Heidelberg, Winter-Universitätsverlag). Kant a relié toutes les questions fondamentales de la philosophie à la conscience de soi dans
l'idée “je | pense”. Mais il avait aussi de bonnes raisons pour s'abstenir de la 374
tâche de comprendre lui-même cette idée de façon adéquate.

Celle-ci s'est avérée très complexe et a depuis servi de point de départ à des stratégies philosophiques aux profils très différents. Cette complexité a encore été augmentée, au siècle dernier, par le développement d'une sémantique philosophique qui se référait à son tour vaguement à Kant (surtout par Peter Strawson et Wilfried Sellars). Une philosophie qui se concentre sur le syndrome du problème lié à la conscience de soi doit essayer de comprendre le lien entre la connaissance de soi, les formes propositionnelles et le sens de vérité. Mais ces leçons présupposaient une position qui résiste à toutes tentatives d'expliquer la conscience de soi de façon sémantique, dans la mesure où celles-ci prétendent à l'exhaustivité et à l'autarcie, peu importe que la conscience de soi soit simplement censée coïncider avec l'usage grammatical de la première personne du singulier ou qu'elle soit reconduite, en dernière analyse, au sens de la personne à travers une forme compliquée de remontée sémantique. Les sujets possèdent une réalité *sui generis*, ce qui implique que leur inséparabilité de la personnalité exige une explication à part.

Il s'agit d'une réalité qui se forme elle-même dans des pensées et qui naît seulement dans la réalisation de la connaissance de soi. C'est pourquoi la connaissance de cette réalité n'est pas médiatisée par l'une des formes normales du rapport entre les pensées et la réalité. Bien qu'elle ne soit ni adéquatement ni complètement élucidée dans la connaissance de soi, son statut particulier explique néanmoins la nature cartésienne infaillible du noyau de toute connaissance de soi. Tout cela entraîne évidemment
375 une multitude de questions que ces leçons pouvaient laisser de | côté mais qui ont fait l'objet de quelques-uns de mes autres travaux. Ce que nos réflexions développent par rapport à la conscience morale, à l'être-avec essentiel et à la liberté est pourtant nécessairement lié à la fondation d'une telle position. C'est là un point que je ne voudrais pas manquer de souligner ici.

Si, depuis mon retour de Harvard, j'ai publié un grand nombre de livres mais aucun ouvrage consacré spécifiquement à la fondation d'une théorie de la subjectivité, cela est d'une part dû au fait que je devais me consacrer à d'autres travaux de recherche sur la philosophie allemande classique, recherches dont le financement par des moyens de subventions en rendait l'achèvement plus pressant. D'autre part, il faut reconnaître que nous avons pu assister à une multiplication rapide de tentatives d'explication de la part de la philosophie anglo-saxonne, et finalement j'éprouvais moi-même des difficultés à trouver la forme adquate pour un livre sur la subjectivité.

La vaste littérature publiée après le tournant vers la "philosophie de l'esprit" pourrait facilement nous amener à développer nos propres réflexions dans un renvoi constant à un entrelacs de modes d'accès disparats et de débats, souvent isolés les uns des autres, sur le problème de la relation à soi. Cet entrelacs est devenu tellement compliqué que jusqu'ici, personne n'a essayé d'en donner un aperçu argumentatif global – une tâche dont la réalisation devrait vite donner origine à une monographie volumineuse. L'autre difficulté n'était pas seulement plus ancienne, mais aussi plus grave. Elle me donne l'occasion d'ajouter une autre remarque sur le schéma de ce cycle de leçons.

5.

Comme nul autre fait qui donne lieu à des problèmes philosophiques de fondation, la relation à soi connaissante est inextricablement liée à des problèmes de vie de l'homme. | La réponse à la question de savoir comment **376**
il faut comprendre et interpréter le fait que l'homme possède une connaissance de soi a des répercussions immédiates sur les questions plus générales portant sur le degré et le mode de cette connaissance de soi. L'espoir d'obtenir des éclaircissements importants sur ces questions anime aussi l'intérêt pour ces problèmes de fondation. En outre, il motive toujours aussi la résistance contre une trivialisation facile de la relation à soi connaissante, qui estime pouvoir se considérer au-dessus de toutes ces conséquences.

Si cet espoir est justifié, alors les résultats d'une recherche sur la conscience de soi doivent entrer dans toutes les réflexions concernant la conduite et la compréhension de la vie de l'homme, et donc pas seulement dans la sémantique et la théorie de la connaissance, mais plus encore, pour n'en nommer que quelques-unes, dans la fondation de l'éthique et dans la théorie de l'art.

Les tâches de ces disciplines de la philosophie s'inscrivent dans des domaines bien précis. Mais dans le processus vital de l'homme, ce qu'elles ont pour thème est toujours étroitement lié à ce qui constitue le thème des autres disciplines. Plus leur champ de recherche sera compris à partir de la conscience de soi de l'homme, plus on s'apercevra d'un manque, c'est-à-dire du fait que ces disciplines ne sont pas développées dans un contexte qui correspond à celui qui relie leurs thématiques au sein du processus de la vie des hommes. La prestation qu'une théorie de la subjectivité est à même de réaliser ne se montre qu'à la lumière de ses conséquences. Ainsi, la crédibilité d'une philosophie qui part de la subjectivité et donc de la conscience de soi de l'homme devra toujours aussi se mesurer à l'aune de sa capacité à éclaircir et à expliciter ce processus.

377 | Mais la recherche philosophique ne peut pas procéder autrement que par argumentations et conclusions. Elle doit en permanence penser selon des alternatives et mettre à l'abri ce qu'elle croit être ses résultats, contre d'autres alternatives. Cela lui confère son caractère compliqué et l'oblige à réaliser sa problématique de façon linéaire. Mais celle-ci contredit la complexité dans la constitution du processus de vie qu'elle représente et par rapport auquel elle acquiert en dernière analyse sa force persuasive. C'est pourquoi la forme du livre qu'il faut étudier et examiner d'un bout à l'autre constitue nécessairement la forme normale et en même temps inadéquate de communiquer des intuitions philosophiques, notamment pour une théorie de la subjectivité.

On peut essayer de remédier à ce manque par une certaine mise en forme particulière. Les possibilités dans ce domaine sont multiples. Ainsi, on pourrait par exemple examiner d'abord les différentes dimensions de la subjectivité en vue de la façon dont chacune d'entre elles présuppose la subjectivité, développer ensuite les idées de fondation et terminer par un traité réunissant les thèmes dans une espèce de phénoménologie de la vie consciente. Le choix de n'importe lequel de ces modèles impliquerait cependant toujours le risque de devoir abandonner la tâche théorique au profit d'une tâche qu'on pourrait décrire aussi comme littéraire.

Cette difficulté révèle une limite réelle de la façon de communication philosophique qui distingue la philosophie de l'art et en particulier de la poésie. Dans l'œuvre d'art littéraire, la complexité de la vie est une évidence de départ qui gouverne tout. Plus l'œuvre y pénètre profondément et plus la façon dont elle la rend présente est prégnante, plus une telle œuvre pourra gagner en signification littéraire et humaine. Mais la philosophie
378 doit | s'articuler dans des arguments et devant des alternatives ouvertes. C'est pourquoi elle ne pourra pas prendre la forme d'une œuvre littéraire sans subir des pertes en tant que philosophie. Quelques grands auteurs, notamment Platon, ont créé leur œuvre dans la conscience claire du caractère indispensable de cette ligne de démarcation et dans la connaissance des restrictions qu'elle impose. Peut-être la forme de l'essai philosophique, qui renvoie toutefois à un grand nombre de recherches spécifiques, peut à présent constituer une sortie tout à fait provisoire de cette impasse.

6.

Dans ces leçons, les conséquences de cette difficulté se montrent dans le rapport mutuel des trois dernières leçons qui, pour cette raison, portent aussi le titre “développements”. Leurs thèmes exigent visiblement d'être mis en rapport les uns avec les autres. Car la liberté, qui constitue le sujet de la cinquième leçon, possède une relation claire à la conscience morale, dont l'explication est donnée dans la troisième leçon en mettant entre parenthèses le problème de la liberté. La forme de l'être-avec authentique, qui est le sujet de la quatrième leçon, exige une mise en relation avec la section de la troisième leçon qui traite de l'approfondissement de la conscience morale. En même temps, ce mode de l'être-avec a besoin d'une intégration dans le passage conclusif de la cinquième leçon.

En esquissant le plan des leçons de Weimar, j'ai pourtant renoncé à les laisser culminer dans une perspective qui réunirait les trois "développements", comme la forme musicale semble le suggérer. Cette place était réservée à la perspective qui indique le passage d'une théorie de la subjectivité aux premiers pas vers des considérations métaphysiques conclusives.

| Bien plus encore que par rapport à ce que ces leçons développent à 379
l'égard de la fondation de la théorie de la subjectivité, elles restent à l'état d'esquisse en ce qui concerne cet aspect thématique. J'espère avoir encore l'occasion de pouvoir reprendre cette tâche qui consisterait à développer cette esquisse sous une autre forme et de la façon la plus complète possible. Les pensées sur un absolu dans son rapport au fini et les considérations sur le statut de ces pensées, ainsi que sur la question de savoir en quel sens elles sont susceptibles d'être vraies, doivent constituer une entreprise à part. Que cette tâche soit inévitable, on le voit partout dans ces leçons – partout où nous avons dit, par rapport au fondement de la conscience, que les idées de ce fondement ne peuvent recevoir leur solidité d'une preuve toute-décisive. Les pensées sur ce fondement ne doivent donc pas seulement aller bien au-delà de ces premiers pas. C'est *à partir de* ce fondement que l'on doit pouvoir comprendre pourquoi les hommes, devant une question qui, en dernière analyse, décide de tout dans leur autocompréhension, ne peuvent pas miser exclusivement sur la force de leur connaissance. Et c'est précisément ce fait qui doit pouvoir être pensé ultérieurement comme une implication de la rationalité, à partir de laquelle se déploie l'autocompréhension dans la conduite de vie de l'homme.

La teneur des pensées métaphysiques conclusives et la question de leur mode de fondation sont certes d'un intérêt particulier. Elles ont aussi une grande signification pour certaines argumentations de ces leçons, qui ne s'y trouvent pas encore suffisamment développées. C'est pourquoi j'aimerais renvoyer ici à quelques-unes de mes publications qui pourront être aisément consultées en complément, étant données qu'elles font partie de mes livres publiés récemment, à savoir : chapitre XV de *Grundlegung aus dem Ich*, Francfort-sur-le-Main, Suhrkamp, 2004 (concernant l'arrière-

TABLE DES MATIÈRES

ACHEVÉ D'IMPRIMER
EN OCTOBRE 2008
PAR L'IMPRIMERIE
DE LA MANUTENTION
A MAYENNE
FRANCE
N° 08N-154

Dépôt légal : 4e trimestre 2008

plan historique), ainsi que (pour ce qui est du contexte systématique) : les p. 85 à 151 dans *Bewußtes Leben*, Stuttgart, Reclam, 1999 et la section 1
380 dans *Die Philosophie | im Prozeß der Kultur*, Francfort-sur-le-Main, Suhrkamp, 2006. Sur les pensées concernant un approfondissement de la conscience morale (dans la section 5 de la troisième leçon), qui ont besoin d'une argumentation plus détaillée, cf. les chapitres VI à VIII dans *Ethik zum nuklearen Frieden*, Francfort-sur-le-Main, Suhrkamp, 1990.